苏州大学东亚历史文化研究中心
吉林省社会科学院满铁研究中心

满洲交通史稿补遗

第八卷

主　编　武向平　孙　彤
副主编　孙　雁

社会科学文献出版社
SOCIAL SCIENCES ACADEMIC PRESS (CHINA)

本卷目录

汽车与公路编　四

贰拾四册　汽车工业五年计划与同和汽车

贰拾五册 汽车相关资料 杂件

汽车与公路编

四

貳拾四冊

自動車工業五箇年計画と

同和自動車

No.

国営自動車の満鉄委託経営

事業の拡充強化と十三年度計画路線の指定

昭和十四年度自動車事業に関する指令事項

建国後邦人経営自動車事業に対する処置

資料目録

一、自動車工業五箇年計畫と同和自動車
二、自動車工業擴充方策要綱案
三、滿洲五箇年計畫概要
四、自動車工業方策に關する議案
五、日本の自動車工業實情と滿洲自動車工業擴充方策
六、自動車工業關係資
七、日滿自動車會社設立要綱案送付の件
八、國務院訓令第四八号
九、滿洲自動車製造株式會社法
十、滿洲自動車株式會社定款
十一、日本自動車製造事業法
十二、日本自動車製造事業法施行令

南滿洲鐵道株式會社

十三、優良自動車部分品及自動車材料認定規則
十四、日満自動車会社設立要綱送附の件
十五、日満自動車株式會社創立計画案
十六、日満自動車會社の件に付問合の件
十七、同和自動車工業株式會社
十八、同和自動車會社の拡充五箇年計畫案
十九、同和自動車工業株式會社法
二十、同和自動車工業株式會社定款
二十一、自動車工業関係資料

南満洲鉄道株式會社

No.

註

自動車工業五箇年計画はその資料は殆んど完備し資料（極秘扱）は[illegible]に保存されてゐる、その必要とする記事は抜萃したつもりなるも編纂者に寄り更に必要とする方に対しては之を参照せられたし

同和自動車の創立より今日に至る記事の資料は課内にある方は蒐集したるも必要とするものは両調査せられ、課内にて得られざる分に対しては同和自動車に連絡して蒐集するを要す

No.

同和自動車とは予て連絡を取る予定なりしも未だ其の機に
到達せざりしを以て一回も訪問したることなし
而編纂するに当りては先つ同和と連絡資料の提供を受け
ることが正確を期する上に便宜ならむ

昭和十九年一月十七日　担当者

住吉嘱託

ヨ－0022　B列5　28字×10　南満洲鐵道株式會社　(18,1,5,500冊)

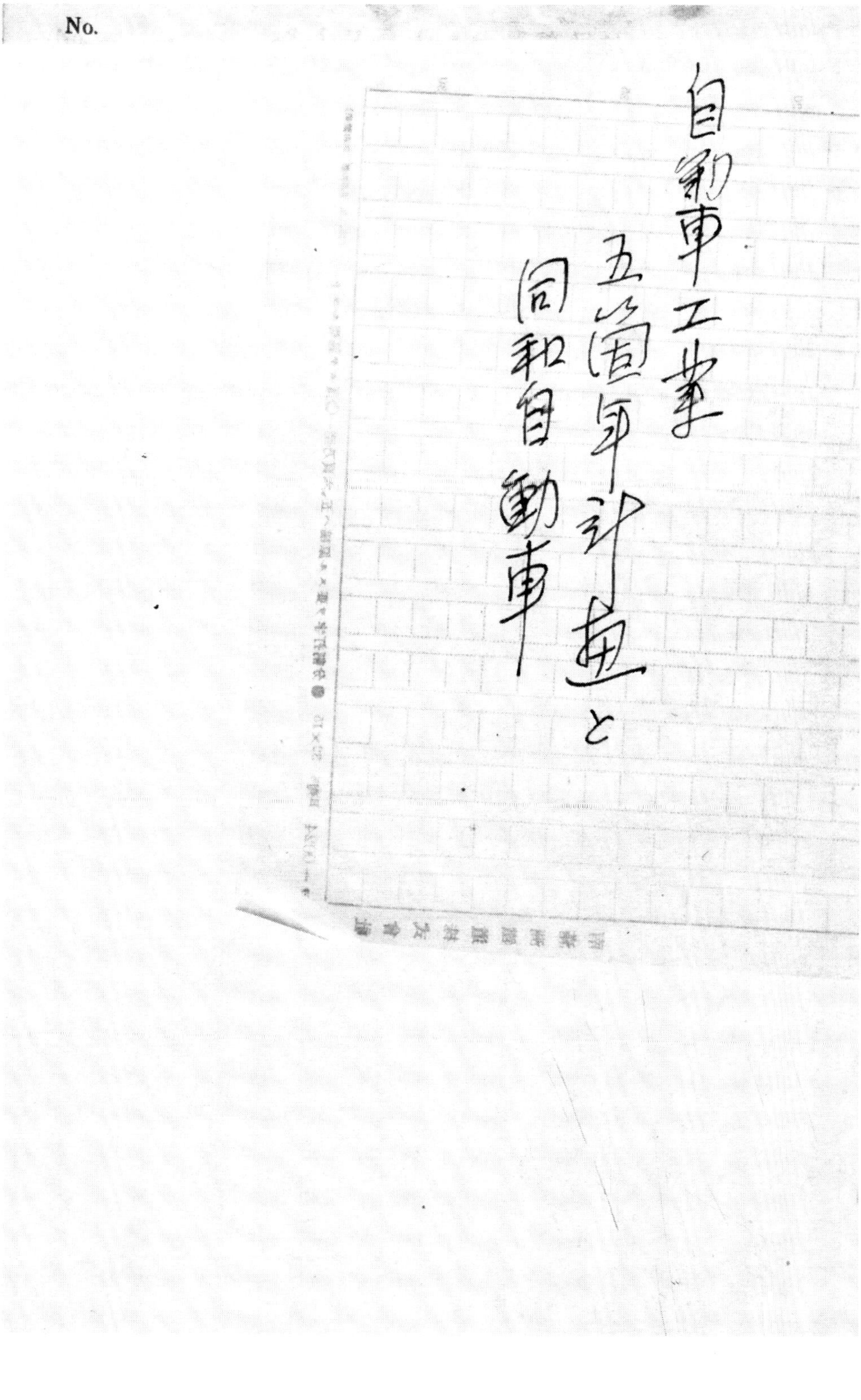

No.

自動車工業五箇年計画と

同和自動車

概説

昭和十一年十月満洲産業開発五箇年計画樹立案一応完了せられ、鉱工業部門の一たる自動車工業方策に関しては昭和十二年三月同工業方策に関し産業部にて作成せる議案に則り満洲に於ける唯一の製造会社たる同和自動車会社の実情より観て五箇年計画の予定する自動車工業の将来は同和と別箇に存立せしむべきか或は同和を基本とすべきか同和存廃の実並其製造の範囲及内地メーカーとの提携分野等に観点を置き検討したる結果、五箇年計画実現大要は同和を中心基本とし之を改組拡充して到達するものとして其改組拡大の方法及日満間に於ける製造分野の判定、連繋、政府の援助其他必要なる諸條件に就き方針の大要を決議せり（会議事議事録参照）

次で昭和十二年四月十五日五箇年計画に基く自動車工業方策樹立の為め経済調査委員会内に自動車工業方策樹立小委員会

No.　タイプライター原稿用紙

設立せられ委員長、委員、幹事の任命を見て組織せられたり（内容は昭和十二年九月係一、三五六満産五委五九協議産業開発五箇年計画小委員会関係目録参照）

爾来本格的に調査立案に着手せり、即ち既定方針に基き同和を改組拡大して五箇年計画実現に当らしむることを前提として同和の創業以来現在に至る迄の操業状態、業績及内地側との連繋等に就き詳細調査すると共に同和立案の同社五箇年計画案を参考として提出せしめ、一方内地に出張し内地自動車工業の実情を調査し併せて満洲の本工業拡充方策に対する軍部及当業者の意見を聴取し資料を蒐集せり、而して日満双方の実情並日方針意見を綜合検討したる結果、本方策の遂行は既定通り大体同和の五箇年計画案に準拠して実行すべきものなりとの目安を得、同和案を参考とし差当り同和をして第一期間は主として組立作業を実施する試作建設期とし年五千台の完成車製造を目標として組立及修理能力を拡

南満洲鐵道株式會社

ヨー0024　32×15　●分割打字ヲ要スル原稿ハ五、六頁乃至一〇頁ニテ區切ルコト

No.　タイプライター原稿用紙

完することに基点を置き、車台組立五千台、車体製造五千台及九千台の修理、七千台の部分品の製造能力を五箇年内に整備し、之が拡張に要する固定資金及運轉資金は同和の分担資本金を三千五百万円に増資することに依りて之を調達することとして、八月一應拡充方策要綱を作成して委員会に懸議せり（四会議議事録二参照）

右要綱案を委員会に懸議検討の結果同案は尚研究を要する余地ありたるを以て九月初更に再検討をなし計画数量、資本金等内容を多少変更し一部修正を加へたる改訂案を再製して之を決定案とし一應其内容を関東軍側に伝達せり、即ち其内容は自動車製造数量を年約五千輌となす為年約五千台の組立及車台製造並約九千六百台の修理と約七千台の部分品製造能力を有する工場設備を五箇年内に完成することを前提として、之が拡張に要する所の固定資金及運轉資金は同和の公称資本金を四千万円に増資することに依りて調達

七

南満洲鐵道株式會社

ヨ—0024　B列5　32×15

No.　タイプライター原稿用紙

することとし其の調達法、部分品製造に関する対内地関係の範囲分野、連繋其他必要なる事項につき夫々査定せり（決定要一参照）

昭和十二年十二月

産業部商工課

南満洲鐵道株式會社

ヨー0024　B列5　32×15　●分割打字ヲ要スル原稿ハ五、六頁乃至一〇頁ニテ區切ルコト　(13. 5. 5,000部　共和謄納)

No.

決定案

自動車工業擴充方策要綱案（五箇年計畫）改訂

昭和十二年九月自動車工業方策
樹立小委員會

ヨ―0022　B列5　28字×10　南滿洲鐵道株式會社　（15.7.8.400冊）

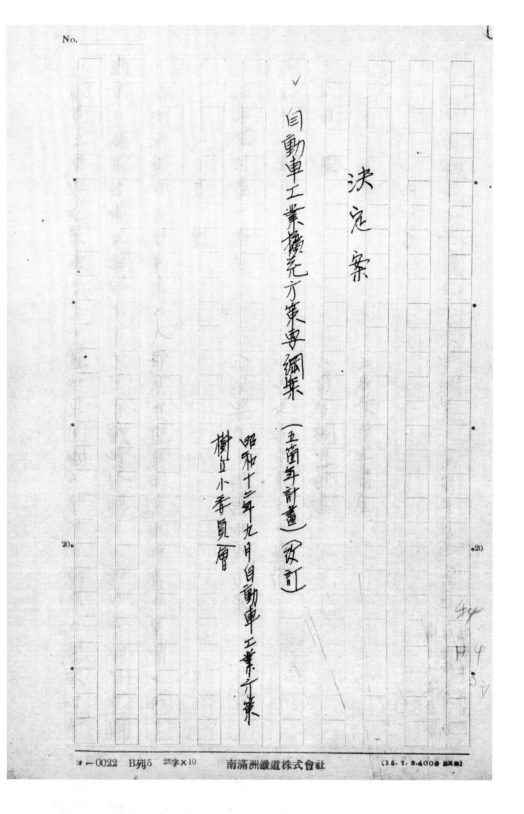

No.

自動車工業擴充方策要綱案（五箇年計畫）（改訂）

昭和十二年九月
自動車工業方策
樹立小委員會

内容

一、方針　五、事業所要資金

二、目標　六、資金調達計畫

三、方法　七、内地当業者との連絡

四、事業計畫の要旨　八、必要なる保護助成方策

一、方針

滿洲に於ける自動車の大部分が現在尚外國依存の実情にあり斯業の確立は現地調辨を主とする戰時体制下に於ける動員整備の國策上重要喫緊事なるに鑑み且同國に於ける斯業の現状は今

No.

々試験苦難時代を脱して漸く發展の起運に向ひつゝある状態に観て満洲に於ける自動車工業は日本有力業者と緊接なる聯携のもとに既存企業の改組擴充を基とし更に之を積極的に援助助長して以て満洲の実状に適し且日満を通ずる國産車統一の主旨に反せざる斯業の確立を図るものとす

二、目標

差當り自動車製造数量を年約五千輛と為すため年約五千台の組立及車台製造並約九千六百台の修理と約七千台の部分品製造能力を有する工場設備を五箇年間に完成せしむとす（資料一）

三、方法

ヨー0022　B列5　28字×10　南滿洲鐵道株式會社　(15.7.5,400部

No.

設立の趣旨と其の使命に鑑み且最近着々事業其の緒につきつつある実情に観て既存同和自動車株式會社を存續せしめ同社を基本として之を改組擴張し従来通りの日満合辦の半官半民の特種會社として自動車の製造販賣を営むものとし康德五年一月より新組織に移るものとす

而して内地業者の參加は過去の經驗に鑑み自動車工業、東京瓦斯電気、三菱重工業及豊田自動車の四社に限定し之等との関係を更に緊接ならしめ以て同和に依る満洲自動車の型を前二社の製作する標準型と豊田式に統一強化するものとす

四、事業計畫の要旨

ヲ－0022　B列5　28字×10　南満洲鐵道株式會社　(15. 7. 8.400冊 ……)

No.

一、製作

(イ) 差當り日本製自動車の部分品を輸入し組立製造を行ふも逐次自社製品乃至下請工場製品を使用し輸入すべき品種を漸減し満洲に於ける完全なる製造に移行するものとす

(ロ) 組立及補給用部分品の製品は概ね二期に分ち工場設備の進捗と共に之を完成するものとす

第一期（自第一年至第三年）

同和に於ける現有設備及目下企劃中の設備を利用し主として棒材を以てする機械加工品及板金を以てする型圧加工品並小型鍛造品・同鋳造品加工を実施す

ヨー0022　B列5　28字×10　南満洲鐵道株式會社　(15.7.5.400冊)

No.

第二期（自第四年至第五年）

逐次主要部分の加工に移り大型鍛造品、鋳造品に及ぼし精密加工を完成し大部の部品の製造を実施す

(ハ) 但しタイヤ、電気部品、計器等の専門部分品は内地優秀専門工場を満洲に進出せしめて製作せしめ其の製品を使用す（資料三）

其の他一般部分品にありても可能なる限り適当なる品種を選び満洲地元に於ける業者を下請工場として利用す

二、販売

(イ) 販売は当分の間会社直売を本旨とし販売組織を拡充し代

No.

理店、特約店を併用し宣傳、サービスを益周到適切ならしめ販路の擴張及顧客の便益に遺憾なからしむ

(ロ) 新京に支社を設置し全満主要都市其の他必要なる地方に支店、代理店を配置し修理工場、移動修理班及巡回(サービス)員を準備し補給用部分品を貯藏す主要なる支店には運轉手養成所を設け又遠隔の地に在る支店には組立及車体工場を設備す出張所及特約店は修理工場を有し一部の部分品を貯藏す

五、事業所要資金

前記事業計畫遂行に要する新設及増設の固定資金並運轉資金

ヨ－0022　B列5　28字×10　南満洲鐵道株式會社　(15. 7. 8.400)

No.

左の如し

一、固定資金　一五、六三七、二〇〇円（資料三）

内訳　機械器具　一二、五五七、二〇〇円（同四）

土地　五〇〇、〇〇〇（同五）

建物　二、五八〇、〇〇〇（同五）

二、工場運轉資金　一五、二〇〇、〇〇〇（同六）

三、豫備費　三、〇〇〇、〇〇〇

合計　三三、八三七、二〇〇

六、資金調達計畫

一、前項記載の新規所要資金は之を現会社の未拂込金三百万圓の

No.

徴收の外は増資の法に依りて調達する外なきものと認む
康徳五年一月會社は三千三百八十万圓の増資を行ひ公称資本金を四千万円とす（一株五〇円八〇万株）
旧株の未拂込金は新株の第一回拂込と同時に全額徴收するものとす。新株の第一回拂込は四分の一とす。第二回拂込は事業計畫の進展に伴ひ第三年度以降必要に應じて適宜之を行はしむるものとす
株式は公募に依ることなく満洲國政府、満鉄及政府の適当と認むる内地企業家の出資に依る
二、右出資者及出資金額差當り以下の通り豫定す

ヨー0022　B列5　28字×10　南満洲鐵道株式會社　（15．7．5．400冊　細川納）

No.

資本總額　四〇、〇〇〇、〇〇〇円　八〇〇、〇〇〇株（一株五〇円）

内　旧株　六、二〇〇、〇〇〇　一二四、〇〇〇（同）

新株　三三、八〇〇、〇〇〇　六七六、〇〇〇（同）

満洲側引受

満洲國　一、〇〇〇、〇〇〇円　二〇、〇〇〇株（同）

内　旧株　五四〇、〇〇〇　一〇、八〇〇

（内、三四万円　六千八百株ハ日本自動車會社の持株を肩替るものとす）

新株　四六〇、〇〇〇　九、二〇〇（同）

満鐵　四、〇〇〇、〇〇〇　八〇、〇〇〇（同）

内　旧株　二、九〇〇、〇〇〇　五八、〇〇〇（同）

No.

新株　一、一〇〇、〇〇〇　二二、〇〇〇（同　）

内地側引受

自動車工業會社　七、五〇〇、〇〇〇円　一五〇、〇〇〇株（一株五〇円）

内　旧株　四六〇、〇〇〇　九、二〇〇（同　）

新株　七、〇四〇、〇〇〇　一四〇、八〇〇（同　）

東京瓦斯電気會社　七、五〇〇、〇〇〇　一五〇、〇〇〇（同　）

内　旧株　四六〇、〇〇〇　九、二〇〇（同　）

新株　七、〇四〇、〇〇〇　一四〇、八〇〇（同　）

豊田自動車會社　一五、〇〇〇、〇〇〇　三〇〇、〇〇〇（同　）

内　旧株　九二〇、〇〇〇　一八、四〇〇（同　）

ヲ—0022　B列5　28字×10　南満洲鐵道株式會社　(15. 7. 8.400)

No.

（日本車輌及同産工業の持株大口四六万円、九千三百株計九二万円、一万八千四百株を肩替るものとす）

新株　一四、〇八〇、〇〇〇　二八一、六〇〇（同）

三菱重工業會社　五、〇〇〇、〇〇〇　一〇〇、〇〇〇（同）

内旧株　九二〇、〇〇〇　一八、四〇〇（同）

（内四六万円、九千二百株は川崎車輌の持株を肩替るものとす）

新株　四、〇八〇、〇〇〇　八一、六〇〇（同）

亻、内地同業者との連絡

同和は軍の斡旋に依り契約を結び提携し来れる豊田及共同國産（自動車工業、瓦斯電気）と契約を継續して將来同和が独立し

No.

て自動車を製造し得る迄の試作建設期間は車臺及部分品の供給を受け技術的の連絡を緊密化することゝし右車臺及部分品の收得分野は右二社工場に二分することゝして實行す

但し取引條件並情勢の變化に伴ひ必要を生じたる場合他の國産車メーカーとも提携することを得ることゝす

八、必要なる保護助成方策

一、會社製自動車及部分品は優先的に滿洲國諸官衙及關東軍に於て購入使用さるゝと共に民間の國産車使用を強要すること

二、右統一普及徹底を期する爲國産車、外國車間に輸入關稅並使用稅の差別を設くるか或は之に相當する補助金を交付する

ヨ－0022　B列5　28字×10　南滿洲鐵道株式會社　（15.7.5.400冊）

No.

こと

三、所得税、営業収益税、登記税を免除すること

四、事業の為必要なる機械器具又は材料の輸入税を免除すること

五、會社の補給部分品の責任貯蔵高の増加を命ずる場合は政府は其の増加高を負担すること

資料一　作業計畫表（年度）

年度＼区分	車台組立	車体製造	修理	部品製造
第一年度	一、五〇〇	一、五〇〇	一、八〇〇	一八〇
第二年度	三、五〇〇	三、五〇〇	四、二〇〇	一、二〇〇
第三年度	五、〇〇〇	五、〇〇〇	六、〇〇〇	二、〇〇〇
第四年度	五、〇〇〇	五、〇〇〇	七、二〇〇	五、〇〇〇
第五年度	五、〇〇〇	五、〇〇〇	九、六〇〇	七、〇〇〇

註
一、五年後に於て完成車五千輛を製造するものとす
二、修理作業は在満自動車の自然増加を基礎として算定せり 現在在満自動車数を一万一千台に推定し廃車率を考慮し年三〇％の増加と見て五年後には約九千六百台とする
三、部品製造は右に依り義務貯蔵量を三千五百台分とし生産量は其の約二倍とす 第二年度迄は部品は内地より収得し四、五年度に於て大部分の部品を製造し得る如く策定せり

資料二　専門メーカーの進出に依る製造品目

品目	一輛分数量	單價	小計	摘要
タイヤーチューブ共	五	五〇・〇〇円	二五〇・〇〇円	
電気部品	一式	二一六・〇〇	二一六・〇〇	フラクソン、スターサングモウター・ダイナモ・イグニションコイル・デストリビユーター・スヰッチボックス・プラグ・ヒユーズボックス・ライト・
ラジエーター	一	一〇〇・〇〇	一〇〇・〇〇	
計器類	一式	五五・〇〇	五五・〇〇	
キャブレーター	一	四〇・〇〇	四〇・〇〇	
バッテリー	一	四四・〇〇	四四・〇〇	
パッキングガスケット類	一式	五・五〇	五・五〇	
コード類	一式	八・〇〇	八・〇〇	
エアークリナー	一	九・〇〇	九・〇〇	
フーエルポンプ	一	一七・〇〇	一七・〇〇	
ファンベルト	一	〇・五〇	一・五〇	
ベアリング	一	一八〇・〇〇	一八〇・〇〇	
オイルブレーキ	一	一二〇・〇〇	一七〇・〇〇	
計	一	一	一、〇四六・〇〇	

資料三　所要固定資金表（單位圓）

区分＼年度	第一年	第二年	第三年	第四年	第五年	合計
機械器具類	一九四、八〇〇	二、〇四三、七五〇	二、四三四、〇五〇	四、四五二、五〇〇	三、四三二、一〇〇	一二、五五七、二〇〇
土地	五〇〇、〇〇〇	—	—	—	—	五〇〇、〇〇〇
建物	七一〇、〇〇〇	一、二三四、〇〇〇	四〇〇、〇〇〇	一二〇、〇〇〇	一一六、〇〇〇	二、五八〇、〇〇〇
小計	一、四〇四、八〇〇	三、二七七、七五〇	二、八三四、〇五〇	四、五七二、五〇〇	三、五四八、一〇〇	一五、六三七、二〇〇

資料四　器具機械

工場名	一年度 所要数	一年度 金額	二年度 所要数	二年度 金額	三年度 所要数	三年度 金額	四年度 所要数	四年度 金額	五年度 所要数	五年度 金額	計 所要数	計 金額
機械工場	一〇	三三、〇〇〇円	一〇七	一、〇二三、五〇〇円	一〇七	一、〇三五、〇〇〇円	三〇二	三、三二五、〇〇〇円	二〇八	二、五九〇、〇〇〇円	七五四	七、九八二、五〇〇円
工具工場	―	七、〇〇〇	五七	四三〇、五〇〇	四〇	三三、六〇〇	七七	七〇一、六〇〇	三〇	二六一、六〇〇	二〇八	一、七三三、三〇〇
材料試験場	―	―	三	三八、〇〇〇	三	一六、五〇〇	―	―	―	―	一五	五六、五〇〇
組立工場	四一	七六、八〇〇	三六	七〇、三五〇	一〇	八、九五〇	七	三、九〇〇	―	―	九四	一六〇、〇〇〇
車体工場	一六	五八、〇〇〇	二五	二五、五〇〇	三五	五七、〇〇〇	一〇	三一、〇〇〇	一〇	二一、〇〇〇	九六	二〇二、五〇〇
鍛工場	―	五、〇〇〇	五	一八四、五〇〇	五	二四、〇〇〇	三	一七一、〇〇〇	―	一二、五〇〇	三三	四〇七、〇〇〇
調質場	―	五、〇〇〇	一三	六〇、四〇〇	一	一八、〇〇〇	五	三七、〇〇〇	―	一二、五〇〇	一九	一三三、九〇〇
プレス工場	―	一〇、〇〇〇	九	八三、〇〇〇	一一	九二〇、〇〇〇	九	一九五、〇〇〇	六	八三、〇〇〇	三五	一、三九一、〇〇〇
鋳工場	―	―	―	―	―	―	―	―	二九	二九三、五〇〇	二九	二九三、五〇〇
原動機室	―	―	二	二八、〇〇〇	一	三、〇〇〇	―	―	一	八、〇〇〇	四	四九、〇〇〇
汽罐室	―	―	二	一〇〇、〇〇〇	―	―	―	―	一	五〇、〇〇〇	三	一五〇、〇〇〇
總計	六七	一九四、八〇〇	二一八	二、〇四三、七五〇	三一七	二、四三四、〇五〇	四一三	四、四五二、五〇〇	二八五	三、四三二、一〇〇	一、二九〇	一二、五五七、二〇〇

資料五 建物及土地

名稱	建坪	坪当建築費	一年度		二年度		三年度		四年度		五年度		計	
			建坪	建築費	建坪	建築費	建坪	建築費	建坪	建築費	建坪	建築費	建坪	建築費
事務所	一,二〇〇坪	二〇〇円	一,二〇〇坪	二四〇,〇〇〇円	—坪	—円	—坪	—円	—坪	—円	—坪	—円	一,二〇〇坪	二四〇,〇〇〇円
機械工場	二,五〇〇	一六〇	—	—	二,五〇〇	四〇〇,〇〇〇	—	—	—	—	—	—	二,五〇〇	四〇〇,〇〇〇
工具工場	一,三〇〇	一六〇	—	—	一,三〇〇	二〇八,〇〇〇	—	—	—	—	—	—	一,三〇〇	二〇八,〇〇〇
組立工場	一,〇〇〇	一六〇	一,〇〇〇	一六〇,〇〇〇	—	—	—	—	—	—	—	—	一,〇〇〇	一六〇,〇〇〇
部品倉庫	七〇〇	一〇〇	—	—	—	—	七〇〇	七〇,〇〇〇	—	—	—	—	七〇〇	七〇,〇〇〇
材料倉庫	八〇〇	八〇	—	—	八〇〇	六四,〇〇〇	—	—	—	—	—	—	八〇〇	六四,〇〇〇
製品倉庫	一,二〇〇	一〇〇	—	—	—	—	—	—	一,二〇〇	一二〇,〇〇〇	—	—	一,二〇〇	一二〇,〇〇〇
検査場	三〇〇	一五〇	—	—	三〇〇	四五,〇〇〇	—	—	—	—	—	—	三〇〇	四五,〇〇〇
鍛工場	六〇〇	一八〇	—	—	六〇〇	一〇八,〇〇〇	—	—	—	—	—	—	六〇〇	一〇八,〇〇〇
調質場	五〇〇	一八〇	—	—	五〇〇	九〇,〇〇〇	—	—	—	—	—	—	五〇〇	九〇,〇〇〇
プレス工場	七〇〇	一八〇	—	—	七〇〇	一二六,〇〇〇	—	—	—	—	—	—	七〇〇	一二六,〇〇〇
鋳工場	五〇〇	一八〇	—	—	—	—	—	—	—	—	五〇〇	九〇,〇〇〇	五〇〇	九〇,〇〇〇
原動機室	四〇〇	一六〇	—	—	四〇〇	六四,〇〇〇	—	—	—	—	—	—	四〇〇	六四,〇〇〇
試験室	四〇〇	一八〇	—	—	四〇〇	七二,〇〇〇	—	—	—	—	—	—	四〇〇	七二,〇〇〇
汽罐室	三〇〇	一八〇	—	—	三〇〇	五四,〇〇〇	—	—	—	—	—	—	三〇〇	五四,〇〇〇
従業員食堂	五〇〇	一〇〇	—	—	—	—	五〇〇	五〇,〇〇〇	—	—	—	—	五〇〇	五〇,〇〇〇
従業員寄宿舎	四〇〇	一〇〇	—	—	—	—	四〇〇	四〇,〇〇〇	—	—	—	—	四〇〇	四〇,〇〇〇
物置及倉庫	五〇〇	八〇	五〇〇	四〇,〇〇〇	—	—	—	—	—	—	—	—	五〇〇	四〇,〇〇〇
守衛詰所附属便所	—	—	—	三〇,〇〇〇	—	—	—	—	—	—	—	三六,〇〇〇	—	三六,〇〇〇
車体工場	三,〇〇〇	一六〇	一,五〇〇	二四〇,〇〇〇	—	—	一,五〇〇	二四〇,〇〇〇	—	—	—	—	三,〇〇〇	四八〇,〇〇〇
計	一六,八〇〇	—	四,二〇〇	七一〇,〇〇〇	七,八〇〇	一,二三一,〇〇〇	三,一〇〇	四〇〇,〇〇〇	一,二〇〇	一二〇,〇〇〇	五〇〇	一二六,〇〇〇	一六,八〇〇	二,五五七,〇〇〇
所要土地	一〇〇,〇〇〇	五	—	五〇〇,〇〇〇	—	—	—	—	—	—	—	—	一〇〇,〇〇〇	五〇〇,〇〇〇

資料五　運轉資金所要見込額

区分	数量	單價	金額	摘要
車台組立部品	五,000台	三,000円	一五,000,000円	各車種を通じて一台当三,000円とす
車体製作	五,000	一,000	五,000,000	同　一,000円とす
部分品製作	七,000	一,五00	一0,五00,000	同　一,五00円とす
補給部分品(修理)	九,000	五00	四,五00,000	同　五00円と推定す
部品貯蔵品	一,000	三,000	三,000,000	同　三,000円とす
計	一	一	三八,000,000	

註　運轉資金年二回轉として右金額を四0%程度に算定し一五,000,000円とす

No.　タイプライター原稿用紙

満洲五箇年計画概要

第一　概説

一、満洲産業五箇年計画の樹立経過と其の実現問題

端的に之を謂へば国際情勢の逼迫と満洲経済の教訓とは茲に之等の諸事象に対応せむが為め国家的綜括的生産力拡大計画の樹立実施を必要とするに至り、此の情勢は斯くて今回の所謂満洲産業開発五箇年計画を決定し其の実現に総てを挙げて邁進しつゝある現情勢を招来せしものと謂ふを得べし。而も今や日支事変を契機とし準戦時体制下に決定せられたる産業開発計画は、更に一歩を進めて完全に戦時体制下に動員せられむとしつゝあり。之が成否は正に懸って帝国国力の進展を左右すべき根本的條件化するに至れり

惟ふに満洲経営五年の星霜を閲したる昨年初頭以来斯る時運に善処せむとして綜合的建設計画の樹立を思ひ立ちたる満洲経営事者は、主として時の満鉄経済調査会を動員し之に所謂満洲

南満洲鐵道株式會社

ヨー0024　B列5　32×15　●分割打字ヲ要スル原稿ハ五、六頁乃至一〇頁ニテ区切ルコト

No.　タイプライター原稿用紙

産業開発永年計画の樹立を要求する所あり、満鉄経調又全力を挙げて同年三月以降七月に至る約五箇月間に於て企業、移民、農業、交通、資金等の小分科會を包含する永年計画立案委員會を設置し其の精鋭を傾って鋭意之が完成に邁進し八月初頭一通完全に其の立案を完了し、前後二回に亘って一は理論的に他は実際的に其の計画内容を関東軍当事者に説明し意のあるところを十分明示し今日の五箇年計画の基本を完成せり
此時偶東京参謀本部に於ても斯る目的の為にする立案を進捗せしめむとしつゝあり、之が基礎案作成に関し経調に対し援助方依頼あり八月下旬より九月上旬に亘って東京経調出張所と協力の下に其の原案を完成せり。同案は更に陸軍省を経て関東軍に提示され茲に産業開発五箇年計画として之を時偶進めしめつゝありし前記経調案を基礎とし総動員要求の見地に立ちつゝ満洲国方面に於ける資源開発計画研究と合併せしめ、十月初旬湯崗子に軍、満洲国、満鉄三者會同の下に今日の五箇年計画の全貌を一応完成せしものにして、

南滿洲鐵道株式會社

ヨー0024　B列5　32×15　●分割打字ヲ要スル原稿ハ五、六頁乃至一〇頁ニテ區切ルコト　(15. 5. 5.000冊)

No.　タイプライター原稿用紙

爾来更に具体的研究を進め十二月末には之と對満事務局に於て関係各官廳に説明するまでに進展せり。爾今其の更に具体的なる研究乃至其の実現化への努力が繰り返され今日の情勢に迄進展し今や其の実行が一年後の大半を控へ茲に確定の事業の進捗を見つゝある所以なり

更に今や日支事変の勃発展開を契機とし五箇年計画遂行は一層の拍車をかけられ又所謂時局に関聯する諸動員の見地より要せられつゝある緊急所要度其は同時に五箇年計画遂行の諸條件を併行的に按置しつゝあり、之等の情勢は今後更に急速度に進展せしめらるべく五箇年計画遂行諸條件は斯くて漸次解決せられつゝ其の急速なる実現を見るに到るべく豫想さるゝ情勢にあり

斯くの如く既に五箇年計画は完全なる実行期に入り計画自体の従来的批判検討の時機を脱し個々事業の完全なる遂行に邁進すべき時期に到来せるものにして与へられたる各分野に於て各企業者は国家的保護助長の下に其の全力を傾倒して夫々其の分担する

南満洲鐵道株式會社

ヨ－0024　B列5　32×15　●分割打字ヲ要スル原稿ハ五、六頁乃至一〇頁ニテ區切ルコト　(15, 5, 5,000冊　大和號納)

No.　　タイプライター原稿用紙

計画の実現に邁進することこそ現下の根本問題なりと信ず。

南満洲鐵道株式會社

ヨー0024　B列5　32×15　●分割打字ヲ要スル原稿ハ五、六頁乃至一〇頁ニテ區切ルコト　(15. 5. 5,000冊)

No.　タイプライター原稿用紙

一、満洲産業開発五箇年計画経済調査委員会分科会設置の件

経調委三六第四八号

昭和十二年二月十二日

首題分科委員会別紙の通り設置し左案に依り依頼致可然哉

第一案　経調委員長

田所参与、鉄道総局長、産業部、経理部、新京事務局

撫順炭砿、中央試験所、用度部、総裁室監理課　以上

各長、八木参与、伊藤参与、坂口監察役　宛

満洲産業開発五箇年計画樹立に関し別紙の通り経済調査委員会に於て分科会を設け立案のことに決定したるに付貴（部局）より別紙の通り委員及幹事に御就任の上御協力相煩度此段御依頼す

追て第一回会合の日取は決定次第御通知申上く

第二案　社経調委員長名

日満商事、昭和製鋼所、撫順炭砿、

国際運輸、本渓湖煤鉄公司総辨

社長宛

南満洲鐵道株式會社

ヨ－0024　B列5　32×15　●分割打字ヲ要スル原稿ハ五、六頁乃至一〇頁ニテ区切ルコト　(15. 5. 5,000冊)

No.　タイプライター原稿用紙

拝啓満洲産業開発五箇年計画樹立に関し当経済調査委員会に於て別紙要綱の通り分科会を設け立案致し度に付社務多忙中乍恐縮別紙に依り委員及幹事として適任者御推薦御決定の上御協力相煩度得貴意候

追て御推薦の上は御所属、氏名御通知煩度尚第一回会合の日取は決定次第御通知可申上候

・別紙省略

南満洲鐵道株式會社

ヨー0024　B列5　32×15　●分割打字ヲ要スル原稿ハ五、六頁乃至一〇頁ニテ區切ルコト　(15. 5. 5,000冊　丸善謹製)

満洲産業開発五箇年計画幹事案作成促進に関する件

経調委三七〇八號

昭和十二年四月三十日　経済調査委員会委員長

各分科会幹事長宛

首題の件に関し夫々担当幹事を右幹事案作成の責任者と左記の通定め可及的速に具体化促進致度に付協力相成度尚各分科会の社内及社外連絡は右川委員兼幹事を責任者とし産業部総務課業務係をして之に当らしむるに付諒承相成度

記

一、鉄分科会

小味渕調査役、西家商工課工業係主任、金丸鉱業課第一採鉱係主任、松浦調査役附冶金係主任、前田日満商事理事

二、石炭分科会

宮本鉱業課計画係主任、浦谷鉱業課第一採鉱係主任、前田日満商事理事

南満洲鐵道株式會社

ヨ－0024　B列5　32×15　●分割打字ヲ要スル原稿ハ五、六頁乃至一〇頁ニテ區切ルコト

No.　タイプライター原稿用紙

三、液体燃料分科會

1、石炭液化

西家鉱業課工業係主任、田川調査役附機械係主任

福永調査役附燃料係主任、奥島産業部嘱託

2、頁岩油

宮本鉱業課計画係主任、福永調査役附燃料係主任

3 アルコール

山本調査役、兼子動力係主任、西家商工課工業係主任

四、車輛分科會

渡辺調査役、小林調査役、鈴木交通課第三鉄道係主任

五、運輸（物資移動関係）分科會

大竹調査役、西家商工課工業係主任、田関農林課出廻係主任

清水交通課第一鉄道係主任

六、第四道鉄道分科會

清水交通課第一鉄道係主任、鈴木交通課第三鉄道係主任、宮本鉱業課計画係主任

南滿洲鐵道株式會社

ヨ－0024　B列5　32×15　●分割打字ヲ要スル原稿ハ五、六頁乃至一〇頁ニテ區切ルコト　(15. 5. 5,000冊)

No.　タイプライター原稿用紙

七、農畜産分科會
足立調査役、下山農林課畜産係主任、境鉱工課産業係主任
井上資料室満洲経済係主任
八、資金計畫分科會
鉱工課金融係主任、清水交通課鉄道係主任、井上資料室満洲経済係主任
山田経理部計画係主任
九、自動車工業方策樹立小委員會
渡辺調査役、酒家鉱工課工業係主任、上野交通課自動車係員

南滿洲鐵道株式會社

ヨ－0024　B列5　32×15　●分割打字ヲ要スル原稿ハ五、六頁乃至一〇頁ニテ區切ルコト

牡丹江産業五箇年計画綱要案作成に関する

第一回合同打合会

昭和十二年四月二十日午後一時

場所　産業部会議室

出席者、奥村次長、押川課長、小林、小味渕、山本各調査役、松崎委員

渡辺、金光、松浦、富本、染谷、田川、鈴木、清水、田岡、下山、

境、山田各主任、真島嘱託、高橋、吉田各参事、細田嘱託

業務課員

一、常設幹事打合会設置の目的

二、委員会業務と各箇業務との関係

三、速に基礎案作成のこと

第二回合同打合会

昭和十二年六月十一日

場所　産業部会議室

No.　タイプライター原稿用紙

第三回企画打合会

十二年七月一日　産業部会議室

南滿洲鐵道株式會社

ヨ－0024　B列5　32×15　●分割打字ヲ要スル原稿ハ五、六頁乃至一〇頁ニテ區切ルコト

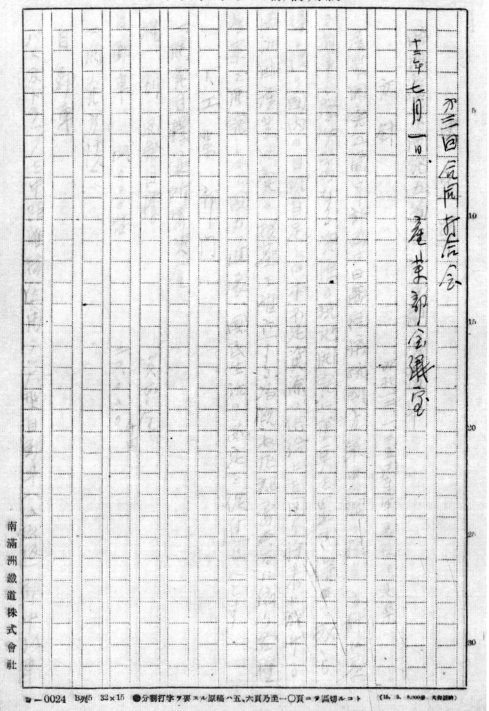

No.　タイプライター原稿用紙

決定案

満洲産業開発五箇年計画綱要按案

昭和一二、一、二五関東軍最後決定案

一、方針

産業開発五箇年計画は日満経済統制方策要綱の根本方針に基き有事の際必要なる資源の現地開発に重点を置き、併せて成し得る限り国内の自給自足と日本不足資源の供給とを図り将来に於ける満洲国産業開発の根基を確立するを概ね左記要領に依り各種産業を開発し以て国力の進展、国民生活の安定を促進せんとす

一、開発目標並所要資金

1、工業部門

種別	開発目標	資金
自動車	四、〇〇〇台	二〇、〇〇〇千円

二、開発方法

自動車

バス及トラックを中距離輸送用タル大型自動車（五噸級）即中級車

タイプライター原稿用紙

ト近距離輸送用たる普通自動車（三噸級）とに二大別し現存同和自動車会社を根本的に改組して独立せる自動車製造会社となし、内地自動車製造会社中、中級車、普通車製造の代表的二社と関聯を保たしめ両者に於ける一般機械工業の進展に伴ひ漸次完全なる製造会社となす

三、交通部門

一 開発目標並所要資金

種別	開発目標	資金
国道（自動車交通）	構築（一二、二〇〇）八、五〇〇粁	六三、〇〇〇千円

二 開発方法

道路

道路は（差当りは五箇年間に約八、五〇〇粁を自国に新設し別に橋梁の架設、既設道路の改良等を行ふ、之れに要する所要経費約六、二〇〇万円とす

No.　タイプライター原稿用紙

一、自動車工業方策に関する議案

自動車工業方策に関する件

昭和十二年二月
商工課工業係

一、五箇年計画の決定する自動車工業は同和と別箇に存立せしむるか、それ共之を基本にするか
又同和は依然存続せしむるか之を廃するか
而して其製造はどの程度に止むるか、全部製造を決定するか
或る程度の部品製造に止むるか

二、同和自動車の実情
一、七社と手を切り現在共同国産（瓦斯電気、自動車工業）と一手に提携し居れり
二、当面の所要資金約一〇〇万円を要す
主要使途　本社工場及牡丹江工場拡充
奉天工場B.D.Y製造拡充
調達　当初借入金を予定せしも其の使途より見るも又調達困難なる点より見るも当面難色あり目下払

No.　タイプライター原稿用紙

以徴収に依ることに修正して居れり
條件の提出あり（輸入税保護等）

三、営業は漸次好転の状況にあり

理事長に充分の手腕を発揮せしむる文句を合議者を一応発止せり、豊田側の販売は原価二、二〇〇円を3,400にして販売し居れり Service として豊田より五〇円乞ひ積まれ居れり Clai の存在と共に之等の実状を見て豊田は相当注意と関心を持ち居れり

新京の購買豊富ならず、流資拡充の要あり

三、自動車工業五箇年計画

一、五箇年計画の実現は大要左記に依り之に到達するものとす

イ、同和自動車を中心とし之を改組拡大して右計画実現に当らしむ

ロ、新京の直接製造は日満に於ける製造技術を考慮し、日満に於ける製造分野を制定して之を行ふ

ハ、政府は必要なる援助を之に与ふるものとす

南満洲鐵道株式會社

ヨー0024　B列5　32×15　●分割打字ヲ要スル原稿ハ五、六頁乃至一〇頁ニテ區切ルコト　(15. 5. 5,000冊)

No.　　タイプライター原稿用紙

二、同和自動車会社改組拡大は大要左記に依る

イ、共同出資者豊田及日産（出来得れば共同出資の如く此の両者を協同せしめて参加せしむ）と資本的、技術的連繋を保たしむ

ロ、資本金及其の配分決定

ハ、技術及経営

ニ、総裁

三、部品の直接製造は当分の間左記範囲に止む

四、政府は左記援助を行ふ

五、事業計画書

六、収支予算書

附　イ、自動車需給状況及其の需要推定

ロ、部品製造採算の比較（日満に於ける）

南満洲鐵道株式會社

ヨ—0024　B列5　32×15　●分割打字ヲ要スル原稿ハ五、六頁乃至一〇頁ニテ區切ルコト　（15. 5. 5,000冊）

No.

二、自動車工業拡充方策要綱案（五箇年計画）

昭和十二年　月　自動車工業方策樹立小委員会

内容

一、方針

二、目標

三、方法

四、事業計画の要旨

五、新設及増設に依る固定資金並運轉資金

六、右項所要資金の調達

七、内地当業者との連絡

八、必要なる保護助成方策

一、方針

本邦及満洲に於ける自動車の大部分が現在尚外国依存の実状にあると戦時体制下に於ける動員整備の国策上重要喫緊なるに鑑み

ヲ－0022　B列5　28字×10　南満洲鐵道株式會社

No.

ル産車統一の根本方針の下に満洲に於ける自動車工業の拡充に依り之が確立を企図す

二、目標

差当り自動車製造数量を年約五、〇〇〇輌と為すため年約五〇〇〇台の組立及車台製造並九、〇〇〇台の修理と約七、〇〇〇台の部分品製造能力を有する工場設備を五箇年間に完成せむとす（資料一）

三、方法

設立の趣旨と其の使命に鑑み既存同和自動車株式会社を存続せしめ同社を基本として之を改組拡張従来通りの日満合辦の半官

No.

半民の特種会社として自動車の製造販売を営むものとして康徳五年一月より新組織に移るものとす

四、事業計画の要旨

一、製作

(イ)日本製自動車の部分品を輸入し組立製造を行ふ

但し組立部分品は現在の部品製作より漸進的に他の製作に移動することを原則として逐次自社製品を使用し輸入すべき品種を漸減するものとす

(ロ)組立部分品の製造は工場設備の進捗と共に第二年度より開始し先づ車枠、車輌等満洲型として速に改善を要する部分

No.

より第五年度迄には一部を除き大部は之を製造す

(ハ)補給用部分品は康徳四年に引續き第一年度より逐次製造す

(ニ)タイヤ、電氣部品、計器等の專門部品は内地優秀專門工場を満洲に進出製作せしめて同製品を使用す

其の他一般部分品に有りても適当なる品種を選び内地部分品業者中優秀者を満洲に進出せしめ下請工場として利用す

二、販賣

(イ)販賣は当分の間会社直賣を本旨とし販賣組織を拡充し代理店、~~特約店、~~特約店を併用し宣傳サービスを益周到適切ならしめ販路の拡張及顧客の便益に遺憾なからしむ

No.

(ロ)新京に支社を設置し全滿主要都市其の他必要なる地方に支店、代理店を配置し修理工場、移動修理班及巡回（サービス）員を準備し補給用部分品を貯蔵する主要なる支店には運轉手養成所を設け又遠隔の地に在る支店又は組立及車体工場を設備する出張所及特約店は修理工場を有し一部の部分品を貯蔵す

五、新設及増設に依る固定資金並運轉資金

前記事業計画遂行に要する新設及増設の固定資金並運轉資金は左の如し

一、固定資金　一六、五五一、二〇〇円

ヨ—0022　B列5　28字×10　南滿洲鐵道株式會社　(15.7.5.400冊 納川納)

No.

内譯　機械器具　一二七三七、四〇〇（資料二）

土地　七六〇〇〇〇（同三）

建物　三〇五三八〇〇（同四）

二、工場運轉資金　一五二〇〇〇〇〇（同五）

三、豫備費　三、〇〇〇〇〇〇

合計　三四、七五一、二〇〇

六、前項所要資金の調達

一、前項記載の新規所要資金は之を増資の法に依りて調達する外なきものと認む

康徳五年一月会社は二千八百八十万圓の増資を行ひ公稱資本

ヨ−0022　B列5　28字×10　南滿洲鐵道株式會社　（15.7.5.400冊 ...）

No.

金を二千五百万圓とす（一株五〇圓七〇万株）
新株の第一回拂込は二分の一とす
第二回拂込は事業計画の進展に伴ひ第三年度若は第四年度とし残額全部を徴収す
株式は公募に依ることなく満洲國政府、満鉄及政府の適当と認むる内地企業家の出資に依る

二、右出資者

増資額　二八、八〇〇、〇〇〇円（五〇円株）五七六、〇〇〇株

満洲側

満洲國　六、〇〇〇、〇〇〇円　一二〇〇〇〇株

No.

満鉄	三、〇〇〇〇〇〇	六〇、〇〇〇
内地側		
自動車工業	三、八〇〇〇〇〇円	七六、〇〇〇株
東京瓦斯電氣	三、〇〇〇〇〇〇	六〇〇〇〇
三菱重工業	二〇〇〇〇〇〇	六〇〇〇〇
豊田自動車	一〇〇〇〇〇〇	四〇〇〇〇
日本自動車	二〇〇〇〇〇〇	六〇〇〇〇
日産自動車	三〇〇〇〇〇〇	六〇〇〇〇
〃産工業	二〇〇〇〇〇〇	四〇〇〇〇
川崎車輛	一〇〇〇〇〇〇	二〇〇〇〇

ヨ—0022　B列5　28字×10　南滿洲鐵道株式會社　(15. 7. 8.400冊 [illegible])

No.

日本車輌　一、〇〇〇〇〇〇円　二〇、〇〇〇

七　内地当業者との連絡

同和は軍の斡旋に依り契約を結び提携し来れる豊田及共同国産（自動車工業、瓦斯電氣）と契約を継續して将来同和が独立して自動車を製造し得る迄の試作建設期間は車台及部分品の供給を受け技術的の連絡を緊密化することとし右車台及部分品の取得分野は右二社工場に二分することとして実行す

但し取引條件並情勢の變化に伴ひ必要を生じたる場合は他の国産車メーカーとも提携することを得ることとす

八、必要なる保護助成方策

ヨ―0022　B列5　28字×10　南滿洲鐵道株式會社　（15. 7. 8.400冊）

No.

一、会社製自動車及部分品は優先的に満洲国諸官衙及関東軍に於て購入使用と民間の国産車使用を強要すること

二、右統一普及徹底を期する為国産車、外国車間に輸入関税並使用税の差別を設くること

三、所得税、営業収益税、登記税を免除すること

四、事業の為必要なる機械器具、自動車用部分品又は材料の輸入税を免除すること

五、事業の為必要なる原料及材料を満洲国内に於て求めんとする時は直接生産業者より供給を受け得ること

六、会社の補給部分品の責任貯蔵高の増加を命ずる場合は政府

No.

は其の増加高を負擔すること

資料一　作業計画表（年度）

年度＼区分	車台組立	車体製造	修理	部品製造
第一年度	一、五〇〇	一、五〇〇	一、八〇〇	一、八〇〇
第二年度	三、五〇〇	三、五〇〇	四、二〇〇	一、二〇〇
第三年度	五、〇〇〇	五、〇〇〇	六、〇〇〇	三、〇〇〇
第四年度	五、〇〇〇	五、〇〇〇	七、二〇〇	五、〇〇〇
第五年度	五、〇〇〇	五、〇〇〇	九、〇〇〇	七、〇〇〇

注　一、五年後に於て完成車五、〇〇〇輛を製造するものとす
　　二、修理作業は在満自動車の自然増加を基礎として算定

No.

せり現在在満自動車数を一、〇〇〇台に推定して廃車率を考慮し年三〇%の増加と見て五年後には約九、四〇〇台となる

三 部品製造は右に依り義務貯蔵量を三、五〇〇台分とし生産量は其の約二倍とす第三年度迄は部品は内地より収得し四、五年度に於て大部の部品を製造し得る如く算定せり

ヨ－0022　B列5　28字×10　南満洲鐵道株式會社　（15.7.8.400冊）

資料二　所要固定資金明細表

一、機械器具　一二、七三七、四〇〇圓

工場名		機械工場	工具工場	材料試験場	組立工場	車体工場	鍛工場	調質工場	プレス工場	鋳工場	原動機室	汽罐室	各支店出張所	総計
		奉天本社工場											支店	
一年度	所要数	一〇	—	—	四一	二六	—	—	—	—	—	—	—	—
	金額	三三、〇〇〇円	七、〇〇〇	—	七六、八〇〇	五八、〇〇〇	五、〇〇〇	五、〇〇〇	一〇、〇〇〇	—	—	—	八〇、〇〇〇	二七四、八〇〇
二年度	所要数	二七	七七	二二	二六	二五	二五	一三	九	—	二	二	—	二八八
	金額	一、〇一三、五〇〇円	四三〇、五〇〇	一八〇、〇〇〇	七〇、三五〇	三五、〇〇〇	一八四、五〇〇	六〇、四〇〇	八三、〇〇〇	—	二八、〇〇〇	一〇〇、〇〇〇	—	二、〇四三、七五〇
三年度	所要数	一〇七	四	二	二〇	三五	五	一	三	—	一	—	—	三七
	金額	一、〇三三、〇〇〇円	三三一、六〇〇	一八五、〇〇〇	八九、五〇〇	五七、〇〇〇	三四、〇〇〇	一九、〇〇〇	九二〇、〇〇〇	—	三〇、〇〇〇	—	—	二、四三五、〇五〇
四年度	所要数	三〇	七七	—	七	一〇	三	五	九	—	—	—	—	四三
	金額	三三三、〇〇〇円	七〇、六〇〇	—	三、九〇〇	三三、〇〇〇	一七、〇〇〇	三七、〇〇〇	一九五、〇〇〇	—	—	—	—	四、四五二、五〇〇
五年度	所要数	二〇八	三〇	—	—	一〇	—	—	二六	二九	一	一	—	二八五
	金額	二、五九〇、〇〇〇円	二六一、六〇〇	—	—	二一、〇〇〇	一三、五〇〇	一二、五〇〇	八三、〇〇〇	二九三、五〇〇	八、〇〇〇	五〇、〇〇〇	—	三、四三三、〇〇〇
六年度	所要数	七五四	二〇八	一五	九四	九六	三三	一九	三五	二九	四	三	—	一、三九〇
	金額	七、九八六、五〇〇円	一、七三二、五〇〇	五六五、〇〇〇	一六〇、〇〇〇	二〇二、五〇〇	四〇七、〇〇〇	一三二、九〇〇	二、三九一、〇〇〇	二九三、五〇〇	四九、〇〇〇	五〇、〇〇〇	一八〇、〇〇〇	一二、七三七、四〇〇

二、資料

土地建物　三、八一二、八〇〇円

イ　土地　七六〇、〇〇〇円（奉天本社工場　五〇〇、〇〇〇／各支店出張所　二六〇、〇〇〇）

設備箇所	坪数	単価	金額
奉天工場敷地	坪	—	五〇〇、〇〇〇
大連支店工場	一、〇〇〇	二〇	二〇、〇〇〇
錦州支店事務工場	一、〇〇〇	二〇	二〇、〇〇〇
哈爾濱支店工場	—	—	—
斉々哈爾支店工場	—	—	—
牡丹江出張所工場	—	—	—
承徳支店事務所同	一、五〇〇	四〇	六〇、〇〇〇
吉林出張所事務工場	一、〇〇〇	二〇	二〇、〇〇〇
安東出張所同	一、〇〇〇	二〇	二〇、〇〇〇
佳木斯出張所事務所工場	一、〇〇〇坪	一〇	一〇、〇〇〇
密山出張所同	一、〇〇〇	一〇	一〇、〇〇〇
海倫出張所同	一〇〇〇	一〇	一〇、〇〇〇
孫呉出張所同	一〇〇〇	一〇	一〇、〇〇〇
海拉爾出張所同	一〇〇〇	一五	一五、〇〇〇
平壌出張所同	一〇〇〇	二〇	二〇、〇〇〇
大卯出張所同	一〇〇〇	一五	一五、〇〇〇
羅津出張所同	一〇〇〇	二〇	二〇、〇〇〇
新京支社	五〇〇	四〇	二〇、〇〇〇

註　本土地の設定は第一年度に於て完了す

資料四

口 建物 三、〇五三、八〇〇圓（奉天本社工場 二、五八〇,〇〇〇圓 各支店出張所 四七三、八〇〇圓）

設備箇所	名称	建物建坪	坪当建築費	一年度 建坪	一年度 建築費	二年度 建坪	二年度 建築費	三年度 建坪	三年度 建築費	四年度 建坪	四年度 建築費	五年度 建坪	五年度 建築費	計 建坪	計 建築費
奉天本社	事務所	一、二〇〇坪	二〇〇円	一、二〇〇坪	二四〇,〇〇〇円	—坪	—円	—坪	—円	—坪	—円	—坪	—円	一、二〇〇坪	二四〇,〇〇〇円
	機械工場	二、五〇〇	一六〇	—	—	二、五〇〇	四〇〇,〇〇〇	—	—	—	—	—	—	二、五〇〇	四〇〇,〇〇〇
	工具工場	一、三〇〇	一六〇	—	—	一、三〇〇	二〇八,〇〇〇	—	—	—	—	—	—	一、三〇〇	二〇八,〇〇〇
	組立工場	一、〇〇〇	一六〇	一、〇〇〇	一六〇,〇〇〇	—	—	—	—	—	—	—	—	一、〇〇〇	一六〇,〇〇〇
	部品倉庫	七〇〇	一〇〇	—	—	—	—	—	—	七〇〇	七〇,〇〇〇	—	—	七〇〇	七〇,〇〇〇
	検査場	三〇〇	一六〇	—	—	三〇〇	四八,〇〇〇	—	—	—	—	—	—	三〇〇	四八,〇〇〇
	材料倉庫	八〇〇	八〇	—	—	八〇〇	六四,〇〇〇	—	—	—	—	—	—	八〇〇	六四,〇〇〇
	製品倉庫	一、二〇〇	一〇〇	—	—	—	—	—	—	一、二〇〇	一二〇,〇〇〇	—	—	一、二〇〇	一二〇,〇〇〇
	鍛工場	六〇〇	一八〇	—	—	六〇〇	一〇八,〇〇〇	—	—	—	—	—	—	六〇〇	一〇八,〇〇〇
	調質場	五〇〇	一八〇	—	—	五〇〇	九〇,〇〇〇	—	—	—	—	—	—	五〇〇	九〇,〇〇〇
	プレス工場	七〇〇	一八〇	—	—	七〇〇	一二六,〇〇〇	—	—	—	—	—	—	七〇〇	一二六,〇〇〇
	鋳工場	五〇〇	一八〇	—	—	—	—	—	—	—	—	五〇〇	九〇,〇〇〇	五〇〇	九〇,〇〇〇
	原動機室	四〇〇	一六〇	—	—	四〇〇	六四,〇〇〇	—	—	—	—	—	—	四〇〇	六四,〇〇〇
	試験室	四〇〇	一八〇	—	—	四〇〇	七二,〇〇〇	—	—	—	—	—	—	四〇〇	七二,〇〇〇
	汽罐室	三〇〇	一八〇	—	—	三〇〇	五四,〇〇〇	—	—	—	—	—	—	三〇〇	五四,〇〇〇
	従事員食堂	五〇〇	一〇〇	—	—	—	—	五〇〇	五〇,〇〇〇	—	—	—	—	五〇〇	五〇,〇〇〇
	従事員更衣所	四〇〇	一〇〇	—	—	—	—	四〇〇	四〇,〇〇〇	—	—	—	—	四〇〇	四〇,〇〇〇
	物置及倉庫	五〇〇	八〇	五〇〇	四〇,〇〇〇	—	—	—	—	—	—	—	—	五〇〇	四〇,〇〇〇
	守警詰所門 柵塀	—	—	—	三〇,〇〇〇	—	—	—	—	—	—	—	二六,〇〇〇	—	五六,〇〇〇
	車体工場	三、〇〇〇	一六〇	一、五〇〇	二四〇,〇〇〇	—	—	一、五〇〇	二四〇,〇〇〇	—	—	—	—	三、〇〇〇	四八〇,〇〇〇
計		一六、八〇〇	—	四、二〇〇	七一〇,〇〇〇	七、八〇〇	一、二三四,〇〇〇	二、四〇〇	三三〇,〇〇〇	一、九〇〇	一九〇,〇〇〇	五〇〇	一一六,〇〇〇	一六、八〇〇	二、五八〇,〇〇〇

設備個所	第一年度 坪数	第一年度 坪当単價	第一年度 金額	第二年度 坪数	第二年度 坪当単價	第二年度 金額
大連支店工場	四〇〇坪	九〇円	三六、〇〇〇円	｜坪	｜円	｜円
錦州支店事務所	八〇	一六〇	一二、八〇〇	｜	｜	｜
同　工場	一五〇	一〇〇	一五、〇〇〇	｜	｜	｜
哈尔浜支店工場	三〇〇	一〇〇	三〇、〇〇〇	｜	｜	｜
斉々哈尔同	二〇〇	一一〇	二二、〇〇〇	｜	｜	｜
牡丹江出張所工場	二〇〇	一一〇	二二、〇〇〇	｜	｜	｜
京城支店事務所	二〇〇	一五〇	三〇、〇〇〇	｜	｜	｜
同　工場	六〇〇	九〇	五四、〇〇〇	｜	｜	｜
吉林出張所事務所工場	｜	｜	｜	一〇〇	一二〇	一二、〇〇〇
安東出張所同	一〇〇	一二〇	一二、〇〇〇	｜	｜	｜
佳木斯出張所同	一〇〇	一二〇	一二、〇〇〇	｜	｜	｜
密山出張所同	｜	｜	｜	一〇〇	一三〇	一三、〇〇〇
海倫出張所同	｜	｜	｜	一〇〇	一三〇	一三、〇〇〇
孫呉出張所同	一〇〇	一三〇	一三、〇〇〇	｜	｜	｜
海拉尔出張所同	一〇〇	一三〇	一三、〇〇〇	｜	｜	｜
平壌出張所同	一〇〇	九〇	九、〇〇〇	｜	｜	｜
大邱出張所同	一〇〇	九〇	九、〇〇〇	｜	｜	｜
羅津出張所同	一〇〇	一一〇	一一、〇〇〇	｜	｜	｜
新京支社々宅	三〇〇	二五〇	七五、〇〇〇	｜	｜	｜
宿舎	三〇〇	二〇〇	六〇、〇〇〇	｜	｜	｜
計	三四三〇	｜	四三五、八〇〇	三〇〇		三八、〇〇〇

資料ヌ　運轉資金所要見込額

区分	数量	単位	金額	摘要
車台組立部品	五,〇〇〇台	三,〇〇〇円	一五,〇〇〇,〇〇〇円	各車種を通じて一台当三,〇〇〇円とす
車体製作	五,〇〇〇	一,〇〇〇	五,〇〇〇,〇〇〇	同　一,〇〇〇円とす
部分品製作	七,〇〇〇	一,五〇〇	一〇,五〇〇,〇〇〇	同　一,五〇〇円とす
補給部分品修理	九,〇〇〇	五〇〇	四,五〇〇,〇〇〇	同　五〇〇円とす
部品貯藏品	一,〇〇〇	三,〇〇〇	三,〇〇〇,〇〇〇	同　三,〇〇〇円とす
計			三八,〇〇〇,〇〇〇	

註　運轉資金年二回轉として右金額を四〇%程度ニ算定し一五,二〇〇,〇〇〇円とす

No.

三、日本ノ自動車工業実情ト満洲自動車工業拡充方策

昭和十二年八月
自動車工業方策
樹立小委員会

内容

No.

二、日産自動車株式会社

三、豊田自動車工場

四、三菱重工業東京機器製作所

一、緒論

一朝有事の戦時體制下ニ於ける自動車動員計畫の重要喫緊なるニ基キ本邦自動車工業の保護奨勵の要あるニ鑑ミ日本及満洲ニ於ける現存外国自動車ハ将来全部国産車ヲ以て置キ換ヘるト謂ふ軍部の確固たる方針ト、満洲産業開発五箇年計畫案中ニ一部内容を有する満洲自動車工業ニ対スル方策ニ関聯して日本の自動車工業の実情を視察し置く必要ありとし、主として国産メーカーの

No.

実情を調査し当業者の意見を聴取し参考資料とせり。

二、日本に於ける自動車工業現状の概況

日本に於ける自動車工業は自動車会社七社の外若干のメーカーを以て操業せられ近年著しく勃興の機運に向ひつゝありとは謂へ未だ完全に自給自足の域に到達したりとは言ひ得ず、尚過程期に属し本工業としては列国に比して後進国の感深い。依然として大半は外国車の横行に委せ居る状態にあり、現在満洲に関心を有する国産車メーカーとしては代表的のものは豊田、日産、自動車工業等の諸社があるが就中豊田と自動車工業は今日迄同和と最も緊密な関係を保有して居り日産は今日迄は何等の関係を

No.

有しない。之は将来の運用に俟つべきものであつて同社にては将来増産計画に因る余力を満洲向輸出とする意嚮を有す

三、満洲自動車工業に対する軍部の意見

第一要件として満洲向の自動車を作ることを根本方針とし左記に準拠して漸進的に実現化するものとす。

一、一般平時用トラクター及軍用並特種自動車は全部内燃機関をデーゼル化し軍用自動車は兵器工業として絶対に満洲にて製作することとし一般自動車は内地より輸出することとし、其の製作に関しては内地の製作の或部分を暫行的に満洲に移動するものとす。

No.

二、前項内地製作の満洲移動完了迄ハ一般自動車ニ対シテハ修理能力ヲ拡充シサービスステーションヲ設置シ之ニ対シテハ約五〇〇萬圓程度のパートストックヲ持ツベキモノトス之ニ付但シ廣大衆車トヨダ四、五千台分ヲ目標ニトヨダ、ダットサン、千代田パートヲ作ラシメ内地ヨリ輸出セシムルコト。

三、満洲ノ現状ニ於テ現地製作不可能ノモノトセバ之ハ第一項ニ述ベタ通リ暫行的ニ進ムコトトスルモ甚クトモ戦車、装甲車ヲ月産戦時五〇台、平時二〇台製作能力ノ整備ヲ希望ス。

又武器工業関係トシテカタッピラー（無限軌道）ヲ有スル農

No.

農機械（トラクター）ヲ製作シ置キ之ヲ徴発スルモノトス。

註　カタツピラー製作ハ技術相当六ケ敷キモノナレハ其ノ装甲板ノ質、組立作業ガ主ナル問題ナリ。カタツピラー製作ハ鋳物工場ノ解決スベキモノニシテ内地ニテハ主トシテ名古屋大同電気製鋼所ニテ製作シテ居ル。

装甲板ハ特殊装甲板トシ昭和製鋼所等ニテ優秀ナル特殊鋼ヲ製作シ得レバ可ナルモ相当本技術ノ修得ヲ要ス。

四、当業者ノ意見（日産車メーカー）

一、日産自動車会社

日産ハ子安ノ製造工場ヲ有シ其ノ内容ノ整備シ居ルコトハ本邦

No.

随一のものなり、従来は専ら小型車ダットサンのみを製作し近年一五、〇〇〇台の能力を有す、本年は約一二、〇〇〇台製作の予定なり、又本年六月より大型車ニッサン製作の予定なり、目下新規計画進行中なり、ニッサン車は漸次増産を行ふ予定なり、其の年次的増産計画表は別添参考資料に掲ぐ。

同社に於ては製産と販売は親子会社の関係にありて販売の方は製産並に政府に於て認め居らず同社の下請は主として大阪のゼネラルモータースなり。

同社の意見としては満洲に於ける外国車との対抗より見て外国車駆逐の方法としては自動車及同部分品の満洲国関税率の低減実

No.

施ケ無論ノコトナルモ、外ハ国産車、外国車の営業税の差別ハドイツの例ニ鑑ミ是非実行の要アリ。自動車工業の現在ハ中工業の時代ナリ、現在の中工業のスケールニテハ自動車工業ハ成立セズ、需要者が外国車の輸入防止策ヲ極力講ズルコトが最必要ナルコトナリ。又満洲ニ自動車ヲ普及サスニハ満洲人ノ懐具合ニミートセシムルコトが重要ナル要件ニシテ、此のミートセザルコトが同和の企業ヲ成立の原因ナリ、将来の市場ハ満洲使用者の懐ニ合ウ計画案の遂行如何ニヨル。

満国民の所得ハ日本の夫レヨリ弱少ナルコト自明ナリ、依テ満洲人の私経済ニ即スル如キ自動車工業方策ニ依ラザレバ満洲国

ヨ－0022　B列5　28字×10　南満洲鐵道株式會社　(15. 7. 8.400冊 [illegible])

No.

人は自動車を使用せしむることは不可能なるべし、殊に其の他に依らずしてダットサンが一〇〇〇台も出てよく売れたるは何故かと謂へば畢竟使用者の懐勘定に合ふやうに行つた事なり。セールスマンの手を経て僅かのコムミッションにて売り買手に能ふ限り値切つて月賦にて販売し居る現状にしてダットサンは大体斯う謂つた経済行為の採算圏内にあり、大型は此の意味に於てビズネスとしては可成り困難なるものなり。

同社の満洲自動車工業方策に対する意見としては日本の自動車工業は目下尚過程途上にある為満本工業の摩擦は別としても日本に於てすら最も困難なる企業條件を伴ふ本工業に於ける

ヨ－0022　B列5　28字×10　南満洲鐵道株式會社　(15. 7. 5.400冊)

No.

獨立企業の確立は満洲の現状にては相当困難なることと思はる、依て日満间の本工業製産の分野は差当り車台部分品は日本より輸出し之に対し需要数に順應する組立及修繕能力を拡充するより外に方途なかるべしとの事なり。

二、自動車工業会社

自動車工業は基礎工業、素材工業、プレッス工業、特殊鋼製作、スタンプ工業等を以て構成さる、ものにして就中素材工業の需給調整に重大関心を要するものにして此の調整が本工業を左右する推進力にして業者の最も悩みとし苦心する所なり フォード、シボレーの如く全部自給自足の一貫作業で経営するが理

ヨ－0022　B列5　28字×10　南満洲鐵道株式會社　(15. 7. 8・400冊 細川納)

No.

想ふれども、之は日本の現情に於ては望み難き不可能の事なり、満洲に於て自動車製作工場を興すとすれば所謂フォード、シボレー式に自給一貫策なれば兎も角日本に於てする基礎工業が並行発達しをらざる満洲の現情に於ては到底成立せざるものと思はる。蘇聯の如く採算を無視してやるなればいざ知らず営利企業としては無論成立せず、又日本に於ては本工業の技術者、労働者が払底し容易に集めらざる実情に徴しては尚更のことなり。譬へ満洲に於て成功するとしても兄弟二人が独自に並行して大きなる企業することは不可能のことであり、産業の根本主旨を破壊することゝなり到底不可能なることなり。同社は目下約三〇〇軒ノ下請工場ヲ有スルモ常ニ基礎、素材工業ノ需給ニ悩マサレタリ。満洲ノ現情ニ鑑ミテ此ノ如キ集團下請工場ヲ果シテ得ラル、ヤ此レ又実現ニハ多大ノ歳月ヲ要スルコトヽ断ゼラル、依テ本工業ノ日満間ノ分野ハ日本ヲ基礎工業、満洲ヲ組立工業トスレバ産業ノ主旨、現状ニ即スルモノト思ケル。同社ヨリ同和ニ対シテハ目下商工省標準型年ス、ダ、フォード五六百台ヲ供給シテヰル

同社ハ現在製作能力年二、〇〇〇台内外トノコトナリ。

三、豊田自動車会社

豊田ハ愛知県刈谷ニ工場ヲ有シ同下月産二〇〇台、年産六、〇

ヨ－0022　B列5　28字×10　南滿洲鐵道株式會社　(15. 7. 5.400冊 扇川納)

No.

〇〇台迄の製造能力を有し、工場の規模設備の大きくして整備し居るは日産に亜ぐ屈指のものと思はれ異常な能率を上げてゐる。従来同和と最も緊密な関係を有し契約を締結してゐる同和の組立工場の使命に鑑み組立品として撤でバス、トラック、シャーシーはパートで送り慣型は完成してコンプレイトカーとして送つてゐる。日産大衆車を普及すると云ふ意味で需要者に対しては組立費、試運転費、修繕料合計一台当一五〇円を負担し外に需要者使用の最初の三〇、〇〇〇粁走程期間六箇月間車体の修繕、點検、調整の無料サービスを為し又一府一縣販売所の主義を取り自動車のオペレーションとしての大きな縣には二、三の

No.

修繕工場のサービスステーションを配置しパートのストックを完備し職工を駐在せしめ一縣のサービスカーを二台宛位配置する等販賣策に全力を傾注し、技術方面に於ても鋭意其の性能上の改善化の研究に努めてゐる。同和に対しては現在一台当五〇〇圓の負擔をなしてゐる。此の五〇〇圓は單にサービス料として拂ひ放しのものに非ず、満洲の実情に即して其の豫算計畫をカバーし満洲の事情に近づかしむるべく協力的の意味で拂ひ居るものにして、満洲に於ては満洲の事情に適する様の自由の氣持を望み之が実現には豊田としても能ふ限り協力を吝まざる意嚮を有りといふ。同和よりパートの無償交換の希望を受けあるも前記

No.

一台当り五〇圓の負擔を爲しをる故之に倣し居らず、之に対しては今後増額することは両社の間に協議中の由なり。豊田の満洲自動車工業方策に対する意見としては満洲に於て全部製作せる、乃ち戦時體制に備ふ意味に於てはそれに越したことなく、又常道と思はるゝも満洲の現情にして之が実現困難とするなれば同和の現在通りボディー並極簡易の部分品を満洲に於て製作して車台及主要なる部分品は日本より輸入し、同和としては能ふ限り現在製作部分品の生産能力を自家設備の拡張と下請業者の利用とによりて強化すると共に組立能力の根本的拡充を圖り、需要に順應せしむべきの外に方途なかるべし、希望と

No.

しては日産同様満洲ＥＬ関税の特典等に依りて需給の完成遂行を図りたしとの意嚮あり。

同社としても約八〇の仕立工場を要する自動車工業の獨立企業は満洲に於ては相当困難ならしむとの悲観論あり。

尚同社にては目下愛知縣擧母町に五〇萬坪建設計畫中なるが、之が竣工は八月か九月の豫定なり。内容は目下許可を商工省に提出中にして不詳なり。豊田製作の目標は最低年産六、〇〇〇台とし内バス、トラック六〇％、乗用車、幌型、箱型四〇％なり。

同社の直賣制度は台數の少き間はともかく大量となれば軍、官廳は別として一般使用者に對しては各縣主要都市に特約店及サービ

No.

ビス工場を設け宣傳網を完備することによりて国産車普及の目的を達し尚自動車の販賣供給は亦一に利用者、使用者を悦こばせメーカーが最後にすべきものと思はるとの持論なり

四、三菱重工業東京機器製作所

同所は目下主として自動車用内燃機関ヂーゼルエンヂンを製作中にして、尚ハイスピードエンヂンとガソリンエンヂンの工場建設中にして九月より操業の豫定なり。尚現在神戸に在る三菱自動車工場は全部東京に移轉の計畫の下に丸子に四〇、〇〇〇坪の工場を目下建設中にして約二五〇台のツールマシンを取年十一月迄に発注済なり。来年三月に全部移轉し三月以降全部

ヲ―0022 B列5 28字×10 南滿洲鐵道株式會社 (15. 7. 8.400冊 鮎川納)

No.

東京ニ於テ神戸ヨリ移轉ノ一一台及大井工場現存ノ五五台ノ金屬機械ト前記発注済クツトルマシンヲ以テ自動車製作開始ノ豫定ニシテ現在能力ハ年四〇〇乃至一、〇〇〇台ヲ第二期ニハ二、〇〇〇台ニ増産シ第三期計畫ニ入ツテ五、〇〇〇台ノ能力発揮ノ目標ナリ。同所首脳者ノ意見トシテハ貨車ノ特徴ハミツシヨン重クハンドル軽ククラッチ弱シ坂ヲ上ル時ハトップノ馬力ヲ要シエンヂンノ強力ヲ要求ス従テ平地ニ於テ多クノ燃料ヲ喰フ故ニ貨車トシテハ満洲向トシテモ州内向（大連向）ト奥地向ト二様ニ製作シナケレバ経済的ニ成立セヌト思ハルトノ事ナリ。満洲ニハ内地ト異ナリガソリン高價ナルト撫順ノオイ

ヨ－0022　B列5　28字×10　南滿洲鐵道株式會社　（15. 7. 8.400冊 [illegible]）

No.

ルセールの重油生産の現地調辨の関係上ドイツ、イタリーの例ニ倣ひ満洲ニ於てもヂーゼル化することが常道なりとは軍と同意見なり。

以上各メーカーの意見を綜合して見ると満洲の基礎工業の現情ニ準じて可能性を有する範囲ニ於ては之を実行するは是とするも産業の趣旨を実情より見ると当分基礎工業ニ依存し満洲ニ於ては組立能力拡充を第一次計画として進むべきものなりとの意見ニ一致するものと考へらる

以上諸社の外横浜フォード組立工場をも単ニ生産車と比較参考とする目的を以て視察せり。

No.

五、私見

軍部は四、〇〇〇台製作を五箇年計画の目標として全部満洲に於て製作する能力の整備を希望するも之が満洲工業界の現情に於て差当り不能なものとすれば、そこは暫行的に計画することを是とするも尠くとも軍用特殊自動車は満洲に於て製作能力の整備を希望するものなり。然れども綜合工業であり精密工業であつて之に伴ふ基礎工業の拡充を要するものなるが経済的に合理化なることが最要條件とする基礎工業の満洲に於ける現在の地位は或る簡易部分品を除く外到底自動車調弁の採算的可能性薄き感あるを免れず。即ち満洲に於ける基礎工業の整備が先決問題

ヨ―0022　B列5　28字×10　南満洲鐵道株式會社　(13.7.5,400部 ……)

No.

としては必要なるも之よりも以上に重要なる関心事は世界各国の自動車工業に対抗し本邦自動車工業の確立発達には大量生産の実現が最も重要なる条件なり。然るに日本に於ける現自動車界のメーカーは多少の過当割拠的にして無統制の感あり、之日本の自動車工業確立発達を阻止する禍因をなすものにして此の大量生産を実現するには此のメーカーの一體化を要する自動車工業に於ては内地に於てすら無統制の感あるにも不拘之を措いて殊更に満洲に於て新工場を興し獨立並行せしむることは既述自動車工業会社の意見通り大に考慮すべきことにして、軍が應分の援助を惜み企業経済を度外視して迄も獨立せしめんとするならば忽ち角然らざるものとすれば内地自動車工業の進展に準據し提携して進むべきが日満経済ブロック結成の主旨。日本の自動車工業强化より見ても合理的にして常道のものと思はる。以上の情勢より推して満洲の自動車工業の拡充としては同趣旨にして左の方針を以て進むべきことを原則として其の実現化に當らしむべきものと思はる。

一、四、〇〇〇台を目標とする組立及修繕能力を拡充せしめ部分品の製作は基礎工業発達の実情に順應し暫行的に対處するものとす、即ち採算的に成立する部分は能ふ範囲にて満洲にて製作し他は輸入品に依存す。

No.

二、前項四、〇〇〇台の組立能力に則應する輸入部分品の責任貯藏を實行し需要の完璧を期せしむ。

三、全滿各要地に必要量の部分品を包擁するサービスステーションを配置せしめ常に車體の修理、部分品の補填に遺憾なからしむ。

要するに組立能力修繕能力の擴充に依て右計畫を實行せしめ大體同和の五箇年計畫案に準じて解決さるべきものとす。

No.

自動車工業関係資料

H4 3

ヲ－0022　B列5　28字×10　南滿洲鐵道株式會社

No.

一、満洲ニ於ケル自動車拡充計畫ト同和ノ現狀

昭和十二年四月

商工課工業係

内容

No.

する希望要件

一、同和と共同生産、豊田と提携迄の経緯

同和が従来車台及部分品の供給を仰いでゐた七社の共販組合が解散し七社の内の同和に対する協定も破れ剰へ軍需インフレと同和に対する売價安の関係上同和は何処からでも勝手に買つて呉れとの態度を示されたから同和は各社と直接交渉し遂に共同生産（瓦斯電、自工）と提携するやうに軍に纏めて貰つて目下継続中。尚軍は組合解散前に瓦斯電と自工の保有する秘密設計圖を政策上強制的に開放せしめて二社を七社に加はらしめたので

ヨ－0022　B列5　28字×10　南満洲鐵道株式會社　(15. 7. 8.400冊 ...)

あつた。
即ち同和は共同生産の全部を兼ね連絡を密し居る故両社の貨物を分配して送らしてゐる。尚別途に豊田と提携するに至つた。
注イ、七社提携時代中並現在の價額（標準車）
同和は四、〇〇〇圓にて賣らしめ同和は之を運賃、関税諸掛込で四、八〇〇圓に賣る（二〇〇圓利益）現在は尚之を四、八〇〇圓以下に賣れとのことで現在では可なりの損失を生じ其の八分の五は内地側、八分の三は同和負擔なり
ロ、台湾は全部共同生産品が隆盛の状態である。台湾の納入

ヨ－0022　B列5　28字×10　南滿洲鐵道株式會社

No.

價格ハ五、三〇〇圓ナルニ係ハラズ共同国産ノ同和供
給ハ可ナリノ犠牲ナリ

二、国産車賣出後ノ同和ノ悩ト現状

悪評
イ、部分品手廻ラズ
ロ、車體弱シ
ハ、ガソリンヲ多量喰フ
二、サービス不
右ノ悪評ハ運轉手ヨリ出デタルモノデ国産車ヲ忌避シタル理由ナ

ヨー0022　B列5　28字×10　南滿洲鐵道株式會社　(15.7.8,400冊)

No.

るが總局では政策の存する故同和專賣であつたが之も評判悪く昨年春頃は國産車駄目の声高かつた。然るに最近實績と統計とに依つて車體は弱いので無く寧ろ強いからガソリンを多く喰ふと謂ふ事も判つて（フオード、シボレーと比べて一五％多く喰ふ）右運轉手の云つたことは運轉手の慣れない國産と部分品の調達困難なりしに由ることが判つて来た。一台の車には二、五〇〇點の部分品を要するのであるが現在では國産運轉手の養成機関もあり部分品も充分（約八〇萬圓）に貯藏しあり右のトラブルは解消された状態にある。サービスの問題も當初は山間僻地に手が行届かなかつたから其

No.

の批難もあったが同和では之も極力改善中にて追々解消に近づきつゝある。

三、同社作業状態の現況と将来の方針

同社では目下コンプレートトレーラー（車台）の組立とボデイ（車體）の製作並部分品の極少量（ボールト、ナット、ピン、螺旋等）の自家製作をやって居るが現在の内地の軍需工業インフレの為の調査困難と現地調辦の見地から簡易部分品製作を目論見目下機器工具の据附整備を計畫し逐次進む方針とのことと亦り既にレース、ミーリング、カッター等の機械を使用中なり、并一、四〇〇台出せばフオードのベストラックを駆逐することと亦

ヨ－0022　B列5　28字×10　南滿洲鐵道株式會社

No.

3、此ノ計畫實現ノ爲メニハ差當リ一〇〇一一五〇萬圓ノ資金ヲ要ス。此ノ未拂込株徵收ノ豫定ナリトノコト。來月頃カラハ乗用車モ一〇台位ハ出ル豫定

四、同社將來ノ恒久計畫

同社ハ將來ノ永年計畫トシテマスプロダクトヲ前提條件ノ下ニコンプレートシャーシーカラ小部分品ニ至ル迄一切自家製目標ニ（但シ部分品ハ下請ニ出ス）先ヅ五箇年ヲ區切リテ五、〇〇〇台生產ノ前提ノ下ニ目下具體案作成中ニテ大體試案出來上リ修正ノ上近日當課ニモ送付ノ承諾ヲ得タ。其ノ五箇年擴充計畫案遂行ニハ約三、〇〇〇萬圓ノ資金ヲ要スルトノコト

ヨ－0022　B列5　28字×10　南滿洲鐵道株式會社　(15.7.8.400冊 [illegible])

No.

五、七社共販組合解散後の同和株社の態度

第一項に述べた通り七社の組合解散後は各社は同和に対して関心を薄め就中同和株主の日本車輌と日本自働車（二社計約七〇萬圓）は組合解散の頃より同和と絶縁したき気分熾烈にして之を感付き居る同和では萬一の場合は此の両社持株を満洲国政府に肩替することを満洲国政府当局（財政部、実業部）と大體諒解済とのことなり。

共同生産二社自工と瓦斯電は合併するものゝ如し

六、同和五箇年計画のマスプロダクト実現の件に

同社の有する希望要件

No.

本工業の技術者は目下日本に於て払底の状態なり、故に同社では自動車技術を利用し得る自工、豊田、日産、瓦斯電のベツリを受け技術方面の連絡を取る意見あり

尚本工業の如き綜合的の精密工業の要諦としてマスプロダクトの実現化には満洲機械器具工業の劃期的発達を併せて希望するとのこと

尚同社製作の国産車は中級品にしてフォード、シボレー等は下級車なりとのことである

軍が斡旋して同社の下請負者として決定し居る者

大連　浜田工作所

No.

倉田ボデイ

奉天、飛輪工作所

満州工作所

以上は谷田同和理事長の談話なり

参考

一、輸入税関税現行率

三〇％　車台

一〇％　部分品（同社で両方共七〇％位引上げて宜しい意響）

二、本年一月の価格

A、フォードトラックトレーラー

乙、一三一吋もの（一・五噸積）（一三一吋とは前輪と後輪との

No.

間の距離

Center 奉天渡 二、六八〇圓

b、一五七吋もの（二噸積） 三、八三五圓

B、シボレト

a、一三一・五吋

奉天渡 四、二五〇圓

大連渡 三、八五〇圓

b、一五七吋（二噸）

大連渡 三、五〇〇圓

奉天渡 四、八五〇圓

No.

普通のbody

四五〇圓－七〇〇圓

C. 同和の国産トラック

二噸　四、五〇〇圓

一・五噸　四、〇〇〇圓

綠型五号　三、六五〇圓

三、昨春現在の満洲に於ける台数

軍部を除き自動車（リヤカー、オートバイ等も含まず）と謂ふ

名の附くもの

約一〇、〇〇〇台（推定）

ヨー0022　B列5　28字×10　南満洲鐵道株式會社　（15．7．8．400冊　結川納）

No.

内バス・トラック、パッセンヂャー

計　八、〇〇〇台（推定）

四、昨年の満洲輸入新車台数

二、八〇〇台（推定）

五〇〜一割（推定）

内

五〇〜一割（推定）

五、同和の売つた台数

康徳元年　九〇台

二年　三五一台。

No.

三年上期　三五〇台

四年　　　一、四〇〇台の豫想

其他の参考事項

一、尚同社は軍より年四回の資金廻轉を從過されたるも現在の状況にては精々二回轉も辛うじてとのこと

二、同社がマスプロダクトを前提として五、〇〇〇台目標に車台から最後迄全部を自家製作とすれば現在のハンド製作をコンベアーシステム化にする必要を生ず

三、同社は當初新車の過剰仕入をなし死藏しゐたる處其の處置に困り一時賃車営業をなしゐたるが民間は苦情多き割合に

No.

賃借料の回收実績挙らず同社は之を中止し目下は軍、總局、満洲國方面よりのみなし居るが最近ストックも大體一掃サれ其の要求中に至れり。

四　現在製品倉庫には總局に賣渡済の一七〇台餘と若干の製品あり。

日本の生産條件は同社にては不明なり

故に同社條件との比較現在の處つかず

No.

特務部發第一九一六號（一九三三年十一月十四日）

日滿自動車會社設立要綱案送付ノ件

昭和八年十一月十四日

關東軍參謀長　小磯國昭

滿鐵經濟調査會委員長　十河信二殿

首題ノ件ニ關シテハ日滿關係者會同研究ノ結果別冊ノ通成案ヲ得タルニ付參考ノ爲送付ス

別冊

日滿自動車會社設立要綱案

ヨー0022　B列5　28字×10　南滿洲鐵道株式會社　（15.7.8.400冊 納川納）

No.

日満自動車會社設立要綱案

昭和八、一一、一一
関東軍司令部

第一　要綱

一、日満両國國防関係ノ特殊性ニ鑑ミ重要軍需産業タル自動車工業ヲ満洲國内ニ確立シ以テ戰時ノ要求ニ遺憾ナカラシムルト共ニ國産自動車工業ノ確立ヲ促進スル為満洲國内ニ日満自動車會社ヲ設ク

二、前項自動車會社ノ設立ニ當リテハ嚴ニ日満両國産業ノ對立的發展ヲ戒メ以テ両國ヲ通スル斯業ノ隆昌確立ヲ期スルノ要アルヲ以テ本會社ハ内地斯業ト緊密ナル関係ヲ有セシムルモノトス

ヨ－0022　B列5　28字×10　南満洲鐵道株式會社　（15.7.8.400冊 [illegible]）

No.

三、日本政府ハ内地國産自動車関係業者（自動車製造會社、主要ナル販賣會社、車体製造會社及重要部品材料供給會社等）ノ強力ナル全般的統制ヲ促進スルニ努メ以テ各個ノ進出ヲ抑制ス

満鐵附屬地ニ於ケル自動車ノ製造及組立ニ関スル外國企業ノ進出ニ対シテハ関東廳及外務省ニ於テ本要綱ノ目的ヲ達成セシムル如ク善處スルモノトス

四、日満両國政府ハ本會社ノ設立經營ニ関シ必要ナル援助ヲ與ヘ且満洲國政府ハ必要ナル監督ヲ行フモノトス

五、本會社ノ業務ハ差シ當リ國産自動車ノ組立、販賣、修理及車体ノ製造ヲ主トスルモ緊急ノ要ニ應スル爲要スレハ取敢ヘス完成

No.

國產車ノ販賣ヲ行フ

第二　會社ノ組織及形態

一、本會社ハ取敢ヘス滿洲國、滿鐵及全般的統制内ニアル関係業者ヲ主体トシテ設立ス

設立ノ時期ハ滿洲國進出ノ時機ヲ失セサル如ク急速ニ設立ス

二、本會社ハ日滿合辦ノ滿洲國法人タル特殊會社トス

三、事業計畫及出資区分ノ概要別紙ノ如シ

第三　會社ニ附與スヘキ便益

本會社ニ附與スヘキ便益左ノ如シ

一、関東軍司令官ハ旧迫撃砲廠ノ器具機械ヲ本會社ニ貸附ス

No.

二、満洲國内ニ於ケル自動車ノ製造及組立ノ企業並工場ノ設置ニ対シテハ強度ノ統制ヲ加フ

三、満洲國ハ現行自動車関税ヲ改正シ部品関税ヲ引下ゲ本目的ニ合スル如ク完成自動車ト部品トニ従ヒ税率ニ相当ノ差ヲ附ス

四、満洲國内ニ於テ確保スヘキ國産自動車ノ販路次ノ如シ

(1) 一般交通ノ用ニ供スル為沿線ヲ定メ旅客又ハ物品ヲ運送スル事業ニ使用スル自動車

(2) 日満両國官廳ニ於テ使用スル自動車

(3) 前號以外ノ自動車運輸事業ニ使用スル自動車

(4) 乗用車其ノ他國產ヲ以テ供給シ得サル自動車ハ國產車ノ

No.

進出ヲ企畫シ得ル迄外國制自動車ヲ完成車トシテ輸入セシム
前項ノ自動車ハ本會社ニ於テ販賣スルコトトナシ
五　滿洲國ハ自動車交通事業法ヲ制定シ本法ニ依ル運輸事業ニ使用スルバス、トラック及特殊自動車ノシヤシーノ型式ハ商工省標準型及軍用保護自動車規格等ヲ基準トシ滿洲ノ実情ヲ參酌シテ決定ス
註　自動車交通事業法ニテ取締ルヘキ範囲ハ前号第一第二号ニ應スルモノトス
六　日滿両國政府ハ其ノ軍用タルト官廳用タルトヲ問ハス已ムヲ得サルモノノ外本會社ノ製品ヲ使用ス

No.

七、日満両國政府ハ各其ノ監督ヲナス事業ニ對シテハ努メテ本會社製自動車ヲ使用セシムル如ク指導ス

八、前二号ノ自動車ノ修理ハ努メテ本會社ヲシテ行ハシム

第四　本會社ニ對スル監督

株主配当ハ當分八分以内トシ利益金ノ處分ニ方リテハ努メテ販賣價格ヲ低下スル如ク考慮スルモノトス

一、左記事項ニ關シテハ豫メ満洲國政府ノ承認ヲ受ケシムルモノトス

會社ノ重役ノ任免

毎年度事業計畫

ヨー0022　B列5　28字×10　南満洲鐵道株式會社　（15.7.5.400冊 細川納）

定款ノ変更及損益金ノ処分等総会附議事項

二、本会社ハ戦時事変ニ際シ日満両国軍所要ノ自動車ヲ両国当局ノ指定スル価格ヲ以テ納入スル義務ヲ有ス

三、本会社ニ対スル満洲国政府ノ監督ニ就テハ予メ在満日本最高統制機関ト協議スルモノトス。

別紙

出資区分　概算　六百二十萬圓

一、満洲国　二〇〇、〇〇〇圓

一、満鉄　二、九〇〇、〇〇〇圓（旧迫撃砲廠ノ土地及建物ヲ現物出資ス）

一、国内自動車関係工業者　三、一〇〇、〇〇〇圓

No.

計畫概要

一、本計畫ハ自動車ノ完成部品ヲ取寄セ之ヲ組立テ傍自動車ノ修理ヲ為スモノトス・

一、本計畫ハ一箇年平均自動車八〇〇台ヲ組立テ且一箇年平均二〇〇〇台ノ修理（オーバーホールニ換算）ヲナスモノトス

一、本計畫ニ於テハ奉天ニ本社竝工場ヲ、新京、哈爾賓及齊々哈爾ニ支店竝修理工場ヲ東京ニ出張所ヲ設置スルモノトス
尚必要ニ應シ出張所ヲ設クルコトトス

一、資本金
資本金　六二〇萬圓

No.

内訳（別冊其ノ一参照）

六〇〇萬圓　現物出資（四分ノ一拂込）

二〇〇萬圓　現物出資（全額拂込）

一、事業計畫ノ大綱ハ別冊其ノ二ノ如シ

ヨ—0022　B列5　28字×10　南滿洲鐵道株式會社　（15.7.8.400冊 館用紙）

No.

別冊第一

出資總額　六、二〇〇、〇〇〇円

一、固定資本　六四六、三一二円

イ、土地及建物　三七七、三一二円

内譯

(イ)本社及本工場　二三六、三一二円

但シ右ハ奉天旧迫撃砲廠ノ現物出資ニ應スル評價ニシテ

内二〇萬圓ハ株券トシテ三六、三一二圓ハ現金ヲ以テ滿洲國

政府ニ交付スルモノトス

(ロ)支店、出張所、修理工場及部品倉庫　一四一、〇〇〇円

No.

但シ支店及修理工場ヲ新京、哈爾賓及斉々哈爾ニ設ケ各工場共土地七五〇坪(坪四円)ヲ買收シ三五〇坪(坪百二十円)ノ建物ヲ新ニ建築スルモノトシ東京ニ出張所ヲ設ケ其ノ經費ヲ六、〇〇〇円トス

2.機械器具、関東軍ノ貸付ヲ受クルモノトス、評價ハ別ニ定ム

3.企業費　二六九〇〇〇円

内譯

(イ)組立工場設備　二〇、〇〇〇円

(ロ)運搬設備　五、〇〇〇円

(ハ)試驗設備　一五、〇〇〇円

ヨ－0022　B列5　28字×10　南滿洲鐵道株式會社　(15.7.8.400冊 [illegible])

No.

(ニ) 検査器、工具、ゲージ類購入費　三五、〇〇〇円

(ホ) 修理設備　一四〇、〇〇〇円

(ヘ) 塗装及鍍金設備　一〇、〇〇〇円

(ト) 倉庫及車庫其ノ他　一〇、〇〇〇円

(チ) 機械設備ノ據付費其ノ他　三四、〇〇〇円

二、運轉資金　一、〇四三、九〇〇円

内譯

1、組立八〇〇台ニ應スル資出金（一台當リ組立費四六三七円トス）

三、七〇一、六〇〇円

2、修理二千台ニ應スル資出金（一台當リ修理費二三七円トス）

ヨ－0022　B列5　28字×10　南満洲鐵道株式會社　(15. 7. 8.400冊 ……)

No.

四七四〇〇〇円

計四、一七五、六〇〇圓ノ四分ノ一ヲ以テ運轉資金トス

一、〇四三、九〇〇円

以上總計

一、六九〇、二一二円

以上總計中滿洲國現物出資ノ二〇萬圓ヲ控除シ殘金一、四九〇、

二一三圓ヲ基礎トシ四分ノ一拂込トシ六二〇萬圓ヲ以テ總資本

額トス

ヲ—0022　B列5　28字×10　南滿洲鐵道株式會社　（15. 7. 8.400冊 …納）

No.

別冊其ノ二

事業計畫大綱

	第一年	第二年	第三年	第四年	第五年
組立台數	七〇〇	七五〇	八〇〇	八五〇	一、二五〇
販賣單價	四八〇〇	四、七六〇	四、七五〇	四、六七〇	四、五五〇
販賣金額	三、三六〇、〇〇〇	三、五七〇、〇〇〇	三、八〇〇、〇〇〇	三、九六九、五〇〇	五、六八七、五〇〇
修理台數	七五〇	一、三〇〇	一、九〇〇	二、五〇〇	三、〇〇〇
修理金額	一八七、五〇〇	三二五、〇〇〇	四七五、〇〇〇	六二五、〇〇〇	七五〇、〇〇〇
總收入	三、五四七、五〇〇	三、八九三、〇〇〇	四、二七五、〇〇〇	四、五九四、五〇〇	六、四三七、五〇〇
總支出金	三、五三四、四五〇	三、八六六、一〇〇	四、一八四、二〇〇	四、四七七、一〇〇	六、二九八、五〇〇
資本償却	—	二五、六七〇	二五、六七〇	二五、六七〇	二五、六七〇
(土地建物五年	—(土地建物)	七、四二〇	—	—	—
機械器具二〇年)	—(機械器具)	一八、二五〇	—	—	—
純益金	一三、〇五〇	二、七三〇	六五、一三〇	九一、七三〇	一一三、三三〇

No.

前期繰越	—	一一、一〇〇	一一、七三〇	九、三一〇	一三、〇四〇
計	一三、〇五〇	一三、八三〇	七六、八六〇	一〇一、〇四〇	一二六、三七〇
法定積立金10%	一、三〇〇	一、四〇〇	七、七〇〇	一〇、〇〇〇	一二、六〇〇
別途積立金5%	六五〇	七〇〇	三、八五〇	五〇〇〇	六、〇〇〇
重役賞与	—	—	五〇〇〇	五〇〇〇	五〇〇〇
株主配当	—	—	(三分)五一、〇〇〇	(四分)六八、〇〇〇	(五分)八五、〇〇〇
後期繰越	一一、一〇〇	一一、七三〇	九、三一〇	一三、〇四〇	一七、四七〇

備考

1、生産原価ハ四、五七〇円、修理実費ハ二三七円ヲ標準トシ第一年度第二年度及第三年度ノ生産原価ハ部品及材料以外ノ諸経費(組立ハ五七〇圓修理ハ一七四圓トス)ニ対シ夫々第一年度三割増、第二年度二割増、第三年度一割増トシテ計算セリ

ヨ－0022　B列5　28字×10　南満洲鐵道株式會社　(15.7.8.400冊 ...)

No.

第五年度ハ生産原價ヲ一車ニ付一〇〇圓以下下クルモノトセリ

2. 生産原價ハ内地自動車工業合理化ノ進展ニ伴ヒ尚急速ニ低下スルコトアルヘシ

3. 本計畫上ノ組立台数ハ官廳用等ヲ含マス又修理台数ハ軍ノ豫想修理台ヲ含ム

「附」

昭和九年三月二十三日新京ニ於テ同和自動車工業株式會社創立總會開催サレ、康德元年三月三十一日奉天ニ同社設立サル

ヨ—0022　B列5　28字×10　南滿洲鐵道株式會社　(15. 7. 8.400冊 福川納)

No.

日満自動車会社設立要綱

昭八、五、五満蒙委員会案

第一　要綱

一、日満両国国防関係の特殊性に鑑み重要基幹産業たる自動車工業を満洲国内に確立し以て我国の要求に遺憾なからしむると共に我国産自動車工業の確立を促進するか為満洲国内に日満自動車会社を設く

二、前項自動車会社の設立に当りては殊に日満両国産業の対立的発展を戒め以て両国を通する斯業の隆昌確立を期するの要あるを以て本会社は内地斯業と緊密なる関係を有せしむるものとす

三、日本政府は内地国産自動車関係業者(自動車製造会社、主要なる

No.

販売会社、特殊製造会社及重要部品材料供給会社（一手）の強力なる全般的統制を促進するに努め以て各個の進出を抑制す

四、日満両国政府は本会社の設立並に経営に関し必要なる援助を与へ且関東軍司令官は必要なる事実上の監督を行ふものとす

五、本会社の業務は差当り生産自動車の組立、販売、修理及車体の製造とし之に緊急の要に応ずる為要すれば取敢へず完成車、産車の販売を行ふ

第二　会社の組織及形態

一、本会社は全般的統制内にある関係業者及満鉄を主体として設立す、

設立の時期は満洲国進出の時機を失せざるを急務とするを以て全般的

ヨ—0022　B列5　28字×10　南滿洲鐵道株式會社　(16. 9. 5,000冊)

No.

統制の実現を俟つことなく急速に設立することゝあり

二、本会社の設立並に内地自動車工業の統制に関しては陸軍、商工両省協力し之を指導す

三、本会社は日満合弁の日本法人とす、其資本は全般的に統制せられたる内地同業者、満鉄及満洲国政府の出資を主とし一部を一般日満両国人より公募す、満洲国政府は旧東北大学附属工廠の土地、建物及設備機械を現物として出資す

四、事業計画及出資区分の概要別紙の如し

第三　会社に附与すへき便益

本会社に附与すへき便益左の如し

一、満洲国内に於ける自動車の製造、組立及修理の企業並工場の設置に對して許可制度の如き統制を加ふ

二、満洲国の現行自動車関税を改正し部品関税を引下げ本目的に合する如く完成自動車と部品とに從ひ税率に相当の差を附す

三、満洲国内に於て確保すへき国産自動車の数量次の如し

(1) 一般交通の用に供する為路線を定め定期に自動車を運行し旅客又は物品を運送する事業に使用する「バス」及「トラック」

(2) 前號以外の自動車運輸事業に使用する「バス」及「トラック」（例へは通学バス、ホテルバス、百貨店バス、遊覧バス等）

(3) 特殊自動車の「ミゼット」

No.

(4) 日満両国官庁に於て使用する「トラック」及特殊自動車の「シヤシー」

(5) 乗用車、其他国産を以て供給し得ざる自動車は国産車の進出を企画し得る迄外国製自動車を完成車として輸入せしむ、

前項の自動車は右会社に於て販売することゝなし

四、自動車交通事業法（註一）を制定し右法に依る運輸事業に使用する「バス」「トラック」及特殊自動車の「シヤシー」の型式は總て本邦の標準規格を準用せしむ（註二）

註一、自動車交通事業法にて取締るべき範囲は前項第一、第二號に該当するものとす

二、商工省標準型及軍用保護自動車規格等を基準と

ヨ－0022　B列5　28字×10　南満洲鐵道株式會社　(16, 6, 5,000冊)

ゝ滿洲の実情を参酌して決定す

~~五、業用車其他國産を以て供給し得ざる自動車は國産車の進出を企画し得る迄外國製自動車を完成車として輸入せしむ~~

五、前項の日滿両國政府は其の軍用たると官庁たるとを問はず已むを得ざるものゝ外努めて本会社の製品を使用す

六、日滿両國政府は両國政府の監督を受くる事業に対し努めて本会社製自動車を使用せしむる如く指導す

七、前二號の自動車の修理は努めて本会社をして行はしむ

第四　本会社に対する監督

交通事業法に依る運輸事業は本会社と関係を保持せしむるに努

No.

むる外特に本会社として運輸事業を兼営せしむることを考慮す

株主配当は当分八分以内とし利益金の処分に方りては努めて販売価格を低下する如く考慮するものとす

一、左記事項に関しては豫め関東軍司令官の承認を受けしむるものとす

会社重役の任免　定款の変更、利益金の処分

毎年度事業計画

二、本会社は戦時事変に際しては満洲軍所要の自動車を関東軍司令官の指定する公正なる価格を以て納入するの義務を有す

別紙

出資区分　概算八百万円

ヨー0022　B列5　28字×10　南滿洲鐵道株式會社　(16.6.5,000冊 ...)

No.

一、満洲国　三〇〇、〇〇〇円（現物出資）
一、満　鉄　三、七〇〇、〇〇〇円
一、満内自動車関係工業者　四、〇〇〇、〇〇〇円

以上

ヲ－0023　B列5　28字×10　南満洲鐵道株式會社　(16. 6. 5,000冊 餘川納)

國務院訓令第四八號

産業部大臣

交通部大臣　ニ令ス

滿洲自動車製造株式會社及同和自動車工業株式會社ニ對スル監督事項ノ協議ニ関スル件ヲ左ノ通定ム

康德六年五月十一日

國務院總理大臣　張景惠

滿洲自動車製造株式會社及同和自動車工業株式會社ニ對スル監督事項ノ協議ニ関スル件

第一條　産業部大臣ハ滿洲自動車製造株式會社及同和自動車

No.

工業株式会社ニ對シ左ニ掲グル事項ニ付許可、認可又ハ命令ヲ爲サントスルトキハ豫メ之ヲ交通部大臣ト協議スヘシ

一、生産設備、生産能力及生産方法ノ拡張又ハ変更

二、原材料ノ取得方法又ハ其ノ変更

三、附帯事業

四、合併又ハ解散

五、統制協定ノ締結又ハ其ノ改廃

六、前各号以外ノ事項ニ付爲ス監督上又ハ公益上必要ナル命令

第二條　産業部大臣ハ満洲自動車製造株式会社及同和自動車工業株式会社ヨリ左ニ掲グル書類ノ提出アリタルトキハ交通

部大臣ニ其ノ写ヲ送附シ又ハ其ノ旨ヲ通報スベシ

一、事業計画書及事業報告書

二、営業所ノ設置又ハ変更届

三、業務又ハ財産状況ノ報告書

附則

本令ハ康徳六年五月五日ヨリ之ヲ施行ス

No.

満洲自動車製造株式會社法

勅令第九六号、康徳六年五月五日

改正　勅令第一〇五号　康徳九年三月九日

ヨ－0022　B列5　28字×10　南満洲鉄道株式会社　(15. 3. 3,000)

No.

一、満洲自動車製造株式會社法

（康徳六年五月五日勅令第九十号）

第一條　政府ハ自動車製造工業（及販賣事業）ノ統制確立ヲ図ル為（満洲）自動車製造株式會社ヲ設立セシム

第二條　（第一項）~~會社ハ自動車ノ製造ニ關スル事業ヲ營ムヲ以テ目的トス~~

會社ハ左ノ事業ヲ營ムヲ以テ目的トス

(一) 自動車ノ製造組立修理及販賣

(二) 自動車ノ車体部分品及附屬品ノ製造及販賣

(三) 自動車部分品附屬品ノ輸入

（第二項改）會社ハ~~産業部~~（經濟部）大臣ノ認可ヲ受ケ前項ノ事業ニ附帯スル業務ヲ營ムコトヲ得

第三條　會社ハ本店ヲ新京特別市ニ置ク

第四條　會社ノ資本ノ額ハ一億圓トス

第五條　會社ノ株式ハ記名式トシ一株ノ金額ハ五十圓トス

第六條　會社ノ株式ハ會社ノ同意ヲ得ルニ非ザレバ之ヲ他人ニ

譲渡スルヲ得ズ

第七條 會社ニ理事長一人、理事九人以内及監事三人以内ヲ置ク。

第八條 理事長ハ會社ヲ代表シ其ノ業務ヲ總理ス

理事長事故アルトキハ理事中ヨリ一人理事長ノ職務ヲ行フ、

理事ハ理事長ヲ輔佐シ會社ノ業務ヲ掌理ス

監事ハ會社ノ業務ヲ監査ス

第九條 理事長、理事及監事ハ株主總會ニ於テ之ヲ選任ス

理事長及理事ノ任期ハ四年、監事ノ任期ハ三年トス

第十條 理事長及常務ニ従事スル理事ハ経済部大臣ノ許可ヲ受

ヨ—0022　B列5　28字×10　南満洲鐵道株式會社

No.

クルニ非ザレバ他ノ業務ニ従事スルコトヲ得ズ

第十一條　会社ニ其ノ重要事項ヲ協議スル為理事会ヲ置ク

理事会ハ理事長及理事ヲ以テ組織ス

第十二條　理事会ニ会員ノ互選ニ依リ理事会長ヲ置ク

理事会長ハ理事会ノ事務ヲ統理ス

第十三條　会社ハ営業年度毎ニ事業計画ヲ定メ予メ之ヲ経済部大臣ニ提出スベシ之ヲ変更セムトスルトキ亦同ジ

第十四條　理事長、理事及監事ノ選任、解任、定款ノ変更、利益金処分、社債ノ募集並ニ合併解散ノ決議ハ経済部大臣ノ認可ヲ受クルニ非ザレバ其ノ效力ヲ生ゼズ

No.

第十五條　會社ハ経済部大臣ノ認可ヲ受クルニ非ザレハ重要財産ヲ他人ニ譲渡シ又ハ之ヲ擔保ニ供スルコトヲ得ズ

第十六條　會社ハ経済部大臣ノ許可ヲ受クルニ非ザレバ其ノ事業ノ全部又ハ一部ヲ廃止シ又ハ休止スルコトヲ得ズ

第十七條　経済部大臣ハ會社ノ業務ニ関シ監督上又ハ公益上必要ナル命令ヲ為スコトヲ得

第十八條　経済部大臣ハ會社ノ決議ガ法令若ハ定款ニ違反シ又ハ公益ヲ害スルト認ムルトキハ其ノ決議ヲ取消スコトヲ得

経済部大臣ハ理事長、理事又ハ監事ノ行為ガ法令、定款若ハ本法ニ依ル命令ニ違反シ又ハ公益ヲ害スト認ムルトキハ之ヲ

No.

解任スルコトヲ得

第十九條　治安部大臣ハ會社ノ業務ニ関シ軍事上必要ナル監督ヲ為シ又ハ命令ヲ為スコトヲ得

附　則

第二十條　本法ハ公布ノ日ヨリ之ヲ施行ス

第二十一條　政府ハ設立委員ヲ命ジ會社ノ設立ニ関スル一切ノ事務ヲ処理セシム

第二十二條　設立委員ハ定款ヲ作成シ産業部大臣ノ認可ヲ得ベシ

第二十三條　株式総数ノ引受アリタルトキハ設立委員ハ遅滞ナ

No.

ク株金ノ拂込ヲ為サシムベシ

前項ノ拂込アリタルトキハ設立委員ハ遅滞ナク創立總會ヲ招集スベシ

前項ノ場合ニ於テハ會社法第八十七條第一項ノ規定ニ依ラザルコトヲ得

第二十四條　設立委員ハ會社ノ設立登記ヲ完了シタルトキハ遅滞ナク其ノ事務ヲ理事長ニ引渡スベシ

No.

三

满洲自动车制造株式会社定款

ヨ－0022　B列5　28字×10　南满洲铁道株式会社　(15.3.3.000冊 [illegible])

No.

三　満洲自動車製造株式會社定款

第一章　總則

第一條　本會社ハ満洲自動車製造株式會社ト称シ康徳六年勅令第九十六号ニ依リ設立ス

第二條　本會社ハ左ノ業務ヲ営ムヲ以テ目的トス

一　自動車ノ製造

二　自動車部分品及附属品ノ製造

三　前各号ニ附帯スル事業

四　前各号ニ附帯スル投資並ニ融資

第三條　本會社ノ資本ノ額ハ壹億圓トス

No.

第四條　本會社ハ本店ヲ新京特別市ニ其ノ他必要ノ地ニ支店又ハ出張所ヲ置ク

第五條　本會社ノ公告ハ政府公報ニ掲載ス

第二章　株式

第六條　本會社ノ資本ハ之ヲ百萬株ニ分チ一株ノ金額ヲ五十円トス

第七條　本會社ノ株式ハ總テ記名式トシ一株券、十株券、一百株券、一千株券及一萬株券ノ五種トス

第八條　株式ノ第一回拂込ハ一株ニ付十二圓五十錢トシ第二回以後ノ拂込時期、拂込額及方法ハ取締役會ノ決議ヲ以テ之

ヲ定ム

第九條　株主カ株金ノ拂込ヲ怠リタルトキハ拂込期日ノ翌日ヨリ拂込完了ノ日迄一百圓ニ付一日三分ノ割合ヲ以テ違約金ヲ支拂ヒ且遅滞ニ因リ生シタル一切ノ損害ヲ賠償スヘシ

第十條　本會社ノ株式ハ會社ノ同意ヲ得ルニ非サレハ之ヲ他人ニ讓渡スルコトヲ得ス

第十一條　株式讓渡ニ因リ名義ノ書換ヲ請求セントスル者ハ本會社所定ノ株式ニ依リ請求書ニ當事者雙方記名捺印シ之ニ讓渡人カ裏面ニ記名シタル株券ニ手數料ヲ添ヘテ本

No.

會社ニ提出スベシ
相續其ノ他讓渡以外ノ事由ニ因リ株式ノ名義書換ヲ請求セントスル者ハ本會社所定ノ様式ニ依ル請求書ニ記名捺印シ之ニ其ノ移轉ノ事由ヲ證スルニ足ルベキ書類ヲ添ヘ請求者ガ裏面ニ記名シタル株券及手數料ヲ添ヘテ本會社ニ提出スベシ
前二項ノ請求アリタルトキハ本會社ハ株式名簿ニ必要事項ヲ記錄シ且株券ニ代表者證印ヲ押シ之ヲ請求者ニ還付ス
株式ノ名義書換手數料ハ株券一通ニ付一角トス
第十二條　汚損、併合、分割其ノ他ノ事由ニ因リ株券ノ取換ヲ

No.

請求セムトスルモノハ本會社所定ノ様式ニ依ル請求書ニ記名捺印シ之ニ株券並ニ手数料ヲ添ヘテ本會社ニ提出スベシ

株券ノ取換手数料ハ新株券一通ニ付五角トス

第十三條　株主ハ其ノ意思ニ依ラズシテ株券ヲ喪失シタルトキハ公示催告ノ手續ヲ完了シ除權判決ヲ得タルトキニ限リ株券ノ再發行ヲ請求スルコトヲ得

前項ノ請求ヲ為サムトスル場合ハ本會社所定ノ請求書ニ記名捺印シ之ニ前項ノ事實ヲ證スルニ足ルヘキ書類ヲ本會社ニ提出スベシ

ヨ－0022　B列5　28字×10　南満洲鐵道株式會社　15.3.3.000冊

No.

株券ノ再發行手數料ハ新株券一通ニ付五角トス

第十四條 本會社ハ毎年二月一日及八月一日ヨリ各其ノ月ノ招集ノ定時株主總會終了ノ日迄株式ノ名義書換ヲ停止ス

前項ノ場合ヲ除クノ外本會社ニ於テ必要ト認ムルトキハ理事會ノ決議ニ依リ豫メ其ノ旨ヲ公告ノ上一定ノ期間株式ノ名義書換ヲ停止ス

第十五條 株主又ハ其ノ法定代理人ハ其ノ氏名、住所及印鑑ヲ本會社ニ届出ヅベシ、其ノ變更アリタルトキ亦同ジ

滿洲國以外ノ地ニ居住スル株主又ハ其ノ法定代理人ハ滿洲國内ニ於テ通知又ハ催告ヲ受クベキ假住所ヲ定メ本

No.

會社ニ届ケ置クベシ其ノ變更アリタルトキ亦同ジ

第三章　株主總會

第十六條　定時株主總會ハ毎年二月及八月、臨時株主總會ハ臨時必要アルトキ之ヲ招集ス

第十七條　總會ノ議長ハ理事長之ニ任ズ理事長事故アルトキハ理事中ノ一人議長ニ任ズ

第十八條　株主ガ代理人ヲシテ議決權ヲ行使セシメントスルトキハ其ノ代理人ハ代理權ヲ証明スベキ委任狀ヲ本會社ニ提出スベシ

第十九條　總會ノ決議ハ法令ニ別段ノ定アル場合ヲ除クノ外出席株主ノ議決權ノ過半數ヲ以テ之ヲ決ス可否同數ナルト

キハ議長ノ決スル所ニ依ル

第二十條　總會ノ議事録ハ議事ノ經過ノ要領並ニ其ノ結果ヲ記載シ之ニ議長、出席シタル其ノ他ノ全役員記名捺印スルコトヲ要ス

第四章　役員

第二十一條　本會ハ左ノ役員ヲ置ク

理事長　一名

理事　七名以内

監事　三名以内

第二十二條　理事長、理事及監事ハ株主總會ニ於テ之ヲ選舉シ

No.

其ノ就任ハ政府ノ認可ヲ受クルモノトス

第二十三條 理事長及理事~~及監事~~ノ任期ハ四年監事ノ任期ハ三年トス但シ任期中ノ最終決算期ニ関スル定時株主総会ノ終結ニ至ル迄之ヲ伸長ス

第二十四條 役員ニ欠員ヲ生ジタルトキハ株主総会ヲ招集シテ補欠選挙ヲ行フ但シ法定数ヲ欠カザル場合ハ之ヲ補欠セザルコトヲ得

補欠選挙ニ依リ就任シタル役員ノ任期ハ前任者ノ残任期間トス

第二十五條 理事長及理事ハ理事会ヲ組織シ理事ノ中ヨリ理事

No.

局長一名常務理事一名ヲ選任ス

第二十六條　本會社ノ業務ノ方針其ノ他重要ナル事項ハ理事局ニ於テ之ヲ定ム

第二十七條　理事局長ハ理事局ヲ招集シ之ヲ統理ス

理事局長缺員又ハ事故アルトキハ理事局ニ於テ豫メ定メタル順序ニ依リ他ノ理事其ノ職務ヲ行フ

第二十八條　理事局ノ議事ハ出席者ノ過半數ヲ以テ之ヲ決ス

可否同數ナルトキハ理事局長之ヲ決ス

第二十九條　理事長ハ本會社ヲ代表シ社務ヲ綜理ス

理事長事故アルトキハ常務理事中ノ一人理事長ノ職務ヲ

ヨ－0022　B列5　28字×10　南滿洲鐵道株式會社　(15. 8. 3.000冊 ...)

No.

行ス

常務理事ハ理事長ヲ補佐シ本會社ノ業務ヲ掌理ス

理事ハ理事長及常務理事ヲ補佐シ本會社ノ業務ヲ掌理ス

監事ハ本會社ノ業務ヲ監査ス

第三十條　理事長及常務理事ハ政府ノ許可ヲ受クルニ非サレバ他ノ業務ニ從事スルコトヲ得ズ

第三十一條　役員ノ報酬ハ株主總會ノ決議ヲ以テ之ヲ定メ主務部大臣ノ認可ヲ受クルモノトス

第五章　計算

第三十二條　會社ハ一年ヲ二期ニ分チ一月一日ヨリ六月末日迄

No.

ヲ上期七月一日ヨリ十二月末日迄ヲ下期トシ各其ノ末日ヲ以テ決算期トス

第三十三條　理事長ハ決算期毎ニ財産目録、貸借対照表、営業報告書、損益計算書並ニ剰余金処分ニ関スル議案ヲ作成シ監事ノ意見書ヲ添ヘ定時株主総会ニ提出シテ其ノ承認ヲ求ムルコトヲ要ス

第三十四條　本会社ハ毎期総益金ヨリ総損金ヲ控除シタル残額ヲ以テ其ノ期ノ純益金トシ之ニ前期繰越金ヲ加算シテ左ノ通リ処分ス

一　法定積立金　当期純益金ノ二十分ノ一以上

ヨ－0022　B列5　28字×10　南満洲鐵道株式會社　(15.3.3.000冊 [illegible])

No.

二　別途積立金　若干

三　役員賞與金　若干

四　株主配当金　若干

五　後期繰越金　若干

第三十五條　株主配当金ハ各定時株主總會終了後毎年二月一日及八月一日現在ノ株主ニ之ヲ支拂フ、

第三十六條　株主配当金ハ支拂期日後三箇年内其ノ支拂ノ請求ナキトキハ本會社ノ所得ニ歸ス

附　則

第三十七條　本會社ノ創立費ハ八十五萬圓以内トス

ヨー0022　B列5　28字×10　南満洲鐵道株式會社

No.

第三十八條　第一回ノ理事長、理事及監事ハ創立總會ニ於テ選舉シ其ノ就任ハ政府ノ認可ヲ受クルモノトス

第三十九條　第一回ノ理事長及理事ノ任期ハ第八回ノ定期株主總會、第一回ノ監事ノ任期ハ第六回ノ定期株主總會ノ終結ノ時ヲ以テ満了ス

第四十條　本社設立委員ノ氏名及住所左ノ如シ（氏名住所略）

整備項目			
索引番號		文書番號	

件名

日本

自動車製造事業法

自動車製造事業法施行令

優良自動車部分品及自動車材料認定規則

備考

B列5

(12. 7. 5,000枚 松浦屋納)

No.

自動車製造事業法

（昭和十一年五月二十九日法律第三十二号）

第一條　本法ハ國防ノ整備及産業ノ發達ヲ期スル為帝國ニ於ケル自動車製造事業ノ確立ヲ図ルコトヲ目的トス

第二條　本法ニ於テ自動車製造事業ト稱スルハ命令ヲ以テ定ムル自動車又ハ自動車部分品ノ組立又ハ製造ヲ為ス事業ヲ謂フ

第三條　自動車製造事業ヲ營マントスル者ハ政府ノ許可ヲ受クヘシ但シ其ノ組立又ハ製造ヲ為ス自動車又ハ自動車部分品ノ數量ガ命令ヲ以テ定ムル數量ニ達セサルモノニ付テハ此ノ限ニ在ラス

ヨ－0022　B列5　28字×10　南滿洲鐵道株式會社　（15.3.3.000冊 [illegible]）

No.

政府ハ自動車又ハ自動車部分品ノ需要供給ヲ参酌シ自動車製造事業確立上支障ナシト認メタル場合ニ非ザレバ前項ノ許可ヲ為スコトヲ得ズ

第四條　前條ノ許可ヲ受クルコトヲ得ベキ者ハ帝国法令ニ依リ設立シタル株式會社ニシテ株主ノ半数以上、取締役ノ半数以上、資本ノ半額以上及議決權ノ過半数ガ帝国臣民又ハ帝国法令ニ依リ設立シタル法人ニ属スルモノニ限ル

前項ノ法人ハ其ノ社員、株主若ハ業務ヲ執行スル役員ノ半数以上又ハ資本ノ半額以上若ハ議決權ノ過半数ガ外国人又ハ外国法人ニ属セザルモノナルコトヲ要ス

ヨ－0022　B列5　28字×10　南滿洲鐵道株式會社　(15. 3. 3.000冊 ...)

No.

前條ノ許可ヲ受ケタル者前ニ項ノ規定ニ該當セザルニ至リタルトキハ許可ハ其ノ效力ヲ失フ

第五條　第三條ノ許可ヲ受ケタル會社（自動車製造ノ會社）ハ政府ノ指定スル期間内ニ其ノ事業ヲ開始スベシ政府ハ正當ノ事由アリト認ムル場合ニ限リ前項ノ期間ノ延長ヲ許可スルコトヲ得

~~自動車製造會社ニハ命令ノ定ムル所ニヨリ第三條ノ許可ヲ受~~

自動車製造會社前ニ項ノ期間内ニ其ノ事業ヲ開始セザルトキハ第三條ノ許可ハ其ノ效力ヲ失フ

第六條　自動車製造會社ニハ命令ノ定ムル所ニヨリ第三條ノ許

No.

可ヲ受ケタル年及其ノ翌年ヨリ五年間其ノ事業ニ付所得税及営業收益税ヲ免除ス

第七條　北海道、府縣及市町村其ノ他之ニ準ズベキモノハ前條ノ規定ニ依リ所得税及営業收益税ヲ免除セラレタル自動車製造会社ニハ其ノ免除セラレタル事業ニ対シ又ハ其ノ免除セラレタル事業ニ属スル資本金、従業者、営業用ノ工作物若ハ物件使用動力又ハ收入ヲ標準トシテ課税スルコトヲ得ス

第八條　自動車製造會社其ノ事業ノ為必要ナル器具機械又ハ材料ヲ政府ノ認可ヲ受ケ輸入スルトキハ本法施行ノ日ヨリ五年間命令ノ定ムル所ニ依リ輸入税ヲ免除ス

ヨ－0022　B列5　28字×10　南満洲鐵道株式會社

No.

第九條　自動車製造會社ハ事業擴張ノ場合ニ於テ政府ノ認可ヲ受ケ其ノ事業ニ屬スル設備ノ費用ニ充ツル爲株金全額拂込前ト雖モ其ノ資本ヲ増加スルコトヲ得

第十條　自動車製造會社ハ政府ノ認可ヲ受ケ其ノ事業ニ屬スル設備ノ費用ニ充ツル爲商法第二百條ノ規定ニ依ル制限ヲ超エテ社債ヲ募集スルコトヲ得但シ社債ノ總額ハ拂込ミタル株金額ノ二倍ヲ超ユルコトヲ得ズ

最終ノ貸借對照表ニ依リ會社ニ現存スル財産ガ拂込ミタル株金額ニ滿タザルトキハ前項ノ規定ヲ適用セス

第一項ノ規定ニ依リ募集スル社債ニ付テハ工場抵當法ニ依リ

ヨ－0022　B列5　28字×10　南滿洲鐵道株式會社　(15.3.3.000冊 ...)

No.

會社ノ事業ニ屬スルモノヲ擔當ト為スコトヲ要ス但シ特別ノ事情アル場合ニ於テ政府其ノ必要ナシト認メタルトキハ此ノ限ニアラズ

第十一條　自動車又ハ自動車部分品ノ輸入ガ自動車製造事業ノ確立ヲ妨グルノ虞アルトキハ政府ハ命令ノ定ムル所ニ依リ期間ヲ定メ自動車又ハ自動車部分品ノ輸入ヲ制限スルコトヲ得

第十二條　自動車又ハ自動車部分品ノ輸入ニ因リ其ノ市價ノ低落ヲ来シ自動車製造事業ノ確立ヲ妨グルノ虞アルトキハ政府ハ命令ノ定ムル所ニ依リ関税調査委員会ノ議ヲ経テ期間ヲ定メ自動車又ハ自動車部分品ニ對シ関税定率法別表輸入税表ニ

No.

定ムル輸入税ノ外其ノ物品ノ價格ノ五割ニ相當スル金額以下ノ輸入税ヲ課スルコトヲ得

第十三條　自動車製造會社ハ命令ノ定ムル所ニヨリ事業計畫ヲ定メ政府ノ認可ヲ受クベシ之ヲ變更セントスルトキ亦同シ

政府必要アリト認ムルトキハ事業計畫ノ變更ヲ命ズルコトヲ得

第十四條　自動車製造會社其ノ事業ノ全部又ハ一部ヲ讓渡シ廢止シ又ハ休止セントスルトキハ命令ノ定ムル所ニ依リ政府ノ許可ヲ受クベシ

自動車製造會社ノ合併又ハ解散ノ決議ハ命令ノ定ムル所ニ所

No.

ニ依リ政府ノ認可ヲ受クルニ非ザレバ其ノ効力ヲ生ゼズ
第十五條　政府ハ自動車製造会社ニ対シ業務及財産ノ状況ニ関シ報告ヲ為サシムルコトヲ得
政府ハ自動車製造会社ニ対シ業務及會計ニ関シ監督上必要ナル命令ヲ発シ又ハ處分ヲ為スコトヲ得
政府監督上必要アリト認ムルトキハ當該官吏ヲシテ自動車製造会社ノ事ム所、営業所、工場、倉庫其ノ他ノ場所ニ臨検シ業務若ハ財産ノ状況又ハ帳簿書類其ノ他ノ物件ヲ検査セシムルコトヲ得此ノ場合ニ於テハ其ノ身分ヲ示ス證票ヲ携帯セシムヘシ

No.

第十六條　政府公益ニ必要アリト認ムルトキハ自動車製造会社ニ対シ自動車若ハ自動車部分品ノ販賣價格若ハ販賣條件ノ変更ヲ命ジ又ハ自動車若ハ自動車部分品ノ需要供給ヲ調節スル為必要ナル事項ヲ命ズルコトヲ得政府公益上必要アリト認ムルトキハ自動車製造会社ニ対シ其ノ設備ノ拡張又ハ改良ヲ命ズルコトヲ得

第十七條　政府軍事上必要アリト認ムルトキハ自動車製造会社ニ対シ軍用自動車又ハ其ノ部分品ノ製造、自動車ニ関スル特殊事項ノ研究又ハ特殊設備ノ施設其ノ他軍事上必要ナル事項ヲ命ズルコトヲ得

No.

第十八條　政府第三條ノ許可、第十一條ノ制限又ハ第十六條ノ命令ヲ為サントスルトキハ自動車製造事業委員会ノ議ヲ経ベシ

自動車製造事業委員会ニ関スル規程ハ勅令ヲ以テ之ヲ定ム

第十九條　自動車製造会社本法若ハ本法ニ基キテ発スル命令又ハ之ニ基キテ為ス処分ニ違反シ又ハ公益ヲ害スル行為ヲ為シタルトキハ政府ハ其ノ業務ヲ停止シ若ハ制限シ第三條ノ許可ヲ取消シ又ハ取締役若ハ其ノ職務ヲ行フ監査役ノ解任ヲ為スコトヲ得

第二十條　左ノ各号ノ一ニ該当スルモノハ五千円以下ノ罰金ニ

No.

處ス

一　第三條ノ規定ニ違反シ許可ヲ受ケズシテ自動車製造業ヲ營ミタル者

二　第十一條ノ規定ニ依ル制限ニ違反シ自動車又ハ自動車部分品ノ輸入ヲ為シタル者

三　附則第四項ニ揭グル者ニシテ同項ノ規定ニ依ル範囲ヲ超エテ自動車製造事業ヲ營ミタルモノ

第二十一條　自動車製造会社第六條又ハ第十七條ノ命令ニ違反シタルトキハ其ノ取締役又ハ其ノ職務ヲ行フ監査役ヲ三千円以下ノ罰金ニ處ス

ヨ－0022　B列5　28字×10　南滿洲鐵道株式會社　(15.3.3.000冊)

No.

第二十二條　自動車製造会社左ノ各号ノ一ニ該當スルトキハ其ノ取締役又ハ其ノ職務ヲ行フ監査役ヲ千円以下ノ罰金ニ處ス

一　第十三條第一項ノ規定ニ違反シ認可ヲ受ケサル事業計畫ヲ変更セズシテ之ヲ実施シタルトキ

二　第十三條第二項ノ命令ニ違反シ事業計畫ヲ変更セズシテ之ヲ実施シタルトキ

三　第十四條第一項ノ規定ニ依リ許可ヲ受クベキ事項ヲ許可ヲ受ケズシテ為シタルトキ

四　第十五條第二項ノ命令又ハ處分ニ違反シタルトキ

第二十三條　左ノ各号ノ一ニ該當スル者ハ五百円以下ノ罰金ニ

No.

處ス

一　第十五條第一項ノ規定ニ依ル報告ヲ為サズ又ハ虚偽ノ報告ヲ為シタル者

二　第十五條第三項ノ規定ニ依ル當該官吏ノ臨檢檢査ヲ拒ミ妨ゲ若ハ忌避シ又ハ其ノ質問ニ對シ答辯ヲ為サズ若ハ虚偽ノ陳述ヲ為セル者

第二十四條　自動車製造會社其ノ他ノ自動車ニ關スル營業者ハ其ノ代理人、戸主、家族、雇人其ノ他ノ從業者ガ其ノ業務ニ關シ本法若ハ本法ニ基キテ發スル命令又ハ之ニ基キテ為ス處分ニ違反シタルトキハ自己ノ指揮ニ出デザルノ故ヲ以テ其ノ

No.

處罰ヲ免ルルコトヲ得ズ

第二十五條　本法又ハ本法ニ基キテ發スル命令ニ依リ適用スベキ罰則ハ其ノ者ガ法人ナルトキハ理事、取締役其ノ他ノ法人ノ業務ヲ執行スル役員ニ、未成年者又ハ禁治産者ナルトキハ其ノ法定代理人ニ之ヲ適用ス但シ營業ニ関シ成年者ト同一ノ能力ヲ有スル未成年者ニ對シテハ此ノ限ニ在ラズ

附則

本法施行ノ期日ハ勅令ヲ以テ之ヲ定ム（昭和十一年七月勅令第百六十九号ヲ以テ同年同月十一日ヨリ施行）本法施行ノ際現ニ自動車製造事業ヲ營ム者又ハ其ノ事業ヲ承継シタル者ハ本法施行ノ

ヨ－0022　B列5　28字×10　南満洲鐵道株式會社　(15. 3. 3.000冊 ...)

No.

日ヨリ三月ヲ限リ第三條ノ規定ニ拘ラズ其ノ事業ヲ營ムコトヲ得

前項ニ掲グル者前項ノ期間内ニ第三條ノ許可ヲ申請シタル場合ニ於テ其ノ申請ニ対スル許可又ハ不許可ノ處分ノ日迄亦前項ニ同ジ

昭和十年八月九日以前ニ於テ自動車製造事業ヲ開始シタル者又ハ其ノ事業ヲ承継シタル者ニシテ本法施行ノ際現ニ其ノ事業ヲ營ムモノハ前二項ノ期間經過後ト雖モ第三條ノ規定ニ拘ラズ命令ノ定ムル所ニ依リ昭和十年八月九日以前ニ於テ營ミタル事業ノ範圍内ニ於テ其ノ事業ヲ營ムコトヲ得

No.

第十五條第一項第三項及第二十三條乃至第二十五條ノ規定ハ前項ノ規定ニ依リ自動車製造事業ヲ營ム者ニ之ヲ準用ス

本法施行ノ日ヨリ一月以内ニ第三條ノ許可ヲ申請シタル者自動車製造事業ノ為必要ナル器具機械又ハ材料ヲ政府ノ認可ヲ受ケ輸入スルトキハ本法施行ノ日ヨリ三月間命令ノ定ムル所ニ依リ輸入税ヲ免除ス

前項ノ規定ニ依リ輸入税ノ免除ヲ受ケタル者第三條ノ許可ヲ受クルニ至ラザルトキハ其ノ輸入税ヲ追徴ス

第六項ノ規定ニ依リ輸入税ノ免除ヲ為ス場合ニ於テハ輸入ノ際税金ニ相當スル擔保ヲ提供セシムルコトヲ得

No.

自動車製造事業法施行令

（昭和十一年三月十日勅令第百七十号）

第一条　自動車製造事業法第二条ノ自動車ハ内燃機関ヲ原動機トシ其ノ気筩容積ノ合計七百五十立方糎ヲ超ユル自動車（シヤシヲ含ム）トス

自動車製造事業法第二条ノ自動車部分品ハ前項ノ自動車用ノモノニシテ命令ヲ以テ定ムルモノトス

第二条　自動車製造事業法第三条第一項但書ノ数量ハ自動車ニ在リテハ一年ニ付三千輌、自動車部分品ニ在リテハ一年ニ付自動車三千輌ニ相当スル数量トス

No.

第三條　自動車製造事業法第六條ノ規定ニ依リ所得税又ハ営業収益税ノ免除ヲ受ケントスル者ハ所得税法第二十四條又ハ営業収益税法第十一條ノ規定ニ依リ所得又ハ純益金額ヲ申告スルトキ其ノ旨所轄税務署ニ申請スベシ

前項ノ場合ニ於テ所得税及営業収益税ノ免除ヲ受クベキ事業ヨリ生ズル所得又ハ純益ト其ノ他ノ所得又ハ純益トヲ有スルトキハ之ヲ区別シタル計算書ヲ提出スベシ

第四條　自動車製造事業法第六條ノ規定ニ依リ所得税及営業収益税ノ免除ヲ受クベキ事業ヲ継續シ又ハ其ノ継續ト認ムベキ事実アル者ハ其ノ事業ニ付所得税及営業収益税ノ免除期間ノ

ヨ－0022　B列5　28字×10　南満洲鐵道株式會社　(15. 3. 3.000冊)

No.

残存スルトキニ限リ其ノ免除期間ヲ承継ス
自動車製造会社タリシ者並ビ自動車製造事業法第三條ノ許可ヲ受ケタルトキハ同法第六條ノ規定ノ適用ニ付テハ前ノ免除期間ヲ通算ス

第五條　自動車製造事業法第八條ノ規定ニ依リ輸入税ノ免除ヲ受クルコトヲ得ベキ器具、機械又ハ材料ハ自動車製造事業ノ為必要ナル物品ニシテ命令ヲ以テ定ムルモノニ限ル

第六條　自動車製造事業法第八條ノ規定ニ依ル輸入税ノ免除ヲ受ケントスル者ハ輸入申告書ニ商工大臣ノ輸入認可書ヲ添付スベシ

No.

前項ノ輸入申告ハ自動車製造会社ノ名ヲ以テスルコトヲ要ス

第七條　自動車製造事業法第八條ノ規定ニ依リ輸入税ノ免除ヲ受ケタル物品ヲ輸入ノ日ヨリ三年以内ニ目的タル用途ニ供セザルトキハ其ノ輸入税ヲ追徴ス但シ輸入ノ日ヨリ三年以内ニ其ノ物品ヲ同法ニ依リ輸入税ノ免除ヲ受クルコトヲ得ベキ他ノ用途ニ使用セントスル場合ニ於テ商工大臣ノ認可ヲ受ケ其ノ旨税関ニ申告シタルトキハ此ノ限ニ在ラズ

商工大臣特ニ必要アリト認ムルトキハ前項ノ期間ヲ延長スルコトヲ得

附則

No.

本令ハ自動車製造事業法施行ノ日ヨリ之ヲ施行ス（昭和十一年七月十一日ヨリ施行）

第五條乃至第七條ノ規定ハ自動車製造事業法附則第六項ノ規定ニ依リ輸入税ヲ免除スル場合ニ之ヲ準用ス

No.

優良自動車部分品及自動車材料認定規則

（昭和十三年三月十一日商工省令第九号）

第一條　商工大臣ハ本邦ニ於ケル自動車製造事業ノ発達ニ資スル為自動車部分品又ハ自動車材料ニシテ其ノ品質性能優良ナルモノヲ優良品トシテ認定スルコトアルベシ

第二條　本則ノ適用ヲ受クル自動車部分品及自動車材料ハ自動車製造事業法施行令第一條第一項ノ自動車ニ用ヒラルル部分品又ハ材料ニ限ル

第三條　第一條ノ規定ニ依ル認定ハ毎年六月及十二月ニ之ヲ行フ

No.

第四條　自動車部分品又ハ自動車材料ノ製造業者其ノ製品ニ付第一條ノ規定ニ依ル認定ヲ受ケントスルトキハ左ニ掲グル事項ヲ記載シタル申請書ヲ商工大臣ニ提出スベシ

一　品名

二　品質性能ニ関スル試験成績

三　製造工程

四　使用スル材料又ハ原料ノ種類

五　製造能力

六　製造設備ノ概要（工場ノ図面ヲ添附スベシ）

七　主任技術者ノ略歴

No.

前項ノ申請書ニハ左ニ掲グル書類ヲ添附スヘシ

一　製品ノ價格主要供給先ヲ記載シタル書類

二　製品ノ生産費ヲ記載シタル書類

三　最近二年間ノ製造數量及金額ヲ記載シタル書類

商工大臣必要アリト認ムルトキハ製品ノ提出ヲ命ズルコトアルベシ

第五條　商工大臣第一條ノ規定ニ依ル認定ヲ為ス場合ニ於テハ品名竝ニ製造業者ノ氏名又ハ名稱及本店ノ所在地ヲ告示ス

第六條　第一條ノ規定ニ依ル認定ヲ受ケタル者左ノ各號ノ一ニ該當スルトキハ商工大臣ハ認定ヲ取消スコトアルベシ

ヨ－0022　B列5　28字×10　南満洲鐵道株式會社　(15.3.3,000冊 鮎川納)

No.

法規

一　法令ニ違反シ又ハ公益ヲ害スル行為ヲ為シタルトキ

二　認定品ノ品質性能優良ナラザルニ至リタルトキ

前項ノ場合ニ於テ商工大臣ハ品名並ニ製造業者ノ氏名又ハ名称及本店ノ所在地ヲ告示ス

附則

本則ハ公布ノ日ヨリ之ヲ施行ス

ヨ－0022　B列5　28字×10　南滿洲鐵道株式會社　（15.3.3,000冊 [illegible]）

No.

東調三三第三號ノ三

昭和八年五月十五日　東京支社　次長

経済調査会幹事殿

日満自動車会社設立要綱送附の件

首題満蒙委員会案写三部送附申上ぐ

要略　昭和八年五月五日東京満蒙委員会に於て日満自動車会社設立要綱に関する案を決した、其大要は組立、販売、修理及車体の製造で資本金八百萬円其出資振合は満洲国三〇〇万円（現物出資）満鉄三七〇萬円、国内同業関係者四〇〇萬である、

ヨー0022　B列5　28字×10　南満洲鐵道株式會社　(10. 6. 5,000冊 並川納)

No.

経調庶三三第一三號ノ九〇

昭和八年十月二十八日　南満洲鉄道株式会社

経済調査会委員長　十河信二

関東軍特務部長　小磯国昭殿

「日満自動車会社設立要綱案」に関する件

拝啓益々御清栄之段奉賀候

陳者去る本月十二日貴部聯合会研究会席上に於て当会出席調査員としては関係範囲広汎且複雑なるもの有之候に付就而更に当会に於ても研究を進め度き旨御諒解方御依頼申上置候処首題の件今般別冊の通当会としての対策案研究決定致候に付左記

ヨ－0022　B列5　28字×10　南満洲鐵道株式會社　(16. 6. 5,000冊 …)

No.

の通茲許同封御送附申上候間御被見の上至急聯合研究会開催
研究方可然御取計相煩度此段御依頼旁得貴意申候　敬具

同封書類

一、自動車工業対策要綱案

一、自動車工業対策要綱案参考資料

ヨ－0022　B列5　28字×10　南滿洲鐵道株式會社　(10. 6. 5,000冊 鈴川納)

No.

経調庶三三第一三号ノ第一

昭和八年十二月[illegible]十一日

南満洲鉄道株式会社
経済調査会委員長　十河信二

関東軍特務部　沼田総務課長殿

満洲自動車工業対策に関する件

拝啓　益々御清栄之段奉賀候、陳者昨日貴部小池、杉本両委員より当会奥村第二部主査宛日満自動車会社の設立に関し御電話有之候処、本件に関しては過日御面談申上置候通り、日満を通じたる自動車工業対策として又国産車工業の確立策として過日御送附申上候当会委員会決定対策を以て最良策の得たるもの

ヨ－0022　B列5　28字×10　南滿洲鐵道株式會社　(16. 6. 5,000冊 [illegible])

No.

と存候、但先般御懇談ありし際該案実施上日本内地に於ける関税改正、使用強制等諸処置の急速なる実現困難なるものありとすれば満洲に於ける日産車価格と外国車のそれとの間に大差なからしむることを條件として、先づ満洲に於て、日満自動車公社、を設立することとし或は不得已ものと考へ居る旨申上たる次第に有之若し国産車と外国車との間に品質及価格に多大の開きあるとき無條件に満洲在住民に其の使用を強制することは当を得ざるものにして勘くとも其向日満何れかの国家に於て補助金を交附するか又は之に相当する適当なる方途を講じ、満洲に於ける交通発達を阻害せざる様考慮する必要有之ものと存候次第にて本條件

ヨ－0022　B列5　28字×10　南満洲鐵道株式會社

No.

に貴部案に御同意申上たるものに有之候條右不取敢申通
知旁々重ねて得貴意申候　敬具

No.

自動車工業方策案

昭七、一一、一九、於四委員会

一、自動車工業の発達経過並其綜合工業としての極端なる特異性と満洲に於ける自動車保有台数の現状とに鑑み満洲に於ける自動車工業は国内需要に応じ修理組立より製作工業は漸進的に企業せしむるものとす

二、帝国の自動車工業は成る可く満洲に進出せしむる様指導す

三、満洲に於ては国内消費を主眼とする組立工場の設立は之を認可するも出来得る限り自動車医務会社として投資せしむる様指導す

四、満洲国内に於て自動車工業を企業せむとする帝国の企業

ヨ－0022　B列5　28字×10　南満洲鐵道株式會社

No.

者に対しては成し得る限り既存設備利用の便宜を与ふる様
指導す
五、満洲国は国内工場に於て製産したる帝国陸軍保護自動
車と同様、式及帝国商工省標準型の自動車に対しては帝国
同様成る可く補助金を交付すること
六、当分満洲国内にて自動車普及を図るため満洲国内自動車及
其部分品並品種に対し最低関税の輸入税とし且自動車税を
低減するものとす
七、以上にて帝国の工場設立困難なる時は満洲国は国内消費を
を限とせる外国工場の設立を認可するものとす

No.

特務部発第二〇四九號

日満自動車会社設立に関する件

昭和八年十二月十九日　関東軍特務部長　小磯国昭

満鉄副総裁　八田嘉明殿

十二月十五日吉田大佐、杉本中佐、商工省側臨席の下に東京に於て日満自動車会社設立に関する内地側出資者の最後協議を行ひ要綱、教令、定款、出資額等の諸條件承認を得且つ内地七社の共販組合として設立せり、尚席上満洲側の日本政府並に内地工業家に対する要望を強調し列席諸氏の賛同を得たり

ヨ－0022　B列5　28字×10　南満洲鐵道株式會社　(10.6.5,000冊 [illegible])

No.

谷田、大屋敷両氏は本月二十一日新京着豫定にて渡満致すべきに付貴社出資の申請取急き御配意願度

No.

満電報

満洲自動車会社設立に関する件

昭和八年十二月十四日　関東軍　沼田参謀

経、調、奥村慎次

満洲自動車会社に出資申請の手続き至急御手配乞ふ、尚十河理事御希望の如く陸軍省より数年後には外国品に比し大なる価格の相異なきに至る確信ある旨返電ありたるに就き念の為め

ヨ－0022　B列5　28字×10　南満洲鐵道株式會社　(16. 6. 5.000冊 [illegible])

No.

満鉄計案三三九二〇号ノ一

昭和九年一月二十日　満鉄総裁名

拓務大臣宛

日満自動車株式会社設立に関する件

首題の件に関し別冊日満自動車株式会社創立計画案の通り資本金六百弐拾萬円を以て設立さるべき日満合弁の満洲国法人たる日満自動車株式会社に対し当社より常務重役一名推薦を條件として金弐百九拾万円を出資致度に付御認可被成下度昭和四年七月四日殖弐九八五号に依り此段及申請候也

追て弊社より常務重役一名推薦のことに決定致候節は

No.

遅滞なく御報告可申上候

添附書類、日満自動車株式会社創立計画案

満鉄総裁名

関東長官宛

日満自動車株式会社設立に関する件

首題の件に関し別紙の通り申請書提出致候に付御進達方御取計ひ被成下度候也

東京支社長宛

計画部長

ヨ－0022　B列5　28字×10　南満洲鐵道株式會社　(16, 6, 5,000冊 [illegible])

No.

件名

首題の件に関し本日別紙の通り関東軍経由拓務大臣宛申請書提出致し置きたるが本件に関し満鉄側としては同附自動車工業対策要綱案（経調委員会決定案）記載の通日本政府が前記要綱案第貳処置」の第一項の各号の実施を以て本事業成立の根本義と信ずるものなるを以て此儀御含置の上可然御手配御依頼申上く

添付書類、日満自動車工業株式会社創立計画案、自動車工業対策要綱案、自動車工業対策要綱参考資料

ヨ－0022　B列5　28字×10　南満洲鉄道株式会社　（19. 6. 5,000冊）

No.

日満自動車株式会社創立計画案

(一) 會社設立の方針
(二) 起業目論見書
(三) 事業説明書
(四) 収支計算書
(五) 定款要旨
(六) 本会社の受くる権益
(七) 本会社に特殊なる義務並に監督関係

(一) 会社設立の方針

No.

一、日満両国国防関係の特殊性に鑑み重要軍需産業たる自動車工業を満洲国内に確立し以て戦時の要求に遺憾なからしむると共に国産自動車工業の確立を促進するか為満洲国内に日満自動車会社を設く

二、前項自動車会社の設立に当りては厳に日満両国産業の対立的競争を戒め以て両国を通する斯業の隆昌確立を期するの要あるを以て本会社は内地斯業と緊密なる関係を有せしむるものとす

三、日本政府は内地国産自動車関係業者（自動車製造会社、主要なる取次会社、車体製造会社及重要部品材料供給会社等）の強力なる全般的統制を促進するに努め以て各個の進出を抑制す

満鉄附属地に於ける自動車の製造及組立に関する我国企業の進出に就ては関東庁及外務省に於て右計画の目的を達成せしむる如く善処するものとす

四、日満両国政府は本会社の設立並経営に関し必要なる援助を与へ且満洲国政府は必要なる監督を行ふものとす。

五、本会社の業務は差当り国産自動車の組立、改良、修理及車体の製造を主とするも緊急の要に応ずるため要あれば可成丈完成国産車の改良を行ふ

六、本会社は可成丈満洲国、満鉄及全般的統制内にある関係業者を主体として設立す。設立の時期は満洲国進出の時機を失せざる

ヨ—0022　B列5　28字×10　南満洲鐵道株式會社　(16. 6. 5,000冊 納所納)

No.

如く急速に設立す

(二) 起業目論見書

第一、会社の名称　日満自動車株式会社

第二、国籍関係　日満合弁の満洲国法人たる特殊会社とす

第三、本支店及工場所在地、奉天に本社及工場を、新京、哈爾濱、斉々哈爾に支店及修理工場を、東京其他必要なる箇処に出張所を設置するものとす

第四、事業目的　(一)国産自動車の組立、販売、修理及車体の製造

(二)前號に附帯する業務

第五、事業資金　一、資本總額　六〇、〇〇〇、〇〇〇円（日本国円）

内訳　現金出資　六〇、〇〇〇、〇〇〇円

No.

現物出資　二〇〇、〇〇〇円

二、出資区分　満洲国　二〇〇、〇〇〇円（舊迫撃砲廠の土地建物を現物出資す）

満鉄　二、九〇〇、〇〇〇円（現金出資）

国内自動車関係工業者　三、一〇〇、〇〇〇円（現金出資）

三、第一回払込　一、七〇〇、〇〇〇

内訳現金出資（四分の一払込）　一、五〇〇、〇〇〇円

現物出資（全額払込）　二〇〇、〇〇〇円

四、事業計画　本会社は日満両国の国産自動車工業確立の方針に基き専ら内地の国産部分品を組立て満洲国内の需要に応じ傍ら自動車の修理をなすものとし差当り年平均自動車八〇〇台を組立て且

No.

年平均二、〇〇〇台の修理（オーバーホールに相當）をなす予定なり、尚本社並工場を奉天に、支社並修理工場を新京、哈爾賓、齊々哈爾に置き、東京其他必要の箇所に出張所を設く

尚本会社の満洲国内に於て確保すべき國産自動車の販路次の如し

1、一般交通の用に供する路線を定め旅客又は物品を運送する事業に使用する自動車

2、日満両国官庁に於て使用する自動車

3、前號以外の自動車運輸事業に使用する自動車

4、軍用其他國産を以て供給し得ざる自動車は其の産業の進出を企業し得る迄外國製自動車を完成車として輸入せしむ、

前項の自動車は本会社に於て設定することとなし

第七　配当の制限並軍用自動車納入の義務

株主配当は当分八分以内とし利益金の処分に当りては努めて販売価格を低下する如く考慮するものとす、尚本会社は戦時事変に際しては日満両国軍所要の自動車を両国当局の指定する価格を以て納入する義務を有す

（三）事業腹案書

一、資本総額　六、五〇〇、〇〇〇円　（日本金）

内訳　現金出資　六、〇〇〇、〇〇〇円　現物出資　二〇〇、〇〇〇円

一、払込資本金　一、七〇〇、〇〇〇円（現金出資は四分一、現物出資全額）

No.

内訳　固定資本　六五〇、〇〇〇円　運転資本　一、〇五〇、〇〇〇円

右各項の内訳次の如し

一、固定資本　六五〇、〇〇〇円

1、土地及建物　三八〇、〇〇〇円

イ、本社及本工場　二三六、三一二円

但右は奉天舊迫撃砲廠の現物出資に属する評價にして、内二〇萬円は株券として、三六、三一二円は現金を以て満洲國政府に交付するものとす

ロ、支店、出張所、修理工場及部品倉庫、一四三、六八八円

但支店及修理工場を新京、哈爾濱、斉々哈爾に設け各工

ヨ－0022　B列5　28字×10　南滿洲鐵道株式會社　(16. 6. 5,000冊 …)

No.

場共土地七五〇坪ヲ買収シ二五〇坪ノ建物ヲ新ニ建築ス

３、新京ニ出張所ヲ設クルモノトス

２、機械器具　関東軍ノ貸付ヲ受クルモノトス

３、設備費　二七〇、〇〇〇円

イ　組立工場設備　二〇、〇〇〇円　ロ　運搬設備　五〇、〇〇〇円

ハ　試験設備　一五〇、〇〇〇円　ニ　検査器、工具ゲージ類購入費　三五、〇〇〇円

ホ　修理設備　四〇、〇〇〇円　ヘ　塗装及鍍金設備　一〇、〇〇〇円

ト　倉庫及車庫其他　一〇、〇〇〇円　チ　機械設備模様替其他　三五、〇〇〇円

二、運転資金　一〇五〇、〇〇〇円

組立費　二七〇一、六〇〇円（年八〇〇台組立（@）四、六二七円）及修理費

ヨ－0022　B列5　28字×10　南満洲鐵道株式會社　(16. 6. 5,000冊 …)

No.

四七四、〇〇〇円（年六、〇〇〇台修理ニ（三七円））計年間支出四、一七五、六〇〇円ノ約四分ノ一ヲ以テ運転資金トス

（四）収支計算書

	第一年	第二年	第三年	第四年	第五年
組立台数	七〇〇	七五〇	八〇〇	八五〇	一二五〇
販売単価	四八〇〇	四七六〇	四七五〇	四六七〇	四五五〇
販売金額	三、三六〇、〇〇〇	三、五七〇、〇〇〇	三、八〇〇、〇〇〇	三、九六九、五〇〇	五、六八七、五〇〇
修理台数	七五〇	一三〇〇	一九〇〇	二五〇〇	三〇〇〇
修理金額	一八七、五〇〇	三二五、〇〇〇	四七五、〇〇〇	六二五、〇〇〇	七五〇、〇〇〇
總収入	三、五四七、五〇〇	三、八九五、〇〇〇	四、二七五、〇〇〇	四、五九四、五〇〇	六、四三七、五〇〇
總支出金	三、五三四、四五〇	三、八六六、六〇〇	四、一八四、二〇〇	四、四七七、一〇〇	六、二九八、五〇〇
資本償却（土地建物五〇年 機械器具二〇年）		二五、六七〇 七、四二〇 一八、二五〇	二五、六七〇（土地建物）（機械器具）	二五、六七〇	二五、六七〇

No.

純益金	一三、〇五〇	二七、三三〇	六五、一三〇	九一、七三〇	一一三、三三〇
前期繰越		一一、一〇〇	一一、七三〇	九、三一〇	一三、〇四〇
計	一三、〇五〇	一三、八三〇	七六、八六〇	一〇一、〇四〇	一二六、三七〇

尚利益金処分案次の如し

法定積立金　10%	一、三〇〇	一、四〇〇	七、七〇〇	一〇、〇〇〇	一二、六〇〇
別途積立金　5%	六五〇	七〇〇	三、八五〇	五、〇〇〇	六、二〇〇
重役賞与			五、〇〇〇	五、〇〇〇	五、〇〇〇
株主配当			(三分) 五一、〇〇〇	(四分) 六八、〇〇〇	(五分) 八五、〇〇〇
後期繰越	一一、一〇〇	一一、七三〇	九、三一〇	一三、〇四〇	一七、四七〇

備考 1、生産原価は内地自動車工業合理化の進展に伴ひ尚急速に低下することあるべし。

ヨ－0022　B列5　28字×10　南満洲鐵道株式會社　(16, 6, 5,000冊 ...)

No.

2. 本計画上の組立台数は官庁用車を含ます、又修理台数は
軍の豫想修理を含む

(五) 定款要旨

一、名称　日満自動車株式会社

二、組織　日満合弁の満洲国法人たる特殊会社とす

三、事業の目的

1. 国産自動車の組立、販売、修理及車体の製造

2. 前項に附帯する業務

四、資本金　概算六、二〇〇、〇〇〇円とし内二〇〇、〇〇〇円は満洲国

政府の現物出資とす、満洲国の現物出資は舊奉天迫撃砲廠

ヨ－0022　B列5　28字×10　南満洲鐵道株式會社

No.

を二三六、三一二円に評價し内二〇〇、〇〇〇円は全額払込済の株券を以て三六、三一二円は現金を以て交付するものとす、現金出資六〇〇、〇〇〇円に対する第一回払込は四分の一とす

五、本店及支店　本社を奉天に置き、新京、哈爾濱、齊々哈爾に支店を東京其他必要なる箇処に出張所を置く

六、監督関係　本会社は左記事項に関しては豫め満洲国政府の承認を受くるものとす、会社の重役の任命、毎年度事業計画書、定款の変更及損益金の處分等総会附議事項

（備考）定款は大体本要旨による豫定なるも発起人又は設立委員、決定後に作成さるゝを以て多少の変更は免れ難し

No.

（六）本会社の受くる便益、本会社の日満両国政府及関東軍より受くる便益左の如し

一、関東軍司令官は舊迫撃砲廠の器具機械を本会社に貸与す

二、満洲国内に於ける自動車の製造及組立の企業並工場の設置に対しては强度の統制を加ふ

三、満洲国は現行自動車関税を改正し部品関税を引下げ本目的に合する如く完成自動車と部品とに従ひ税率に相当の差を附す

四、尚本会社の満洲国内に於て確保すべき国産自動車の販路左の如し

1、一般交通の用に供する為路線を定め旅客又は物品を運送する事業に使用する自動車

No.

2、日満両国官廳に於て使用する自動車

3、前號以外の自動車運輸事業に使用する自動車

4、衆用車其他国産を以て供給し得ざる自動車は国産車の進出を企画し得る迄外国製自動車を完成車として輸入せしむ

前項の自動車は本会社に於て販売することとなし

五、満洲国は自動車交通事業法を制定し右法に依る運輸事業に使用するバス、トラック及特殊自動車のシャシーの型式は商工省標準型及軍用保護自動車規格等を基準とし満洲の実情を参酌して決定す。

註、自動車交通事業法にて取締るへく範囲は前號第一、第二、

No.

に従ずるものとす

六、日満両国政府は其ノ軍用たると官用たるとを問はず已むを得ざるもの、外本会社の製品を使用す

七、日満両国政府は各其ノ監督をなす事業に対しては努めて本会社製自動車を使用せしむる如く指導す

八、前二号の自動車の修理は努めて本会社をして行はしむ

（七）本会社に特殊なる義務並監督関係

一、株式配当は当分八分以内とし利益金の処分に当りては努めて販売価格を低下する如く考慮するものとす

二、前記事項に関しては予め満洲国政府の承認を受けしむるものとす

ヨ—0022　B列5　28字×10　南満洲鉄道株式會社

会社の重役の任免、　　毎年度事業計画

定款の変更、及損益金の処分等、総会附議事項

三、本会社は戦時事変に際し日満両国軍所要の自動車を両国当局の指定する価格を以て納入する義務を有す

四、本会社に対する満洲国政府の監督に付ては予め在満軍最高統制機関と協議するものとす

ヨ－0022　B列5　28字×10　南満洲鐵道株式會社　(16, 9, 5,000冊 印刷所)

No.

経調弐三三第四九号

昭和九年二月二十四日　経済調査会　奥村慎次

特務部 杉原中佐殿

日満自動車会社の件に付問合の件

拝啓貴職益々御清穆奉賀候、陳者首題の件に関し東京支社業務課長より小職宛別紙添付電文の如き照会有之候が電文第一項の満鉄に関する事項は当方にて回答文製作仕候に、第二、第三項に関しては貴方に於て回答文作製の上当方に御回示被下度、尚第一項に関しても貴方に適当なる理由有之候はば御教示相成度候

右御依頼仕候　敬具

No.

電文案　二月二十三日

計、業務課長宛　東京支社、業務課長

日満自動車会社の件拓務省より下記照会有りたり直ぐ返乞ふ

一、満鉄出資の理由（出資せは如何なる利益ありや、出資せざれは如何なる不利益ありや、内地工業者のみに委せては不可なる理由）

二、内地側出資の区分及割合並に重役推薦の割合

三、資本金を六百二十万円としたる理由

以上

ヨ－0022　B列5　28字×10　南満洲鐵道株式會社

No.　　タイプライター原稿用紙

同和自動車工業株式会社

沿革、国内産業の開発、国内文化の辺境への滲透何れも交通機関の発達に依存する所大なるに鑑み、政府は鉄道網、道路網の拡充と併行先づ自動車工業の発達を期して、康徳元年三月、国産自動車の組立製造販売を一貫的に取扱はしめる会社として同和自動車工業株式会社を創立した。即ち同和自動車は自動車製造を目的とせず組立を主たる業務とするものでこのために日本に於ける自動車製造会社との関係は特に密接なるを要し、當然的に日本側会社は左記諸会社が投資してゐる、即ち総資本金三千万円に対する拂込は満業一千五百四十四万円、自動車工業百五万円、三菱重工業一百二十五万円、川

満洲国現勢

南満洲鐵道株式會社

ヨ-0024　B列5　32×15　●分割打字ヲ要スル原稿ハ五、六頁乃至一〇頁ニテ區切ルコト　(14. 1. 5.000冊 共和謄納)

No.　タイプライター原稿用紙

嶋車輌四十六万円、昭和年車輌四十六万円、昭和年自動車二十四万円となつてゐる。

事業、同社の営業目的とする所は(一)自動車の組立(二)自動車の車体及び補給部分品の製造(三)自動車及自動車部分品の販売並に附属品の製造(四)自動車の修理、(五)産業部大臣の認可を受けたる前各号に附帯する事業等である。本社及工場は奉天旧迫撃砲廠跡に設立、数處たる支店並に修理工場を新京、ハルビン、チチハルに又出張所を東京、公主嶺、牡丹江に設けてゐる。此の外国産車専用運転手の養成も行ひ、又康徳三年度より五ヶ年計画を以て資本金五百万円を投じ自動車研究所の設置を目論見満洲の実情に適する乗用車、トラック、バス、ロードトレーラー等の本格的研究に着手してゐる。更に北辺振興、北満産業の積極的開発に

南満洲鐵道株式會社

ヨ-0024　B列5　32×15　●分割打字ヲ要スル原稿ハ五、六頁乃至一〇頁ニテ區切ルコト　(14. 1. 5.000冊 共和號納)

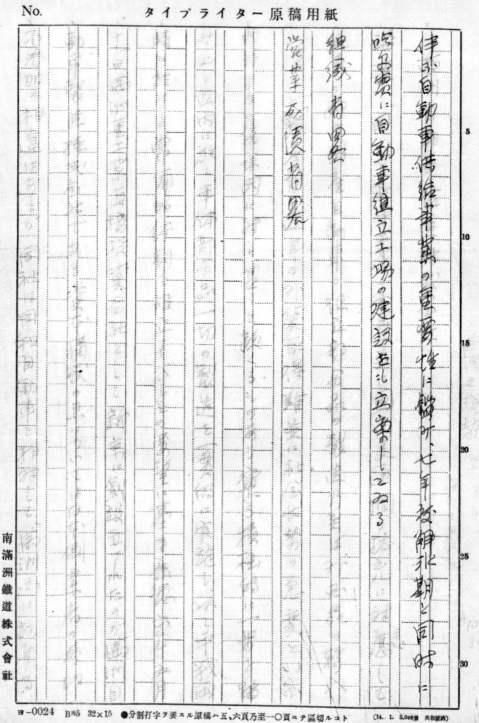

No.　タイプライター原稿用紙

併テ自動車供給事業の重要性に鑑み、七年度解氷期と同時に
哈爾濱に自動車組立工場の建設を立案しておる

組織概要

営業成績概要

南満洲鐵道株式會社

ヨ-0024　B5　32×15　●分割打字ヲ要スル原稿ハ五、六頁乃至一〇頁ニテ區切ルコト　(14. 1. 5,000冊 共和謄納)

No.　タイプライター原稿用紙

満洲自動車製造株式会社

沿革　国内自動車工業の発達並に国内交通網の拡充に対處して従来の如き国産自動車の組立部分品の製造乃至は外国品の輸入に俟つの態度は、近年の外貨取得難並に社会状勢の急変と、内外よりの諸条因に対し甚しき缺くるものあり、寧ろ積極的に一歩を踏み出し国内に於て車体部分品一切の製造を一貫的に実施し、以て平戦両時に於ける常備的体制を確立すべしとの要望に基き康徳六年五月十日満洲重工業直接投資会社として新京に創設立されたのが満洲自動車製造株式会社である。資本構成の点については日本側業者の参加不参加の相違はあるが、同社は同和自動車と相対して満洲国に於ける

南満洲鐵道株式會社

ヨ-0024　B列5　32×15　●分割打字ヲ要スル原稿ハ五、六頁乃至一〇頁ニテ区切ルコト　(14. 1. 5.000冊 共和號納)

No.　タイプライター原稿用紙

自動車工業の基礎をなすものである。資本関係は一億円を満洲重工業の投資とし、この中四分の一二千五百万円が払込まれてゐる。同社の設立に至る沿革は康徳六年五月初め岸総務庁次長を委員長とする設立準備委員会の設けられたに始まる、同月五日満洲自動車製造株式会社法公布（全文附則として十四條）され、同会社法に基き直ちに呂総業部大臣を委員長とする設立委員が任命され同月十四日午後一時より新京日満軍人会館に於て設立委員会を開催、定款、株式割当創立総会等の決議、直ちに創立総会に移り資本構成、役員を決定、創立総会を終了したのである。

事業、定款に示されたる営業目的は一、自動車の製造（二）自動車部

南満洲鐵道株式會社

ヨ-0024　B列5　32×15　●分割打字ヲ要スル原稿ハ五、六頁乃至一〇頁ニテ區切ルコト　(14. 1. 5.000冊 共和謄納)

No.　タイプライター原稿用紙

分品及附属品の製造(三)前各号に附帯する業、(四)前各号に附帯する投資並に融資となつてゐるが、目下の処、事業はその緒につくに至つてゐない、

南満洲鐵道株式會社

ヨ-0024　B列5　32×15　●分割打字ヲ要スル原稿ハ五、六頁乃至一〇頁ニテ区切ルコト　(14. 1. 5.000冊 共和謄納)

No.　タイプライター原稿用紙

國產自動車

國營自動車は大型にして優秀なる國產自動車を使用してゐる。優秀車の使用はその投下資本に於て多大の膨脹を見ることは出来ない、然しながら輸送安全、正確、快適さは優秀車の使用により初めて實現し得る処である。

従来國產自動車は外國產自動車に比して遜色ありとする者の説は今や完全に打破さるべきであらう、少くとも國營及交通会社の自動車に関する限り、國產自動車はその機能に於て何等外國自動車に比し劣るものに非ざるを信じ疑はない。堅固たる鋪装道路に馴れ之を目標とせる外國車が如何の如き未完成の凸凹道路、或は山岳重畳、曲線と勾配と窮屈なると荒れた路面とに依つて構成された田舎道路に何うして適当と言ひ得やう、満洲に適当するものは、満洲を良く識るもの、手に依り造られた自動車即ち國產自動車のみが隆々と遂げ得るものであることを信ず

南滿洲鐵道株式會社

ヨ―0024　B列5　32×15　●分割打字ヲ要スル原稿ハ五、六頁乃至一〇頁ニテ區切ルコト　（13. 5. 5,000冊 共和謹納）

以上略述したところにより満洲に於ける自動車発達の将来を考察するに、鉄道未開通区間の営業用線は斯業に少からざる影響を与ふべきも道路の新設、改良による自動車路の増加によりて之を補ひ得べく

要するに現在の状況は、近く斯界の好轉、各種産業の振興奥地開発等による交通量の著しき増加を来さざる限り、過去の異常なる増加率を其まゝ、将来に於て許容する餘地は至って乏しいと見るを至当とすべく、唯内地自動車製造工業の発達、諸燃料の生産費低下、経営並営業方法の合理化等によって運賃を低減し得るに至れば、他の運輸機関に於ても最も短所とするところを緩和すること、なりて、一般生活程度の向上に伴ふ自動車利用激増の傾向と一層速に馴致し、運輸交通上更に一段の勢力を扶植し得るに至るであらう

同和自動車工業株式会社変更ノ件（文元）　政府公報九、六、元、二四三五号

一 康徳六年五月十四日目的ヲ左ノ如ク変更ス

一、自動車ノ組立

二、自動車ノ車体及補充部分品ノ製造

三、自動車及自動車部分品並ニ附属品ノ販売

四　自動車ノ修理

五、産業部大臣ノ認可ヲ受ケタル前各号ニ附帯スル事業

康徳六年六月二十六日登記

No.

二、同和自動車会社ノ拡充五箇年計畫案

昭和十二年四月

商工課工業係

内容

一、同和自動車工業株式会社設立要綱

二、同　設立要綱抜萃

三、五箇年計畫拡充作業計畫書

四、国産自動車使用統制方促進ニ就テ

五、意見書

一　同和自動車工業株式会社設立要綱

ヨ－0022　B列5　28字×10　南滿洲鐵道株式會社　（15. 7. 8.400冊　[illegible]）

No.

第一　要綱

一、日満両国国防関係の特殊性ニ鑑み重要軍需産業たる自動車工業ヲ満洲国内ニ確立し以て戦時の要求ニ遺憾なからしむると共ニ国産自動車工業の確立ヲ促進するが為満洲国内ニ同種自動車会社ヲ設く

二、前項自動車会社の設立ニ当りては厳ニ日満両国産業の対立的発展ヲ戒め以て両国ヲ通ずる斯業の隆昌確立ヲ期するの要あるヲ以て本会社は内地斯業と緊密なる関係ヲ有せしむるものとす。

三、日本政府は内地国産自動車関係業者（自動車製造会社、主要

No.

なる販賣会社、車體製造会社及重要部品材料供給会社等)の強力なる全般的統制を促進するに努め以て各個の進出を抑制す

満鉄附属地に於ける自動車の製造及組立に関する外他企業の進出に対しては関東廳及外務省に於て本要綱の目的を達成せしむる如く善處するものとす(以下略之)

二、同和自動車工業株式会社設立要綱抜萃

一、要綱

一、日満両国国防関係の特殊性に鑑み重要軍需産業たる自動車工業を満洲国内に確立し以て戦時の要求に遺憾なからしむる

ヨ－0022　B列5　28字×10　南滿洲鐵道株式會社　(15. 7. 8.400冊

No.

と共に国産自動車工業の確立を促進するが為満洲国内に同和自動車会社を設く。

二、日本政府は内地国産自動車関係者（自動車製造会社、主要なる販売会社、車體製造会社及重要部品材料供給会社等）の強力なる全般的統制を促進するに努め以て各個の進出を抑制す。

三、満鉄附属地に於ける自動車の製造及組立に関する外国企業の進出に対しては関東廳及外務省に於て本要綱の目的を達成せしむる如く善處するものとす

二、会社に附与すべき便益

ヨ－0022　B列5　28字×10　南滿洲鐵道株式會社　（15.7.5.400冊 [illegible]）

No.

一、満洲国内ニ於ケル自動車ノ製造及組立ノ企業並工場ノ設置ニ対シテハ強度ノ統制ヲ加フ

二、満洲国ハ現行自動車関税ヲ引下ゲ本目的ニ合スル如ク完成自動車ト部品トニ従ヒ税率ニ相当ノ差ヲ附スルカ又ハ組立台数ニ従ヒ補助金ヲ与フルカ適当ナル保護ヲナスモノトス

三、満洲国内ニ於テ確保スベキ国産自動車ノ販路次ノ如シ

イ、一般交通ノ用ニ供スル序路線ヲ定メ旅客又ハ物品ヲ運送スル業ニ使用スル自動車

ロ、日満両国官庁ニ於テ使用スル自動車

ハ、前号以外ノ自動車運輸業ニ使用スル自動車

ヨ－0022 B列5 28字×10 南満洲鐵道株式會社 (15. 7. 5.400冊 …)

No.

四、日満両国政府は其の軍隊たると官廳用たるとを問はず已むを得ざるものの外本会社の製品を使用す

五、日満両国政府は各其の監督を要する業者に対しては努めて本会社製自動車を使用せしむる如く指導す

六、前二号の自動車の修理は努めて本会社をして行はしむ

三、五箇年計畫擴充作業計畫書（附表参照）

一、完成車製造作業

三箇年後即ち昭和十四年に於て自動車製造總數量を約一〇、〇〇〇輛に達すため製造數を左の如く定む

第一年	第二年	第三年	摘要

ヨー0022　B列5　28字×10　南滿洲鐵道株式會社　（15.7.8.100冊　[illegible]）

No.

車台組立	一、五〇〇	三、五〇〇	五、〇〇〇	内地より組立部品を收得す
車體製造	一、五〇〇	三、五〇〇	五、〇〇〇	貨物自動車とす

而して第四年度以降は一般需要数を顧慮して算定せり。

二、修理作業

在満自動車の自然増加を基礎として修理台数を算定せり。而してオーバーホールに換算し且つ本社各支店出張所の全作業計畫を算定せり

三、部品製造作業

部品製造は前記区分に依るは勿論、其の生産量は貯藏量の約二倍と定む

ヨ－0022　B列5　28字×10　南満洲鐵道株式會社　(15.7.8.400冊)

No.

而シテ五箇年後ニ於テ現在ノ大部分ノ部品ヲ製造シ得ルモノトシテ第三期ニ備フル為、第二期末ニ於テハ満洲国ノ需要車輛ノ大部分ヲ製造シ得ル如クナシ、一箇年約五、〇〇〇台（平時）ノ組立部品ノ製造ヲ実施スルモノトシテ、作業量ヲ算定セリ。

（附表）作業計画表（年産）

	車台組立	車体製造	修理	部品製造
第一年度	一、五〇〇	一、五〇〇	一、八〇〇	一八〇
第二年度	三、五〇〇	三、五〇〇	四、二〇〇	一、二〇〇
第三年度	五、〇〇〇	五、〇〇〇	六、〇〇〇	三、〇〇〇

第四年度	五、〇〇〇	五、〇〇〇	七、二〇〇	五、〇〇〇
第五年度	五、〇〇〇	五、〇〇〇	九、六〇〇	七、〇〇〇

施設（同和）

前記作業計画ニ基キ各種機械、器具（工具、刃具、検査具ヲ含ム）及土地、建物類ニ対する所要施設費ハ次の如し（此レが詳細ハ別紙（四八頁）参照ノ事）

	第一年度	第二年度	第三年度	第四年度	第五年度	合計
機械器具類	一九四、八〇〇円	二、〇四三、七五〇円	二、四三四、〇五〇円	四、四五二、三〇〇円	三、四三二、一〇〇円	一二、五五七、二〇〇
土地	五〇〇、〇〇〇	—	—	—	—	五〇〇、〇〇〇
建物	七〇〇、〇〇〇	一、二三四、〇〇〇	四〇〇、〇〇〇	一三〇、〇〇〇	一一六、〇〇〇	二、五八〇、〇〇〇

ヨ－0022　B列5　28字×10　南満洲鐵道株式會社　（15.7.8.400冊 鈴川納）

No.

小計	一、四四八、〇〇〇円	三二七、七五〇円	二、八三四、〇五〇円	四、五七二、五〇〇円	三、五四八、一〇〇円	一五、二八七、二〇〇円

即ち固定資金として壹千五百八十八萬餘圓を要し外に運輸資金として約同額の資金を必要とす、故に此の資金は増資の方法によりて求むる外なしと認む

作業人員

前記作業計畫に基き所要作業人員及所要工賃の年度計畫は次表の如し

	車台組立	車體製造	修理	部品製造	合計	一箇年所要工費
第一年度	一一〇人	四三〇人	四二〇人	六〇人	一、〇二〇人	四八五、〇〇〇円
第二年度	二一〇	八五〇	九三〇	二五〇人	二、二四〇	一、一四三、〇〇〇

第三年度	二六〇	一、一〇〇	一、二〇〇	四五〇	三、〇一〇	一、五四〇、〇〇〇
第四年度	二六〇	一、一〇〇	一、三五〇	一、三〇〇	四、一一〇	二、一三〇、〇〇〇
第五年度	二六〇	一、一〇〇	一、七〇〇	二、八〇〇	五、八六〇	三、一六〇、〇〇〇

四、国産自動車使用統制方促進ニ就テ

康徳三年六月

同和自動車工業株式会社

理事長　谷以繁太郎

将来戦ニ於テ自動車ノ必要大ナルハ言ヲ俟タザルトコロニシテ、寧ロ自動車ナクシテ交戦スルヲ得ズト称スベク、又其ノ需要数ノ膨大ナル想察ニ余アリ。

No.

現時満州に存する自動車数は貨物車、乗合車及乗用車を合して約六千輌と称す、而して其の半数を貨物車及乗合車とするも僅に三千輌に過ぎず、夫の熱河戦の如きに於ても尚且一千数百輌の自動車を使用せりと聞く。将来ソビエート露西亜若は支那と事端を開かんか、必ずや幾倍の車輌を要すべきや言ふを俟たず。然るに之を現地に徴用せんとするも得可からず、将た之を内地に仰がんとするも内地亦如斯時期に於て自動車の所要を幾倍するや知るべからず、假令若干を得たりとするも其の数や知るべきなり。

一方満州に於ける産業開発の為自動車を要するの緊急なる敢て

ヨ－0022　B列5　28字×10　南満洲鐵道株式會社　(15. 7. 5.100冊 [illegible])

多言を要せず、其の道路の開発と共に益其の用途を増加するは明にして、平戦両時を問はず満洲が自動車を要するの大なる周知の事実なり。

之が為或は云ふ、車種を論ぜず、其の国産車たると外国車たるとを問はず一日も速に成るべく多数の自動車を満洲に招致することを必要とし、而も現時満洲の業界に於ける経済状態は車輌の高価を支出するを得ず幾分なりとも安価なる車輌を多数に使用せんことを欲す。世界的優秀車にして且廉価なるフォード、シボレー車を歓迎する所以実に是に在りと。

又曰く、其の国産車は中級車なりと称するも外国大衆車、殊に

ヨ―0022　B列5　28字×10　南満洲鐵道株式會社　(15. 7. 8.400冊 […])

No.

フオードゝシボレーに比し價格頗る不廉にして到底今日の経済状勢に應ずるを得ず直に満洲に使用せしめんとするは不可能なりと。

斯の如くして乗用車の普及意の如くならず、満洲政府は之に鑑みるところあり叢に康徳元年勅令第二十二号を以て有事の日国防上支障なからしめ、平時に於ては産業開発上必須缺くべからざる自動車工業を統制するを目的としたる同和自動車工業株式会社を設立し、会社に納するに会社成立の要素を含める要綱を以てし、会社は同年三月三十一日完全に成立し爾来年を閲すること満二年餘、其の間会社に附与せらるべき便益として要綱

No.

に約せられたる統制の実挙らず、会社の業績は遅々として進まずと称するよりも寧ろ会社の成立を認められざる状態に置かるゝこと約一年、漸く昨年八月関東軍参謀長関係各部当局及多数自動車使用部局の当事者を会し国産車使用に関する告諭を発せられてより一時幾分の国産車使用の趨向を見たるも、本年に入りてよりは軍及政府関係以外に於ては全然国産車使用の意志なく、幾多の理由を案出し、俗に所謂国産車に難癖を附して之が購買を避けんとし、結局実際使用者の声なりとして運転手の悪声に対し一應の調査を加ふることなく之を其の儘転傳して国産車は使用に堪へずとなし、夫のフオード、シボレー等外国車を購

ヨー0022　B列5　28字×10　南満洲鐵道株式會社　(15. 7. 5.400冊 ...)

No.

入使用せんと焦慮し監督官庁に於ても之が拒否に苦みつつあるの状態なりと仄聞す。

然れども之を等閑に附せんか会社成立の主旨を没却し、満洲政府の面目地に墜ち延ては軍の威信にも影響するところなきやを憂ふ。

今仮りに外国車を使用し国産車を顧みざらんか日満両国を通じ自動車工業は成立せず、幾多の工業製品が世界市場を圧倒せるに拘らず独り自動車工業のみ彼の頤使に従はざるべからざるの苦境に陥るなきを保せず。目下世界の大勢を通観するに帝国にして若し他国と事を構ふることあらんか一国として帝国に

ヨ—0022　B列5　28字×10　南満洲鐵道株式會社　(15. 7. 8.400冊 納)

好意を寄するものあらざるべく、殊に米国は帝国が東洋に覇たるを喜ばざるの最たるものにして、其の上海事件当時米国務卿の広言せるところを見るに

太平洋を隔つる対岸に一大強国の勃興するは見るに忍びざるところなり

と極めて露骨に、極めて嘲笑的に帝国の頭を抑へざれば承知し難しとの意を明言せるものにして、如斯状勢よりこれを察するに外交上の樽俎折衝固より力を尽すべきも、戦時禁製品として若は軍需品として其の供給を絶たるべきは明らかなるべし。此の時に方り夫の外国品渇仰者は何を求めんとするか、曰く横浜に

No.

フォードの工場あり、大阪にゼネラルモーターの工場ありて内地品を以て需用を充たし得べしと。然るに豈図らんや今日のフォード、シボレーは其の部品の八割強を本国より輸入するものにして、内地に於て製産せらるるは極めて軽微なる部品の一小部分に過ぎず、有事の日吾人の自動車は忽ち枯渇し我が軍の行動を阻止せらるる由々しき大事を招来すべきは火を睹るよりも明なり。殊に満洲に於ては最強の方法を以て民間所在の自動車を全部徴用するも尚且二千輛に出でざるべし。而して此の自動車は一箇月を経ずして其の大部使用不能に陥り而も前述の如く補充の途なしとせば軍は其の行動を如何にせんとするや。想ふて此に

No.

至れば慮察を全するものあり。
或は曰く、事変に至らば内地の工業は勃発し其の缺を補ひ得る
に至らんと。或は然らん、然れども之には相当の長時日を要す
るものなることを覚悟せざるべからず。此の間戦闘行為は休止
し得べきや、我に準備全からず行動自由ならざるを以て戦闘行
為を暫時休止し得ると為すものありや、敢て喋々を要せず。手
を束ねて彼の跳躍に委するあるのみ。之吾人の忍び得るところ
なるや。
又満洲国の経済方面より之を観察するに、康徳元年度の満洲国
貿易現勢に依れば、米国より満洲国へ輸入せる額は約三千六百

No.

萬圓にして満洲国より米国へ輸出せる額は約五百萬圓に過ぎず、片貿易の甚しきものなり。而も米国より輸入する五千六百萬圓中自動車は其の輸入輛数より察するに約半額二千五、六百萬圓を下らざるべし。此の金額は一度米国に吸収せられては再び満洲国へ復歸せざるを思ふとき、個々に就て見れば廉價なるが如きも其の實之より高價なるものなかるべし。而して国産自動車は之を高價なりと稱するも帝国へ出づる金貨は日満両国経済ブロックの関係に於て何等かの形式に依り満洲国に復歸するものなれば個々に就て如何に高價なるも其の實之より廉なるものあることなし。之れ国産自動車使用奨励を強行するの必要なる所

No.

以なりとす。

又曰く、国産自動車は高價なるのみならず機能不良破損大にしてガソリンの消費量大なりと。果して然りとせば尚一層其の使用を多くし不良箇所の発見に努め、之を改良して一日も速に完全なる満洲国標準型式を製定し、以て平戦両時の用に供せざるべからず。之を使用せずして缺點のみを指摘するも改良の実を擧ぐるを得ず、百年河清を俟つの觀あり。前述の如く吾人は成るべく速に外国車の驅使に從はず、自己獨特の自動車を有せざるべからず。之が為には一日も速に一輛にても多くの国産車を使用し其の使用上の缺點を改良し一日も速に完全なる国産車を有

No.

することを努めざるべからず。蓋し今回限りは外国車を一旦外国車を使用することを許容すれば該車の保存期間たる少くとも一年半乃至二年間国産車の進出を凝滞するものにして、今日の一日は一年半乃至二年間の延滞を来すの因を醸す。之即ち一日も速に一刻も速に国産車を進出せしむるの必要ある所以にして、今より製作工場を激励し製作の進歩を促し、製作工場を培養するは政策上一日も忽にすべからざるところにして、同和自動車工業株式会社法の発布と共に会社に示されたる設立要綱中に統制の強行を羅列指示せられたる所以なりと信ず。然るに会社成立後の現状は冒頭縷陳せるところの如く今日又統制上幾分

ヨ—0022　B列5　28字×10　南満洲鐵道株式會社　（15. 7. 5.400冊 細川納）

No.

の弛緩を見るにあらずやを疑はしむるものあり、敢て微言を呈する所以にして其の組體を審慮あらんことを切望す

五、意見書

康徳四年四月十三日

同和自動車工業株式会社
理事長　谷口繁太郎

康徳元年三月（昭和九年三月）同和自動車工業株式会社設立せられてより爾来満三年を経過せり。此の間会社は一意専心、国産自動車の普及に努力したるも、一般に国産車に対する認識乏しく、国防上並産業開発上重要必須性を有する国策に対し何等

ヨー0022　B列5　28字×10　南満洲鐵道株式會社　（13. 7. 8.400冊）

No.

進んで協力せず、殊に其の價格の比較的高價なることは一層其の向の條件をして不利ならしめたり。之が為最も進んで國產車の採用に努むべき滿洲國軍部及官廳を始め、省、縣、市公署等の政府機關に於てすら之が使用を避けんとして自家計畫を廻らし、回避策を講ずるに吸々たる状況なりき。故に會社創立の當初、會社に提示せられたる設立要綱中にも國產車の主要なる使用者側たるべき、各方面の需要を見ず、唯僅に鉄道總局自動車科（當時の鉄路總局）に於て相當量の國產車を使用せられたるに止り、其の他に於ては會社に於て百方努力せるに拘らず殆ど其の効果顯はれざりき。此に鑑み軍部に於かれては遂に關係各當局者

No.

を招集し、政策上国産車使用の喫緊重大なるを詳説せられ、次で国務院総務廳長の通牒となり、或は実業部及交通部の訓令となる等、軍部並政府最高機関の多大なる御配慮を煩したるも、尚且価格の不廉、瓦斯倫消費量の過多、破損休車率の過大等を藉口して肯せず、或は民間よりの寄附に由るとし、或は借上車輌の期間経過後貸主よりの好意的寄附に由るとし、時には使用期間切迫の準備期の関係に由るとし、又は使用目的の特殊なるに由るとする等、固有の口実を設けて極力国産車の使用回避に努むるを一般的傾向とせり。然るに最近軍部及官憲各方面の多大なる御支援と、車輌の漸進的改善及国産大衆車の出現等に依り

No.

、除々に國産車に対する認識を深め、従来の評の焦點たりし瓦素倫消費量、破損率等に於ても其の觀點を異にするに至り、昨秋以来依然其の需要量を増大し、此の情勢に於ては一箇年貨物車及乗合車一千輛、即ち全滿一箇年の需要車輛の約三分の二供給し得るに至るも目睫の間に在り、加ふるに最近國産大衆乗用車の異常なる進出を見るに至りたるを以て、之亦比年ならずして其の大部を供給するに至るべきは瞭然たり。斯る実情に在るとき、内地に於ては最も迫力ある自動車製造事業法の実施せられつゝあり、茲に於て従来等閑視せられたる滿洲の自動車事業の将来に着目するもの漸く多きを加ふるに至れるは、現下内地

No.

に於ける諸種の工業既に飽和状態に在りて、其の餘勢の赴くところ満洲に於て獨占的企業を獲得せんとするに在ること勿論なり。

離て國防上萬一の際を想到すれば、現在の満洲に於ける自動車工業は確に有事に備ふるに餘りにも迫力脆弱なり。殊に萬々一にも日本海の交通杜絶するが如きことあらんか、軍は果して其の行動を如何に律すべきぞ。想ふて此に至れば轉た慄然として膚粟を生ずるの感あり。乃ち軍に於ても亦満洲に於て自動車製造の方途を講ぜられつゝあるは欣幸す。又故ありと信ずるものなり。

No.

に於ける諸種の工業既に飽和状態に在りて、其の餘勢の
くところ満洲に於て獨占的事業を獲得せんとするに在ること勿
論なり。
飜て国防上萬一の際に想到すれば、現在の満洲に於ける自動車
工業は確に有事に備ふるに餘りに迫力脆弱なり。殊に萬々一
にも日本海の交通杜絶する如きことあらんか、軍は果して其の
行動を如何に律すべきぞ、想ふて此に至れば轉た慄然として膚
粟を生ずるの感あり。乃ち軍に於ても亦満洲に於て自動車製造
の方途を講ぜられつゝ、ある所に因す。又故ありと信ずるもの
なり。

No.

然るに自動車は其の一輛の製作に約二千四、五百點餘の部分品を必要とし、而も某部分品の如きは一輛に對し僅かに一、二箇に過ぎざるものあり之を悉く自己の製作に俟たんか、其の經費多大にして調弁品にして廉價なるものを得べくもあらざれば凡そ自動車製造の如きは所謂綜合工業に屬するものにして諸他の機械工業の發達に伴ひ逐次獨立の製造に移すべきものなり。故に今假に獨立の製造會社を設立せんとするも、滿洲の現狀に於ては到底採算上其の成立を見る能はざるを確信するものなり自動車製造工業の採算單位は、數年前に於て最も安價なる車輛を供給せる米國に於ても一萬乃至一萬五千輛と稱せらる。今若し滿洲に

ヨー0022 B列5 28字×10 南滿洲鐵道株式會社 (15.7.5.400冊 ...)

No.

製造会社ヲ設クル場合ヲ假想シ、一萬輛ヲ採算單位トシテ製造ニ従事スルトセハ、果シテ一萬輛ヲ消化スヘキ市場ヲ何處ニ求ムヘキヤ、現在満洲ニ於ケル一箇年ノ需要ハ、乗用、貨物、乗合ヲ合シ大略三千輛ニ過キス、残餘ノ七千輛ヲ容易ニ消化セシムヘキ方途アリヤ。内地ニ於テハ既ニフオード及シボレーノ組立許可數二萬二千輛、日産及豊田ノ許可數一萬二千輛、合計三萬三千輛ノ消化ニ対シ種々ノ論議ヲ醸シツヽアリ。之ニ対シ内地ヘノ逆輸出等到底望ムベクモアラズ。又北支ニ於テハ外国車ニ対抗シ價格ニ於テ恐ラクハ問題ニアラザルベシ。畢竟政府又ハ軍ニ於テ毎年七千輛ヲ買上グルノ覺悟ナカルベカラズ。

ヲ—0022　B列5　28字×10　南満洲鐵道株式會社　（15. 7. 5.400冊 [illegible]）

No.

製造会社設立の為最少限三千萬圓の資本を投じ、一萬輛の生産に於て價格を現在通りとするも、七千輛の買上費は一輛四千圓として二千八百萬圓を要し、假に一輛三千圓とするも二千一百萬圓を要す。政府は当分の間年々二千一百萬圓乃至二千八百萬圓を自動車買上費として支出せざるべからず。假に年産五千輛とするも尚且二千輛の過剰生産に対し同様の政策を必要とす。会社創立に三千萬圓を投じ、爾後尚数年間に亘り年々二千萬圓を要すとせば、既に採算上より其の成立せざることは明なるべし。加ふるに設立後工場建築と機械整備に少くも一箇年半乃至二年を要し、製作に着手するも当初より実用に適する如き優秀

ヨ－0022　B列5　28字×10　南滿洲鐵道株式會社　（15．7．8．400冊 鮎川納）

No.

車を得るは容易ならざるべし。少くも完全なる合格品を製出し得る程度に達する迄には、爾後凡そ二、三年を要すべく、之等の諸條件を考慮せば、今直に獨立したる製造会社を創立することの容易ならざるを推察するに難からざるべし。是に内地に於ける自工、瓦斯電の実績、又は近く豊田、日産の例に徴するも明なり。

然れども満洲に於ける自動車の製作は固より忽諸に附すべからず、於之乎最も経済的に且效率的に之を実施せんには、既に自動車工業統制の目的を以て設立せられたる同和自動車工業会社を基礎として、一部製造工業への過程に擬し、逐次其の目的を

No.

達成せしむるに如かず。其の前途は固より一にして足らずと雖、同和の事業は最近に於て各方面の認識を深め、異常なる進展を見つゝあるを以て、此の際現状を以て推進し、自動車の普及に一層の努力を加ふると共に、目下計畫整備中に属する簡易部品の製作を直に開始し逐年其の製作範圍を拡大強化し、以て数年後に於て之を完全なる製造工場となす如くするを最も堅実にして、最も経済的且効果的なりと信ず。其の実現の確実性は十二分なり。蓋し年と共に発達すべき満洲国に於ける機械工業を逐次利用し、即ち簡易部品の製作は徐々に之を之等の諸工場に移して下請工場の制を採り、数年後に於ては機関部其の他重要

ヲ－0022　B列5　28字×10　南満洲鐵道株式會社　(15.7.5.400冊 …)

No.

部分の製作のみを同和に於て為す如く満洲に於ける自動車工業を培養し、平時に於ては必要に應じ所要の数量を製作し、下請工場を指定すると共に若干の義務を負はしめ以て有事の際一擧に之を拡張し得る如く統制するときは萬一に應ずるを得て而も一製造会社に全部を負擔せしむるより遙に経済的にして且実際的なると共に他面社会政策的なるは多言を要せざるべし。

斯の如く同和に於て部品の製作を開始し、逐次完成車輌を製作するに於ては、工場の建築、諸施設、機械類の整備等に相当巨額の資金を要するも、之等は現在の未拂込株金（三百萬圓）を拂込ましむるに於て一時の急に應ずるに足ると雖、尚将来に於

ヨー0022　B列5　28字×10　南満洲鐵道株式會社　(15. 7. 8.400冊 ...)

て拡充せらるべき諸施の序には、現在の資本金（六百二十萬圓）にては到底充分ならず、所詮之が増資を必要とするは勿論なるも、其の増資計畫に付ては、施設拡張の程度に應じ之を算定せざるべからず、若同和を基礎として之を拡大強化し、以て滿洲に於ける唯一の自動車製造会社たらしむべく方針を決定せられ、而も他の產業五箇年計畫と歩調を合せて進むことゝもならば、更に綱領の計畫を具し此考慮を煩し度に付、現下の情勢に鑑し、一日も速に其の方策を確立せられんことを切望して已まざる次第なり。

No.

ヨ－0022　B列5　28字×10　南滿洲鐵道株式會社　（15.7.5.400冊 細川納）

No.

建物

名称	建物	坪当建築費	一年度 建坪	一年度 建築費	二年度 建坪	二年度 建築費	三年度 建坪	三年度 建築費	四年度 建坪	四年度 建築費	五年度 建坪	五年度 建築費	計 建坪	計 建築費
事務所	一、二〇〇坪	二〇〇円	一、二〇〇坪	二四〇、〇〇〇円	—	—	—	—	—	—	—	—	一、二〇〇坪	二四〇、〇〇〇円
機械工場	二、五〇〇	一六〇	—	—	二、五〇〇	四〇〇、〇〇〇	—	—	—	—	—	—	二、五〇〇	四〇〇、〇〇〇
工具工場	一、三〇〇	一六〇	—	—	一、三〇〇	二〇八、〇〇〇	—	—	—	—	—	—	一、三〇〇	二〇八、〇〇〇
組立工場	一、〇〇〇	一六〇	一、〇〇〇	一六〇、〇〇〇	—	—	—	—	—	—	—	—	一、〇〇〇	一六〇、〇〇〇
部品倉庫	七〇〇	一〇〇	—	—	—	—	七〇〇	七〇、〇〇〇	—	—	—	—	七〇〇	七〇、〇〇〇
材料倉庫	八〇〇	八〇	—	—	八〇〇	六四、〇〇〇	—	—	—	—	—	—	八〇〇	六四、〇〇〇
製品倉庫	一、二〇〇	一〇〇	—	—	—	—	—	—	一、三〇〇	一三〇、〇〇〇	—	—	一、三〇〇	一三〇、〇〇〇

ヲ－0022　B列5　28字×10　南滿洲鐵道株式會社　(15. 7. 5.400冊 …)

No.

検査場	鍛工場	調質場	プレス工場	鋳工場	原動機室	試験室	汽罐室	従事員食堂	従事員更衣所
三〇〇	六〇〇	五〇〇	七〇〇	五〇〇	四〇〇	四〇〇	三〇〇	五〇〇	四〇〇
一六〇	一八〇	一八〇	一八〇	一八〇	一六〇	一八〇	一八〇	一〇〇	一〇〇
｜	｜	｜	｜	｜	｜	｜	｜	｜	｜
｜	｜	｜	｜	｜	｜	｜	｜	｜	｜
三〇〇	六〇〇	五〇〇	七〇〇	｜	四〇〇	四〇〇	三〇〇	｜	｜
四八、〇〇〇	一〇八、〇〇〇	九〇、〇〇〇	一二六、〇〇〇	｜	六四、〇〇〇	七二、〇〇〇	五四、〇〇〇	｜	｜
｜	｜	｜	｜	｜	｜	｜	｜	五〇〇	四〇〇
｜	｜	｜	｜	｜	｜	｜	｜	五〇、〇〇〇	四〇、〇〇〇
｜	｜	｜	｜	｜	｜	｜	｜	｜	｜
｜	｜	｜	｜	｜	｜	｜	｜	｜	｜
｜	｜	｜	｜	五〇〇	｜	｜	｜	｜	
｜	｜	｜	｜	九〇、〇〇〇	｜	｜	｜	｜	｜
三〇〇	六〇〇	五〇〇	七〇〇	五〇〇	四〇〇	四〇〇	三〇〇	五〇〇	四〇〇
四八、〇〇〇	一〇八、〇〇〇	九〇、〇〇〇	一二六、〇〇〇	九〇、〇〇〇	六四、〇〇〇	七二、〇〇〇	五四、〇〇〇	五〇、〇〇〇	四〇、〇〇〇

ヨ－0022　B列5　28字×10　南満洲鐵道株式會社　(15. 7. 8.400冊 ...)

No.

物置及倉庫	守警詰所、柵、便所　竹	車體工場	計
五〇〇	―	三、〇〇〇	一、六八〇〇
八〇	―	一二八〇	―
五〇〇	―	一、五〇〇	四二〇〇
四〇、〇〇〇	三〇、〇〇〇	二四〇、〇〇〇	七二〇、〇〇〇
―	―	―	七、八〇〇
―	―	―	一、三四〇、〇〇〇
―	―	一、三〇〇	三、一〇〇
―	―	二四〇、〇〇〇	四〇〇、〇〇〇
―	―	十	一、二〇〇
―	―	―	一二〇、〇〇〇
―	―	―	五〇〇
		―	一二六、〇〇〇
五〇〇	―	三、〇〇〇	一、六八〇〇
四〇、〇〇〇	三六、〇〇〇	四八〇、〇〇〇	二五八〇、〇〇〇

No.

器具、機械

工場名	一年度 所要数	一年度 金額	二年度 所要数	二年度 金額	三年度 所要数	三年度 金額	四年度 所要数	四年度 金額	五年度 所要数	五年度 金額	計 所要数	計 金額
機械工場	一〇	三、〇〇〇圓	一三七	一〇三、五〇〇圓	一〇七	一〇三、〇〇〇圓	三〇二	三三三、〇〇〇圓	二〇八	二五九、〇〇〇圓	七五四	七九八、五〇〇圓
工具工場	―	七、〇〇〇	五七	四三、五〇〇	四四	三三、六〇〇	七七	七〇、六〇〇	三〇	二六、六〇〇	二〇八	一七三、五〇〇
材料試験場	―	―	一三	三八、〇〇〇	三	一八、五〇〇	―	―	―	―	一五	五六、五〇〇
組立工場	四一	七六、八〇〇	二六	七〇、三五〇	二〇	八、九五〇	七	三、九〇〇	―	―	九四	一六〇、〇〇〇
車體工場	一六	五八、〇〇〇	二五	三五、五〇〇	三五	五七、〇〇〇	一〇	三一、〇〇〇	一〇	二一、〇〇〇	九六	二〇二、五〇〇
鍛工場	―	五、〇〇〇	一五	一八四、五〇〇	五	三四、〇〇〇	一三	一七一、〇〇〇	―	一二、五〇〇	三三	四〇七、〇〇〇
調質場	―	五、〇〇〇	一三	二〇、四〇〇	一	一九、〇〇〇	五	三七、〇〇〇	―	三、五〇〇	一九	一三二、九〇〇

ヨ－0022　B列5　28字×10　南滿洲鐵道株式會社　（15. 7. 8.400冊 納）

No.

ゴム工場	｜	一〇、〇〇〇	九	八三、〇〇〇	二	九〇、〇〇〇	九	一九五、〇〇〇	一六	一八三、〇〇〇	三五	一、三九一、〇〇〇
鋳工場	｜	｜	｜	｜	｜	｜	｜	｜	二九	二九三、五〇〇	二九	二九二、五〇〇
原動機室	｜	｜	二	六、〇〇〇	一	一三、〇〇〇	｜	｜	一	八、〇〇〇	四	四九、〇〇〇
汽罐室	｜	｜	二	一〇、〇〇〇	｜	｜	｜	｜	一	五〇、〇〇〇	三	一五〇、〇〇〇
總計	六七	一五四、八〇〇	二八八	二、〇四三、七五〇	二三七	二、四三四、五〇〇	四三	四、四五二、五〇〇	六八五	三、四三二、一〇〇	一、二九〇	一二、五五七、二〇〇

No.

同和自動車工業株式会社法

ヨ－0022　B列5　28字×10　南満洲鐵道株式會社　(15.3.3,000冊

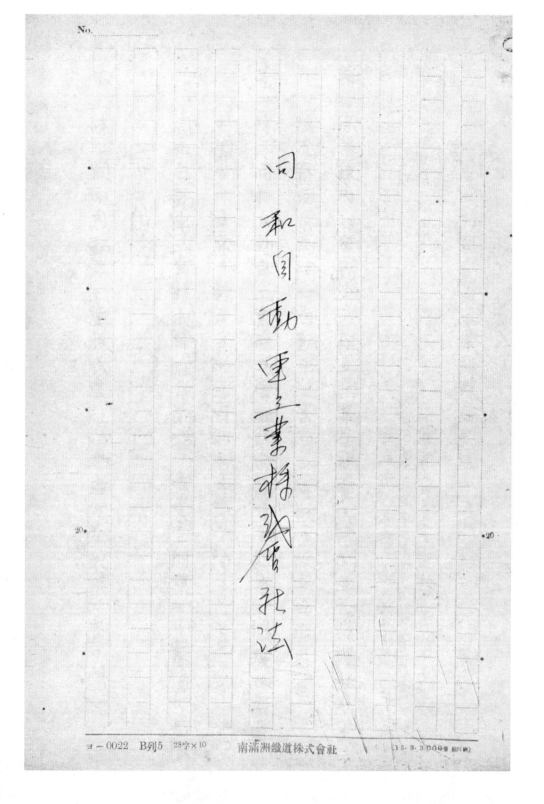

No.

同和自動車工業株式會社法

（康徳元年三月二十二日勅令第二二号）
改正（二）康徳五年七月二十一日勅令第一六〇号
（三）康徳六年五月　五日勅令第一七号）

第一條　政府ハ自動車ノ組立工業及販賣ノ統制並ニ修理能力ノ擴充ヲ圖ル為同和自動車工業株式會社ヲ設立セシム（三）

第二條　同和自動車工業株式會社ハ自動車ノ組立、修理及販賣ニ関スル事業ヲ營ムコトヲ目的トス（二）（三）

同和自動車工業株式會社ハ前項ノ事業ニ附帯スル業務ヲ營ムコトヲ得

第三條　同和自動車工業株式會社ハ本店ヲ奉天市ニ置ク（二）

No.

第四條　同和自動車工業株式會社ノ資本ノ額ハ金三千萬圓トス

（二）

第五條　同和自動車工業株式會社ノ資本株式ハ記名式トシ一株ノ金額ヲ五十圓トス

第六條　同和自動車工業株式會社ノ株式ハ會社ノ同意ヲ得ルニ非ザレバ之ヲ他人ニ讓渡スルコトヲ得ズ

第七條　政府ハ其ノ所有ニ屬スル土地及建物ヲ以テ出資ニ充ツルコトヲ得

第八條　（削除）（一）

第九條　（削除）（一）

ヨ－0022　B列5　28字×10　南滿洲鐵道株式會社　（15．3．3．000部）

No.

第十條　同和自動車工業株式會社ニ理事長一人、理事七人以内及監事三人以内ヲ置ク(二)

第十一條　理事長ハ同和自動車工業株式會社ヲ代表シ其ノ業務ヲ綜理ス

理事長事故アルトキハ理事中ノ一人其ノ職務ヲ行フ

理事ハ理事長ヲ輔佐シ同和自動車工業株式會社ノ業務ヲ掌理ス

監事ハ同和自動車工業株式會社ノ業務ヲ監査ス

第十二條　理事長、理事及監事ハ株主總會ニ於テ之ヲ選任ス但シ政府ノ認可ヲ受クルニ非ザレバ就任スルコトヲ得ズ

ヨ－0022　B列5　28字×10　南滿洲鐵道株式會社　(15. 3. 3.000冊 納川納)

No.

理事長及理事ノ任期ハ三年監事ノ任期ハ二年トス

第十三條　同和自動車工業株式會社ノ理事長及常務ニ從事スル理事ハ實業部大臣（產業部大臣）ノ認可ヲ受クルニ非ザレバ他ノ業務ニ從事スルコトヲ得ズ

第十四條　實業部大臣（產業部大臣）ハ必要ト認ムルトキハ何時ニテモ同和自動車工業株式會社ニ命ジテ其ノ業務若ハ財產ノ狀況ヲ報告セシメ又ハ官吏ヲシテ之ヲ檢查セシムルコトヲ得

第十五條　同和自動車工業株式會社ハ營業年度毎ニ事業計画ヲ定メ豫メ之ヲ產業部大臣ニ提出スベシ之ヲ變更シタルトキ

No.

亦同シ（二）

第十六條　同和自動車工業株式會社ノ理事長、理事、監事ノ解任、定款ノ變更、損益金ノ處分、社債ノ募集、合併並解散ノ決議ハ實業部大臣（産業部大臣）ノ認可ヲ受クルニ非ザレバ其ノ效力ヲ生ゼズ

第十七條　同和自動車工業株式會社事業ヲ休止セムトスル場合ニ於テハ實業部大臣（産業部大臣）ノ許可ヲ受クベシ

第十八條　實業部大臣（産業部大臣）ハ同和自動車工業株式會社ノ業務ニ關シ監督上必要ナル命令ヲ為スコトヲ得

第十九條　政府ハ同和自動車工業株式會社ノ業務ニ關シ軍事上

No.

又ハ公益上必要ナル命令ヲ為スコトヲ得

第二十條　實業部大臣（産業部大臣）ハ同和自動車工業株式會社ノ理事長決議法令若ハ定款ニ違反シ又ハ公益ヲ害スト認メタルトキハ其ノ決議ヲ取消スコトヲ得

實業部大臣（産業部大臣）ハ同和自動車工業株式會社ノ理事長理事又ハ監事ノ行為法令、定款ニ違反シ又ハ公益ヲ害スト認メタルトキハ之ヲ解任スルコトヲ得理事長、理事又ハ監事實業部大臣（産業部大臣）ノ命令ニ違反シタルトキ亦同ジ

附　則

第二十一條　本法ハ公布ノ日ヨリ之ヲ施行ス

No.

第二十二條　政府ハ設立委員ヲ命ジ同和自動車工業株式會社設立ニ関スル一切ノ事務ヲ処理セシム

第二十三條　設立委員ハ定款ヲ作成シ實業部大臣（産業部大臣）ノ認可ヲ受クベシ

第二十四條　株式總數ノ引受アリタルトキハ設立委員ハ遅滞ナク株金ノ拂込ヲ為サシムベシ

前項ノ拂込アリタルトキハ設立委員ハ遅滞ナク創立總會ヲ招集スベシ

第二十五條　設立委員ハ同和自動車工業株式會社ノ設立登記ヲ完了シタルトキハ遅滞ナク其ノ事務ヲ理事長ニ引渡スベシ

ヨ－0022　B列5　28字×10　南滿洲鐵道株式會社　（15. 3. 3.000冊）

No.

同和自動車工業株式會社定款

会社法

ヨ－0022　B列5　28字×10　南滿洲鐵道株式會社　(15・3・3.000冊 [illegible])

No.

朕組織法第四十一條ニ依リ参議府ノ諮詢ヲ經テ同和自動車工業株式会社法ヲ裁可シ茲ニ之ヲ公布セシム

御名御璽

康徳元年二月二十二日

国務総理大臣
臨時代理事務　臧式毅

実業部大臣　張燕卿

勅令第二十二号

同和自動車工業株式会社法

第一條　政府ハ自動車工業ノ統制確立ヲ図ル為、同和自動車工業株式会社ヲ設立セシム

第二條　同和自動車工業株式会社ハ自動車ノ組立、製造修理及ヒ売買ニ関スル事業ヲ営ムコトヲ目的トスル股份有限公司トス

同和自動車工業株式会社ハ前項ノ事業ニ附帯スル業務ヲ営ムコトヲ得

第三條　同和自動車工業株式会社ハ本店ヲ奉天市ニ置ク

第四條　同和自動車工業株式会社ノ資本ノ額ハ金~~弐百五十~~三千万円トス

第五條　同和自動車工業株式会社ノ株式ハ記名式トシ一株ノ金額ヲ五十円トス

No.

第六條　同和自動車工業株式會社ノ株式ハ會社ノ同意ヲ得ルニ非サレバ之ヲ他人ニ讓渡スルコトヲ得ス

第七條　政府ハ其ノ所有ニ屬スル土地及ビ建物ヲ以テ出資ニ充ツルコトヲ得

第八條　削除

~~第八條　同和自動車工業株式會社ノ株金ノ第一回払込ノ額ハ之ヲ株金四分ノ一迄ニ下スコトヲ得~~

第九條　削除

~~第九條　同和自動車工業株式會社ノ株主ハ一株ニ付一箇ノ議決權ヲ有ス~~

第十條　同和自動車工業株式會社ニ理事長一人、理事四七人以内及監事三人以内ヲ置ク

ヲ—0022　B列5　28字×10　南滿洲鐵道株式會社　(13. 9. 5,000冊 ...)

No.

第十一條　理事長ハ同和自動車工業株式会社ヲ代表シ其ノ業務ヲ綜理ス

理事長故アルトキハ理事中ノ一人其ノ職務ヲ行フ

理事ハ理事長ヲ補佐シ同和自動車工業株式会社ノ業務ヲ掌理ス

監事ハ同和自動車工業株式会社ノ業務ヲ監査ス

第十二條　理事長理事及監事ハ株主総会ニ於テ之ヲ選任ス、但シ政府ノ認可ヲ受クルニ非サレバ就任スルコトヲ得ズ

理事長及理事ノ任期ハ三年監事ノ任期ハ二年トス

第十三條　同和自動車工業株式会社ノ理事長及常務ニ

ヨ—0022　B列5　28字×10　南満洲鐵道株式會社　(19. 9. 5.000冊)

No.

従事スル理事ハ実業部大臣ノ認可ヲ受クルニ非ザレバ他ノ業務ニ従事スルコトヲ得ズ

第十四條　実業部大臣ハ必要ト認メタルトキハ何時ニテモ同和自動車工業株式会社ニ命ジテ其ノ業務若ハ財産ノ状況ヲ報告セシメ又ハ官吏ヲシテ之ヲ検査セシムルコトヲ得

第十五條　同和自動車工業株式会社ハ営業年度毎ニ事業計画要領ヲ定メ、年度開始前ニ之ヲ実業部大臣ニ提出シテ認可ヲ受クベシ之ヲ変更セントスルトキ亦同ジ

第十六條　同和自動車工業株式会社ノ理事長、理事、監事ノ解任、定款ノ変更、損益金ノ処分、社債ノ募集、

ヲ―0022　B列5　28字×10　南満洲鐵道株式會社　(13. 9. 5,000)

No.

合併並ニ解散ノ決議ハ実業部大臣ノ認可ヲ受クルニ非ザレバ其ノ効力ヲ生セズ

第十七条　同和自動車工業株式会社事業ヲ休止セムトスル場合ニ於テハ実業部大臣ノ許可ヲ受クヘシ

第十八条　実業部大臣ハ同和自動車工業株式会社ノ業務ニ関シ監督上必要ナル命令ヲ為スコトヲ得

第十九条　政府ハ同和自動車工業株式会社ノ業務ニ関シ軍事上又ハ公益上必要ナル命令ヲ為スコトヲ得

第二十条　実業部大臣ハ同和自動車工業株式会社ノ決議法令若ハ定款ニ違反シ又ハ公益ヲ害スト認メタルトキハ其

ヨー0022　B列5　28字×10　南満洲鐵道株式會社　(19.9.5.000冊)

No.

ノ決議ヲ取消スコトヲ得

実業部大臣ハ同和自動車工業株式会社ノ理事長、理事又ハ監事ノ行為法令若ハ定款ニ違反シ又ハ公益ヲ害スト認メタルトキハ之ヲ解任スルコトヲ得理事長理事又ハ監事実業部大臣ノ命令ニ違反シタルトキ亦同シ

附則

第二十一条　本法ハ公布ノ日ヨリ之ヲ施行ス

第二十二条　政府ハ設立委員ヲ命シ同和自動車工業株式会社設立ニ関スル一切ノ事務ヲ処理セシム

第二十三条　設立委員ハ定款ヲ作成シ実業部大臣ノ

No.

認可ヲ受クヘシ

第二十四條　株式總數ノ引受ケアリタル時ハ設立委員ハ遅滞ナク株金ノ払込ヲ爲サシムヘシ

前項ノ払込アリタルトキハ設立委員ハ遅滞ナク創立總会ヲ召集スヘシ

第二十五條　設立委員ハ同和自動車工業株式会社ノ設立登記ヲ完了シタルトキハ遅滞ナク其ノ事務ヲ理事長ニ引渡スヘシ

No.

三　同和自動車工業株式會社定款

第一章　總　則

第一條　本會社ハ同和自動車工業株式會社ト称シ康徳元年勅令第二二号ニ依リ設立ス

第二條　本會社ハ左ノ業務ヲ營ムヲ以テ目的トス

一　自動車ノ組立

二　自動車ノ車体及補給部分品ノ製造

三　自動車及自動車部分品並ニ附属品ノ販賣

四　自動車ノ修理

No.

五　産業部大臣ノ認可ヲ受ケタル前各号ニ附帯スル事業

第三條　本會社ノ資本ハ金三千萬圓トス

第四條　本會社ハ本店ヲ奉天市ニ置キ必要ナル地ニ支店又ハ出張所ヲ設クルコトヲ得

第五條　本會社ノ存立期間ハ設立登記ノ日ヨリ三十年トス

第六條　本會社ノ公告ハ政府公報ニ掲載シテ之ヲ行フ

第二章　株式

第七條　本會社ノ資本ハ之ヲ六十萬株ニ分チ一株ノ金額ヲ金五十円トス

株式ハ總テ記名式トシ株券ノ種類ハ一株券　十株券

No.

百株券ノ三種トス

第八條　同和自動車工業株式會社法第七條ノ規定ニ依ル政府ノ出資ハ奉天旧迫撃砲廠ニ屬スル土地及建物トス但シ其ノ評價格ヲ金二十三萬六千三百十二圓ト看做シ内金二十萬圓ヲ出資ニ充ツルモノトス

第九條　前條ノ現物出資ニ対シテハ全額拂込ノ株式四千株ヲ割當ツルモノトス

第十條　本會社ノ株式中現金拂込ノ株式ノ第一回拂込額ハ一株ニ付十二圓五十錢トシ第二回以後ノ拂込時期及金額ハ理事會ノ決議ヲ以テ之ヲ定ム

No.

第十一條　株金ノ拂込ヲ怠リタル株主ハ拂込金百圓ニ付日歩四
銭ノ割合ヲ以テ遅延利息ヲ支拂フヘシ
第十二條　本會社ノ株式ハ本會社理事會ノ承認ヲ受クルニアラ
ザレバ之ヲ讓渡スルコトヲ得ズ
第十三條　株式ノ讓渡、相續若ハ遺贈ニ因ル名義書換又ハ株券
ノ損傷、分割若ハ合併ニ因ル引換ニ付テハ本會社所
定ノ請求書ニ株券竝手數料ヲ添ヘテ差出スヘシ
前項ニ定ムル株式ノ名義書換手數料ハ一枚ニ付十銭
株券引換手數料ハ新株券一枚ニ付二十銭トス
第十四條　本會社ハ毎年七月一日及翌年一月一日ヨリ定時株主

No.

總會終了ノ日迄株式ノ名義書換ヲ停止ス
前項以外ノ時期ト雖公告ノ上一定ノ期間名義ノ書換ヲ停止スルコトアルベシ

第十五條 株券ノ喪失ニ依リ新株券ノ交付ヲ請求スル株主ハ本會社所定ノ請求書ニ除權判決ノ謄本及手数料ヲ添ヘ差出スベシ
前項ニ定ムル新株券交付ノ手数料ハ株券一枚ニ付二十錢トス

第十六條 株主又ハ其ノ法定代理人ハ其ノ氏名、住所及印鑑ヲ本會社ニ届出ヅベシ其ノ變更アリタル場合亦同ジ

No.

第三章　總會

第十七條　株主總會ハ定時及臨時ノ二種トシ定時株主總會ハ毎年八月及翌年二月之ヲ招集シ臨時株主總會ハ必要ニ應シ之ヲ招集ス

第十八條　總會ノ議長ハ理事長之ニ任ス理事長事故アルトキハ常務理事又ハ理事中ノ一人之ニ當ル

第十九條　總會ノ議事ニ付可否同數ナルトキハ議長ノ決スル所ニ依ル

第二十條　株主ガ代理人ヲ以テ議決權ヲ行使セムトスルトキハ其ノ代理人ハ本會社ノ株主タルコトヲ要ス

ヨ－0022　B列5　28字×10　南滿洲鐵道株式會社　(15.3.3.000冊 [illegible])

No.

代理人ハ其ノ代理權ヲ証明スヘキ委任狀ヲ本會社ニ差出スヘシ

第四章　重　役

第二十一條　本會社ニ左ノ重役ヲ置キ株主總會ニ於テ之ヲ選擧シ其ノ就任ハ政府ノ認可ヲ受クルモノトス

理事長　一人

理事　四人以内

監事　三人以内

理事會ハ理事ノ中ヨリ常務理事二人以内ヲ選任スルコトヲ得

ヨ－0022　B列5　28字×10　南滿洲鐵道株式會社　(15.3.3.000冊)

No.

前項ノ規定ニヨリ選任セラレタル常務理事ハ政府ノ承認ヲ得テ就任ス

第二十二條　理事長ハ本會社ヲ代表シ其ノ業務ヲ綜理ス

理事長事故アルトキハ常務理事中ノ一人理事長ニ代リ其ノ職務ヲ行フ

理事ハ理事長ヲ補佐シ本會社ノ業務ヲ掌理ス

監事ハ本會社ノ業務ヲ監査ス

第二十三條（削除）

第二十四條　理事長及理事ノ任期ハ三年、監事ノ任期ハ二年トス

ヨ－0022　B列5　28字×10　南滿洲鐵道株式會社　(15.3.3.000冊 聯附納)

No.

第二十五條　理事長及常務理事ハ任期満了シタル後ト雖後任者ノ就任アル迄政府ノ承認ヲ得テ其ノ職務ヲ行フコトヲ得

第二十六條　理事會ハ理事長及理事ヲ以テ組織シ其ノ過半數以上ノ出席ニ依リテ成立ス

理事會ノ議事ハ出席者ノ過半數ヲ以テ之ヲ決ス、可否同數ノトキハ議長之ヲ決ス

第二十七條　理事會ノ議長ハ理事長之ニ當ル　理事長事故アルトキハ常務理事中ノ一人之ニ代ル

第二十八條　重役ノ報酬及手當ハ政府ノ承認ヲ受クルモノトス

第二十九條　理事會ノ決議ヲ以テ本會社ニ顧問若干名ヲ置クコ

ヨ－0022　B列5　28字×10　南滿洲鐵道株式會社　(15.3.3.000冊 [illegible])

No.

コトヲ得

第五章　計算

第三十條　本會社ハ営業年度ヲ二期ニ分チ毎年一月一日ヨリ六月三十日迄ヲ上期トシ七月一日ヨリ十二月三十一日迄ヲ下期トシ各其末日ヲ以テ決算期日トス

第三十一條　理事長ハ決算期毎ニ財産目録、貸借対照表、営業報告書、損益計算書及損益処分ニ関スル議案ヲ作成シ監事ノ意見ヲ添ヘ定時株主總會ニ提出シテ其承認ヲ受クベシ

第三十二條　本會社ノ損益計算ハ總收入金ヨリ總支出金ヲ引去

ヨ－0022　B列5　28字×10　南滿洲鐵道株式會社　(15.3.3.000冊)

No.

リタル残額ヲ純益金トシ左ノ順序ニ依リ之ヲ分配ス

但シ決算ノ都合ニ依リ別途積立金及後期繰越金ヲ為ス

コトヲ得

一　法定積立金　純益金ノ百分ノ十以上

一　役員賞與金　若干

一　従業員退職慰労準備金　若干

一　株主配當金　若干

トス

第三十三條　株主配當金ハ決算期末日現在ノ株主ニ支拂フモノ

第三十四條（削除）

No.

第三十五條（削除）
第三十六條（削除）
第三十七條（削除）
第三十八條（削除）
第三十九條　本定款ハ康德六年六月一日ヨリ之ヲ施行ス

ヨ－0022　B列5　28字×10　南滿洲鐵道株式會社　（15．3．3．000冊 [illegible]）

No.　タイプライター原稿用紙

満洲五箇年計画立案書類第二編第七巻

自動車工業関係資料

南滿洲鐵道株式會社

ヨー0024　B列5　32×15　●分割打字ヲ要スル原稿ハ五、六頁乃至一〇頁ニテ區切ルコト　(15, 5, 5,000冊 ...)

No.　タイプライター原稿用紙

協和産業開発五箇年計画担当事業輸入
資材に対する協和国関税免除理由書

内容

第一　要旨

第二　説明

附属

一、自動車製造事業法　四、

二、自動車製造事業法施行令　五、

三、自動車製造事業法施行規則　六、

第一　要旨

協和産業開発五箇年計画遂行の確実を期する為右担当事業建設必要資材輸入に対する協和国関税の免除を妥当ト認む

第二　説明

五箇年計画諸事業は急速なる充実発達を必要とし又現下の

南滿洲鐵道株式會社

ヨ－0024　B列5　32×15　●分割打字ヲ要スル原稿ハ一五、六頁乃至一〇頁ニテ區切ルコト

No.　　　タイプライター原稿用紙

特殊情勢に基き設立せらるべきもの尠からず、従て之が遂行に伴ふ事業経営上の不合理及企業條件の不利を忍ばざるべからざるを以て特に創設直後数箇年間に於ける企業収益の予想は全く逆路を許さざるものあり、各国に於ける先例に徴するも此の種企業には国家の莫大なる補助を受けたるもの多し、故に右等企業に対する助長促進策を考究適切なる方策を講ずるの必要大いに存す

五箇年計画遂行の為には巨額の資金を要し之が供給は殆んど全部日本内地に仰がざるを得ざる実情にあり、而も日本に於ては国内生産拡充資金の需要激増にして新く資金獲得困難視せらるゝに至れるを以て増産計画の実施を容易ならしむる為資金調達の困難を軽減すべき方策を講ずること緊要なり

五箇年計画遂行に伴ふ異常なる国税増収額を協和会、政府財政への一端となすことは之が為行政的機構の濫拡を招来するの弊に陥り易く而して斯かる状態を見るに至りたる

南満洲鐵道株式會社

ヨー0024　B列5　32×15　●分割打字ヲ要スル原稿ハ五、六頁乃至一〇頁ニテ區切ルコト　(15. 5. 8,000冊　大連)

No.　タイプライター原稿用紙

ときは財政上の困難を見るべき懸念大なり或は国税徴収部分は五箇年計画資金計画中満洲国負担部分に充当せらるべしとし一應考へらるべきも事実上は前述の弊を防止し難しと認む又否らずとするも徴税の為多大の時日労力等を空費するの結果となり了るのみなるべし

斯かる場合に於ける立法所を求むるに枚挙に遑なし、日本に之を求むれば代表的なるものは製鉄業奨励法、自動車製造事業法等なり之等は左の如く広範なる種類に亘り輸入税免除を行はせ居れり

満洲産業開発五箇年計画の遂行には巨額の資材を必要とするが之等の詳細は未だ算出困難なるも全開発資金の約二割を占むる工業部中鉄鋼頁岩油軽金属曹達灰増産五箇年計画に必要なる金属機械工具類輸入予定額は左表の如く初年度二千六百万円、次年度二千六百万円、第三年度六千六百万円、第四年度五千九百万円、第五年度四千万円、五箇年合計二億一千

南満洲鐵道株式會社

ヨー0024　B列5　32×15　●分割打字ヲ要スル原稿ハ五、六頁乃至一〇頁ニテ區切ルコト　(15. 5. 5,000冊)

No.　タイプライター原稿用紙

六百万円なり

之等の輸入に対する満洲国輸入関税及附加税予想額は平均擔税率を一四・〇三％と看做すときは左の如く初年度三百七十万円次年度三百六十万円、第三年度九百二十万円、第四年度八百二十万円第五年度五百六十万円、総計三千余万円に達する

註 平均擔税率の算出は満洲国総輸入額に対する徴税額を税率別に求め之を集計したるものなり、但し此の場合免税輸入額を左記総輸入額より控除すべきものなるも之を無視したり、而して年次は昭和七年以降昭和十一年を選びたり

金属機械器具類関税収入予想表

	輸入豫想額	関税収入予想額
第一年度	二六、四三九、三五四	三、七一〇、四九九
第二年度	二五、五七四、六二〇	三、五八八、八八六
第三年度	六五、八八三、九九五	九、二四五、五〇一
第四年度	五八、七二〇、一五六	八、二四〇、一九九

南満洲鐵道株式會社

ヨ－0024　B列5　32×15　●分割打字ヲ要スル原稿ハ五、六頁乃至一〇頁ニテ區切ルコト

No.　タイプライター原稿用紙

第五年度	総額
三五九、七九五、〇五三	二一六、四一三、一七八
五、五八四、四四〇	三〇、三六九、二一一

今満洲国が五箇年計画遂行に必要なる金属機械器具類に対する輸入税の免除を行ふときは右三千余万円の関税収入を失ふべし　然れども右は全く五箇年計画実施による増収額にして貿易の自然増加により補填せらる、増収額とは全然甚だ性質を異にするものなり、右金属機械器具類の如き直接五箇年計画に必要なる建設用資材の輸入増加を来すべきは勿論右等担当事業に対し間接的関係を有する諸多事業の勃興を見るべきは必定にして之等に対する輸入税増収は蓋し尠少ならざるべし、故に五箇年計画遂行上必然的に生起すべき輸入増加額に対する輸入税の増収予想額を右担当事業に之が迅速確実なる発展と促進の為め之を与へ国家的目的達成を速ならしむることを肝要と認む

南満洲鉄道株式会社

ヨー0024　B列5　32×15　●分割打字ヲ要スル原稿ハ五、六頁乃至一〇頁ニテ區切ルコト

No.　タイプライター原稿用紙

貿易統制法ニ基ク自動車ニ對スル輸入税輕減ニ関スル件

朕参議府ノ諮詢ヲ経テ貿易統制法ニ基ク自動車ニ對スル輸入税輕減ニ関スル件ヲ裁可シ茲ニ之ヲ公布セシム

（康徳六年十月十七日勅令第二七一號）

貿易統制法ニ基ク自動車ニ對スル輸入税輕減ニ関スル件

貿易統制法第一條ノ規定ニ依リ関税法別表輸入税率表第千百五十九號ノ（甲）ノ内自動車ニ對スル輸入税ハ康徳七年十二月三十一日迄之ヲ從價百分ノ十五ニ輕減ス

附則

本令ハ公布ノ日ヨリ之ヲ施行ス

〔参考〕関東州ニ於ケル輸出入品等ニ関スル臨時措置ニ関スル件

（昭和十二年十二月二十二日勅令第七二七號）

朕関東州ニ於ケル輸出入品等ニ関スル臨時措置ニ関スル件ヲ裁可シ茲ニ之ヲ公布セシム（總理大臣副署）

南満洲鐵道株式會社

ヨ—0024　B列5　32×15　●分割打字ヲ要スル原稿ハ五、六頁乃至一〇頁ニテ區切ルコト　(15. 5. 5,000冊 共和謄刷)

No.　タイプライター原稿用紙

関東州ニ於ケル輸出入品等ニ関スル臨時措置ニ関シテハ昭和十二年法律第九十二號ニ依ル

附則

本令ハ公布ノ日ヨリ之ヲ施行ス

本令ハ支那事変終了後一年内ニ之ヲ廃止スルモノトス

【参考】関東州臨時輸出許可規則

（昭和十三年五月二〇日関東局令第三九號）

関東州臨時輸出許可規則左ノ通定ム

関東州臨時輸出許可規則

第一條　左ノ各號ニ掲グル物品ハ郵便物又ハ価格百圓ヲ超エザルモノヲ除クノ外満洲国駐箚特命全権大使ノ許可ヲ受クルニ非ザレバ之ヲ輸出スルコトヲ得ズ

自一至二十一省略

二十二、自動車、自動車用内燃機関及自動車ノシヤシ

南満洲鐵道株式會社

ヨー0024　B列5　32×15　●分割打字ヲ要スル原稿ハ五、六頁乃至一〇頁ニテ區切ルコト

No.　タイプライター原稿用紙

第二條　省略

第三條　第一條ノ許可ヲ受ケントスル者ハ左ニ掲クル事項ヲ記載シタル輸出許可申請書正副二通及注文アリタルコト其他輸出ノ必要ナルコトヲ證スル書面ヲ大使ニ提出スヘシ

一　申請者ノ氏名又ハ名称及住所、事務所又ハ営業所

二　品名

三　数量及価額（種類別ニ記載スヘシ）

四　荷受人ノ氏名又ハ名称及住所、事務所又ハ営業所

五　仕向地

六　輸出地

七　輸出ノ時期

第四條　第一條ノ許可ヲ受ケタル者ハ其ノ物品ノ輸出ヲ為ス場合ニ於テ大使ノ交付スル輸出許可書ヲ大連税関ニ提出スヘシ

第五條　第一條ノ許可ヲ受ケタル者輸出ヲ為シタルトキハ七日内ニ左ニ掲クル事項ヲ大使ニ届出ツヘシ

南滿洲鐵道株式會社

ヨ―0024　B列5　32×15　●分割打字ヲ要スル原稿ハ五、六頁乃至一〇頁ニテ區切ルコト　(15. 5. 3,000冊 共同謄寫)

No.　タイプライター原稿用紙

一　届出者ノ氏名又ハ名称及住所、事務所又ハ営業所
二　許可ヲ受ケタル物品ノ品名及数量、許可ノ年月日
三　輸出ヲ為シタル物品ノ品名、数量及価額
四　輸出ヲ為シタル物品ノ仕向地
五　輸出地
六　輸出ノ年月日

附則

本令ハ公布ノ日ヨリ之ヲ施行ス
本令施行前既ニ売買契約ヲ締結シ且本令施行後三十日以内ニ大連税関ニ輸出申告ヲ為シタル物ノ輸出ニ付テハ本令ヲ適用セズ

南満洲鉄道株式会社

ヨ―0024　B列5　32×15　●分割打字ヲ要スル原稿ハ五、六頁乃至一〇頁ニテ區切ルコト　(15. 5. 5,000冊 ...)

No.　タイプライター原稿用紙

国営自動車は其目的の一として今す要求軍事用より之保護され、発達し来れる国産自動車をして、真の輸送用自動車として発達せしめ、国営自動車線に之を使用することに因り之が輸送機関として採算上必ずしも不利に非ざることを実証し、国産車に対する需要を高め、以て国内に於ける自動車工業を確立せしめ、延ては外国産自動車の輸入を防止して国際貸借関係をして有利ならしめ、国運の益隆昌ならむことを希ひたるは明にして、国営自動車は営業を開始以来より多くの自動車を使用し益国産車の発達と進歩の助成に努め来たるのであるから勿論国産自動車工業界に於ても此の本旨に従ひ経済上の苦痛を忍びあらゆる犠牲を拂ひ研究に研究を重ね、爾来幾星霜遂に今日のめざましき優秀なる国産自動車の実現を見し得たのである

南満洲鐵道株式會社

ヨ—0024　B切5　32×15　●分割打字ヲ要スル原稿ハ五、六頁乃至一〇頁ニテ區切ルコト

No.　タイプライター原稿用紙

今日国営自動車に於て使用しつゝある国産自動車の如き、外国産自動車に比し些かも遜色なきは啻に日満自動車工業界の為に喜ぶべき事実たるのみならず日満両国家の為に與に慶賀に堪へざるところである

南満洲鐵道株式會社

ヨ－0024　B切5　32×15　●分割打字ヲ要スル原稿ハ五、六頁乃至一〇頁ニテ區切ルコト　(15. 5. 8,000部)

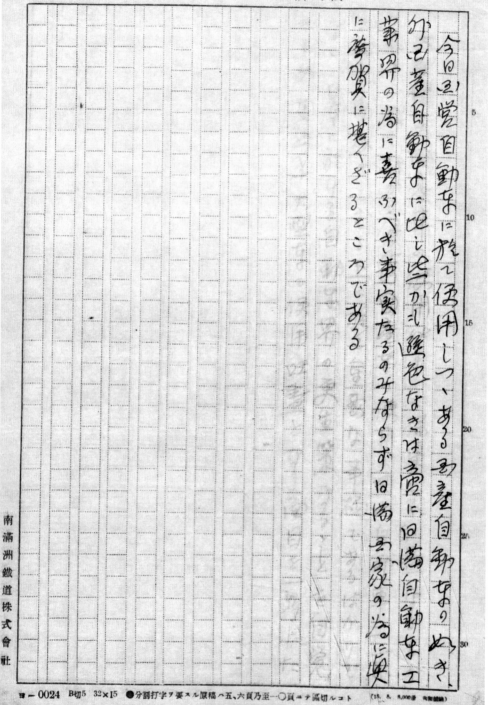

No.　タイプライター原稿用紙

大型優秀国産車の使用必ずしも採算上不利益なるものに非ず、然も斯かる優秀国産車の使用が国内自動車工業を確立助成せしむる上に於て重要な事柄であるばかりでなく、日本に於ける自動車界の更生策なることを自覚せしめ、其結果大型車の使用旺盛となり面目を一新した

南滿洲鐵道株式會社

ヨ―0024　B列5　32×15　●分割打字ヲ要スル原稿ハ五、六頁乃至一〇頁ニテ區切ルコト　(14. 5. 8,000冊)

No.

結言

自動車工業確立ノ第一歩ハ已ニ昭和十年八月九日政府ニヨリテ大綱カ決定声明セラレ、合金社演気図ハ何レモ自動車工業ヘノ転向進出ヲ企図シ、我国自動車工業史上特筆大書スヘキ時機ヲ劃スルト共ニ完成車輸送ニ部品用品ノ合理的生産ハ内地市場ノミナラス海外ノ進出ノ科学的研究ト相俟ツテ新遠洋ヲ越ユル希望カ展開スルニ至ツタ

地理産業文化ノ発達、交通道路網ノ完備ハ自動車運輸界ノ急激的発達ヲ来シ正ニ軌道事業ト代ツテ運輸界ノ王座ニ君臨セントスルニ至レリ。他産業界モ亦政府ノ燃料国策ト相俟ツテ

No.

英米資本ニ対抗シ東洋征覇ニ邁進シツヽアル
顧ミレバ昭和十年ノ秋来自動車界ハ凡ゆる角度ニ
於テ劃期的時機ニアリ黄金時代ヘノ第一歩ヲ印シタ記
念スベキ秋デアッタ吾社ハこの業界維新ノ情勢ヲ記録シテ
諸種資料ノ蒐集模索ヲ行ヒ凡ゆる角度ヲ吟味編纂〔輯〕ヲ
行フヲカ時機ニ失スルノ多クこれを網羅シ得ナカッタコトニ甚ダ
遺憾トス

ヨ―0022　B列5　20字×10　南満洲鐵道株式會社　（13.9.5.000冊）

No.

國産自動車沿革

國産自動車ガ始メテ日本デ製造サレタノハ明治三十六年ノ冬ノコトデアル岡山市デ電氣ノ修理工場ヲ經營シテヰル山羽虎夫氏ガ楠健太郎、森房造、荻原某、伊達某ノ依頼ヲ受ケテ製作ニ着手シ幾多苦心惨憺ヲ嘗メ、ソノ努力ノ甲斐ガ現ハレテ蒸氣式二氣筒「エンヂン」汽罐ハ「オイルバーナー」ヲ焚キ「バーナー」ハ「シリンダー」ノ蒸氣ニヨッテ調節ヲスルトユフノデアッテ、コレ山羽式二氣筒蒸氣自動車ト名ウッテ完成シタ、コレガ即チ我邦デ自動車ヲ造ッタ記録トシテハコレガ嚆矢デアル

然ルニ自動車ハ完成シ「エンヂン」ノ試運轉モ好成績ヲ納メタガ

ヨー0022　B列5　20字×10　南滿洲鐵道株式社會

、ソノ矢先思ハヌ法的障害ガ起キタ、ト云フノハ時既ニ岡山ニハ県令ヲ以テ乗合自動車取締規則ヲ公布シテ居タ、ソノ規則ニヨルト補帯ハ護謨製ヲ用フルコトヽナツテ居ル、不幸ニシテ山羽式ハ護謨帯ヲ造ルコトガ出来ナイノデ大阪ノ大石護謨工場ニ事情ヲ述ベテ相談シタトコロ工場主ハ義侠ニ富ンダ人デ面数十回ノ犠牲トシテ作製シタ、ソレハ単ニ護謨ヲ丸ク帯ニシタモノデ、ネジリ込ミニ嵌込ンダニ過ギヌモノデアツタ、ソシテ全部完成シ係官立会ノ上試運転モ無事ニ終了シタ、

此ノ大成功ニ自信ヲ得タノデ際ノ計画シテ居タ岡山市カラ注文主ノ居住スル三蟠村間ノ長距離試運転ヲ行フコトニナツタ

ヨ－0022　B列5　20字×10　南満洲鐵道株式社會　（13. 9. 5.000）

No.

カノ届出ヲ心待ニシテイタ。鉄保安課デハ、主任技手宍山宗義氏ガ同乗立会フコトトナッタ。時恰モ明治三十七年五月、満洲ノ野ニハ皇軍ハ征露ノ役ヲ進メテイタ時、逸早ク国産自動車第一号ハ黒山ノ如キ群衆ノ拍手歓呼ニ送ラレテ天瀬多良町ノ工場ヲスタートシタノデアッタ、サレド天ハ此ノ偉大ナル発明家ニ組セズ、エンヂンノ鎚ノ追デ快適ナルニモ拘ラズ、タイヤハ伸ビテ其ノ用ヲ辨スルコトガ出来ズ山羽氏ハ無念ノ涙ヲ呑ミ公衆ハ同情ノ眼ヲ注ギ偉大ナル発明家ニ再起ノ激励ヲ送ルノミデアッタ。併シ注文者側モ、山羽氏個人トシテモ、此ノ第一号ヲ完成サスマデニハ多大ナ資本ヲ費シテイタノデ、今トナッテハ再起ノ気力モナク

No.

ソレニ最モ打撃トナッタモノハ、高速車ノ護謨輪帯ヲ造ル工場カ日本ニ無イトイフコトダッタ、之カ為ニ山羽氏ノ偉業ヲ援助ミヨウトイフ篤志家カ現ハレズ、可惜山羽氏ハ遂ニ最モ記念スベキ此ノ自動車ノ製造放棄スルノ已ムナキニ至ッタコトハ偉大ナル発明家ニ対シ同情ニ堪ヘサルモノテアッタ

事変前ノ自動車工業

満洲ニ於ケル自動車工業ハ未ダ遙ニ低イ水準ニアツテ自動車ノミヌー製作ハ勿論特殊ノモノヲ除キ部分品ノ製作工業サヘナイ、現在行ハレテイルモノハ車輌ノ組立トラツク又ハバスボデーノ製作並ニ修理作業ニ止マリ甚ダボデー製作工場ニシテモトラクボデーノ製作ハ需要ヲ充スニ足ルカ知識ト技工ヲ要スルモノハ日本内地又ハ朝鮮ニ求ムルカ又ハナク尚修理工場モ邦人又ハ露西亜人経営ニ係ルモノハ相当ノ設備ヲ有シテイルガ之レトテモ大連、奉天、哈爾濱ノ主要都市ニ限ラレソノ他ノ地域ニ於ケル修理工場ハ極メテ小規模ニシテ殊ニ地方ニ於ケル満人経営ノ如キハ何等ノ材料設備ヲモ有セズ観ルベキモノガナイ

贰拾五册

一般自動車に関する資料

雜

No.

資料目録

一 特殊自動車

貨物自動車

乗合及タクシー

自動車事故

自動車事業と其の影響

自動車運送に就て

自動車の発達と将来及保護

各国の自動車数

ヨ－0022　B列5　28字×10　南滿洲鐵道株式會社

特殊自動車

No. 1

木材輸送トラックター試験成績（チグローワヤダーチヤ林場に於て）

北満洲林場に於ける木材「トラックター」輸送採算試験

試験技師　エム、イ、ゴルウイツ

試験　東支鐵道東部林区に於ける「トラックター」に依る木材の

部分的輸送試験成績

一、作業計画

東支鐵道の東部林区に於ける伐木地及鐵道線路間の木材輸送は極々最近まで悉く馬車又は橇のみに限られておつたのであるが馬車輸送は幾多の根本的缺陥を伴ふ先づ。

第一「チグローワヤ、ダーチヤ」に於ける降雪が僅少の場合に

No. 2

於ける木材の輸送可能期間が一ヶ年間に両回を出でない。

而て之が為に林区内に多数の人馬を集中しなければならぬ。

且つ之等の食糧、糧秣を準備すると共に反對に輸送契約者に於ては馬車が輸送を放棄し又は予定作業をなし能はぬ場合に處する為予め其の準備の研究を要することである

第二、予備の為多数の馬匹を準備する場合は之に伴ふ不生産的なる附帯費用を免れぬ

右の如き理由に依て予定通りの予算を以て豫定の計畫を完全に実行し得るやに對しての確信を得る事は出来ない。

馬車は最も安價なる輸送機関であると云ふ特長を以ておるの

No. 3

てあるが近来は益々昂騰しつゝある労銀、馬匹、糧秣などの為に右の特長は漸次薄弱となりつゝあるを以てこの馬車輸送に代り得る比較的完全なる運輸機関を実地に応用せんと企てることは機宜の処置と云はねばならん。

経過　一九二七、八年度伐木計画を立つるに当り土地課は初て試験と云ふ形式の下に「トラックター」を使用する運輸の機械化案を立案した（ケーブルガー起重機等）

研究の結果　ヂグローワヤ、ターチヤに於ける本林は比較的細小なもので且つ立木の密度も小なる故にケーブルガー又は起重機を利用することは合理的でないので最も簡単なる方法である処

ヨ－0022　B列5　28字×10　南満洲鐵道株式會社　（15.3.3,000部）

No. 4

のトラックターを使用することゝなつたのである

當初の計畫

(イ)二百五十米突を半径とする区域内に於て切採地点よりその中心地点に向て丸太を運搬すること。

(ロ)各地の置場よりトラックターに連結せる四輪車に木材を積載し鉄道線路まで搬出すること

作業予定

一、トラックターに据付けたる起重機を以て伐り出されたる丸太を中心地点に運搬する作業

二、中心地点より木材置場(鐵道より遠隔地にある)に搬出する作

No. 5

業。

搬出費予算（一立方米の木材）

一、中心地點迄の運搬費（一立方米の木材）　五七留

二、中心地點より鐵道線路までの運搬費　五一留

計　一〇八

計算の根據事實

一、半径の長さ（面積二〇ヘクター）　二五〇米

二、立木の密度（一ヘクタールにつき）　一五〇立方米

三、丸太一本の平均容積　〇・七立方米

四、平均重量　〇・六噸

ヨ－0022　B列5　28字×10　南満洲鐵道株式會社　（15. 3. 3.000部）

No. 6

五　作業時の起重機チエンの速度　一五〇米分

六　作業チエンの曳力　二・七噸

七　労働時間　一〇時間

八　作業チエン一廻転の所用時間　五・一八分

九　一日間の廻転数　八〇回

十　曳かれる丸太数（一七〇本）　一二〇立方米

十一　一日の作業に依るトラックター運転費（減價償却を含む）　六八留

十二　木材集中地点より鐵道線路の距離（多少の阪路を見込む）　四粁

トラックターは蛇虫式（タンク式）のものとする必要があつたのは「ヂグローワヤ、ダーチヤ」方面の林間道路は多く沼澤地を通過しおる

No. 7

為地面と接觸面を多く有する蛇虫式トラックターは之に依て地表面に対する壓力を著しく緩和することが出来その壓力は一平方糎に対する〇・五瓩を出てぬからである

この特長は木材運搬経験に徴するも車輪式のトラックターよりも蛇虫式即ちタンク式トラックターを採用することに至らしめた原因であつたのである而て右の作業を行はしむる為にトラックターは五十馬力の曳行力のものを採用することに決定したのである

之と同様の趣旨から積載貨物の重量を沼澤地に於て平均して地上に対抗せしめる為曳行する四輪車も亦蛇虫式型を採用する

ヨ－0022　B列5　28字×10　南満洲鐵道株式會社　(15. 3. 3,000冊 …)

ことにしたのである
右の方法に依て丸太材及薪の運搬費に大なる節約をなし得る
ことは前述の通り
例令試験の結果得たる数字的統計に依れば従来丸太材一立方
米を馬車に依りて運搬する場合四粁の半円内に於ては二留八十
哥を要し薪材を運搬する(三粁以内に於て)場合は一立方米に付八
十哥を支払つてゐるのである故に若し後者の薪材を丸太材に換
算する時は
〇・八〇留を〇・六五にて除し　一・二三留(一立方米)
即ち一留二十三哥に相当する従てトラックを以て運搬する場合

No. 10

イ　薪材　三〇〇、〇〇〇立方米之を丸太材に換算せば　二〇〇、〇〇〇立方米

ロ　軟質挽丸太材　二〇、〇〇〇本　二〇、〇〇〇同

ハ　堅質挽丸太材　一〇、〇〇〇本　八、〇〇〇同

ニ　建築用丸太材　三五、〇〇〇本　一五、〇〇〇同

ホ　枕木　五〇、〇〇〇本　五、〇〇〇同

ヘ　其他の木材　二〇、〇〇〇同

計　二五〇、〇〇〇同

右表の如く毎年薪材の伐採量は木材全体の總伐採量の約八割を占めておる尚若し茲にチグローワヤ、ダーチヤに於ける木林の内建築用材はその林区面積の上より見て全体の二割五分にしか相當

No. 12

す之等両区の伐木量は丸太約二万本薪約四万立方米枕木約三万二千本に達し六八ー七二ー五分の角度を有する山嶺を越えて之等の木材を馬車を以て運搬することは甚だ至難である許りでなく山頂の雪は比較的早く吹き飛ばされるが為右の作業期間は一層短縮せられ且つ此路段を橇を引くには二百乃至三百五十米の回加へ馬をなすことを必要とし短期間に作業を完成せんが為には一時に多数の人馬を集中する必要がある

斯如き事情が存在する許りでなくトラックター利用と云ふことは北満の木材業界に前例なく全く創始的試みである為京支鐵道は木材運輸機械化問題に対しては慎重なる態度を以て之に当

No. 13

りたのであるが為先づ試験的に馬車に就つて最も困難なる第十九区及第二十区より山頂を通過して行ふ木材の輸送にトラックターを利用することが決定せられたのである斯くして編成せられたるトラックター及連結四輪車ノ組立は右の使命の下に完成せられたのであつて大要次の如きものである

二、トラックターの組織

（イ）トラックター

一、第二番の速力（急行時速一〇哩乃至一五哩）の下に於ける曳行力は三噸乃至三噸半、右の曳行力の下に於ては平坦なる且つ土質強固なる橇道上ては九十噸、一〇％の急坂に於ては二十五噸乃至

No. 14

三十粁の貨物を曳行することが出来る
その範囲内に於ける曳行貨物重量の多寡は道路の状況如何に因る

二、速力は三種以上出し得　その内の第二番目は一時間四粁以下に降るを得ない

三、燃料は石油　一時間一馬力の消費量は三百瓦以下

四、トラックターにはモーターを以て運転する起重機一台を据て急坂上に於てトラックターの牽引力が不足なる場合に連結四輪車を引上げる役目をなす

（ロ）

ヨ－0022　B列5　28字×10　南満洲鐵道株式會社　（15.3.3.000冊 ...）

No. 15

一型は蛇虫型

二、貨物積載力は十噸　その五割を積越するも差支なきもの

三、前軸は稍動自由にして輸送すべき丸太材の長短に応じて車体の長さを調節し得るもの

四、輸送さるべき丸太材の長さは平均八米、最大限度を十二米とす

然るにチグローワヤ、ダーチヤの沼澤状況調査の結果は樹木の根部を蔽ふ地表は泥炭質で多くは石又は砂を混し一部分粘土である冬季の降雪は深くはなく乾燥してをると云ふことが明かとなつた尚地面の高低複雑で最大急坂は二・一%であることも

ヨー0022　B列5　28字×10　南満洲鐵道株式會社　(15.3.3,000書)

No. 16

分明したのである

三　作業着手

斯くの如くして昨年一月始め東支鐵道土地課は米国の「カテルピルラー」工場に牽引力五十馬力の蛇虫式のトラックター第六十号型一台を注文した

同工場の説明に依れば同型は世界に於て最も廣く利用せられつゝある機械であつて主として森林中の鉄道布設乃至農業用各種の作業に使用せられつゝあると云ふことであつた

連結四輪車は「バルドウイン」商会を通じてシカゴのアッテイトロス、ウイル、コンパニイ」工場に注文をした。

斯くしてトラックター及連結四輪車は五月始め索倫林区に到着し二日間にその組立を行ひ獨力を持て石頭河子駅より三十粁ナグロ—ワヤ、ダーサヤ支線に沿ふて目的地へ向つたその通路は鉄道線路に沿ひリダーヘーズイ駅に向ひ一一六二粁の地点で鉄道線を踏切りイエフリエフスキ山を越えてチグローワヤからチヤの本據に着いたのであるその行程十三粁所要時間三時間と五分但しその間途中休息に一時間四十分を費したのである。

時恰も解氷期に當つてをつたので其行程の大部分の道路は泥濘的状態にあつた為トラックターを輛が空転することも屢々で其都度板又は薪等をその車輛の下に投込み辛して其場所を通過することが出来たのである且つ甚だしきに至ては泥濘の度が余りに深甚なる為トラックターのみを前進せしめた後他に乾燥せる地点を見出し夫より起重機を利用して連結四輪車を曳行せしことも再三に止まらない又右行程中、石頭河子駅より二粁の地点に幅五乃至六米深さ〇、七米の河を渡河せねばならなかつたのである

尚橋梁通過の際に於ける危惧心は全く杞憂に過ぎない事が明かとなつたと云ふのは何れの橋梁もその径間短い為トラックターは橋梁と両岸と

No. 18　タイプライター原稿用紙

の接觸点を少し破損したるのみにてタンク式になつてゐる車輛の平均せる力の為大体に於て無事通過することが出来たからである

サクローワヤ・ダーチヤの十八粁の地点より補助的根據地たる三十粁の地点への移動は五月六日実行せられ、トラックターは現在に到るも同地点に於て活動中である

右移動時の通路は第一回の行程上の通路より一層複雑で且つ困難であつて其所要時間は八時間の多きに達した先づ、ハミヘル河上橋梁通過は到底望み得ない為十八粁の地点を出発するに當り上下二ヶ所の地点に於て同河を通過し得る方向を執り同河通過に當りてはトラックターのみを先に渡河し然る後起重機を利用して連結車を曳き上げねばならなかつた同河の幅員は六米深さ〇、七五米両岸は傾斜岸河底は小砂礫である冬季糧食、糧秣等を運搬する沼澤路は春季の到来と共に全然交通杜絶の状態となり殊に重量大なるトラックターの通過が到底覚束ない十八粁の地点を巨る三粁の地点に到るや既にトラックターは泥土に陥り其の場合と同じくトラックターのみ下し引離し起重機を利用して前進するの外はなかつたので

No. 19　タイプライター原稿用紙

ある斯の如き作業は沼澤地に於ける毎に間断なく繰り返されたのであるが前進中若し少しでもトラックターを輪が埋没する傾向を示すや直ちに前述の如き作業に移つたのである。

何故ならば其侭前進することはトラックター自身を益々埋没せしめることゝなるからであつた又途上には嵐の為横倒しとなつた大木が通路を遮断してあることも屡々で斯の如き場合には一々起重機を以て取除き前進し或は之を迂回して通過せんが為引返したりしたのである

尚三十％の急坂を登り三十％乃至三十五％の坂を下降する場合トラックターは普通速力を以て頂上に達することが出来たのであるが下降の際後部に連結せる四輪車がブレーキを掛けてなかつた為第一番目の四輪車の前輪が轉覆し為にその梶棒が曲つたので其の下降時にはブレーキを掛けることにした

目的地に到着する直前にミヘル河があるが同河上の橋梁通過の際トラックターの重量に堪へ兼ね橋梁は直に沈梁し出し〇・八米の水中に陥没して仕舞つたが根太の一部は水面に浮んで居り又他の一部の根太は綱を以て

落ち込んだ第一番目の連結車引上げの際邪魔になつたので之を破壊して仕舞つたので右の橋梁は一片を止めぬ迄破壊されたのである。斯くして最初の出発点たる石頭河子より目的地に到る二十七粁の行程に前後合計十二時間余を費し（休憩時間を含む）たのであるが夫の内連結四輪車の操縦に多くの時間を消費してあり連結車其の延長二十一米に及ぶトラックター列車は大部分二番速力（並行）乃至三番速力（最大急行）を以て前進しており実際の正味行進時間は六時間に達して居ない

トラックターの燃料は揮発油を使用した

比較的長時間に亘り幾多の障害に相遇せる第一回の試験は良好の成績を挙げ得たものと云はねばならぬことは勿論のである。トラックターは其の運搬全重量約九噸に達するに拘らず其の運転は軽快で同一地点上を方向変換する為に補助ブレーキを有してある。又木材株、丸太等の如き突出せる障害物に乗り上げたる場合車輪の連鎖は緊張し一個の強固なる構成物となりその障害物より下降する時にはトラックターはその全重量を以てタンク式連鎖上に落ち陥るも傾斜する平坦地面を滑走する如く行進する

斯の如き場合可成急激に地面下衝突するに拘らずトラックターは何等損
傷を受くることがなかった。
「アッテイ」式運結車の構造も極めて強固であり且つその行進振りの軽快なる事を證據立てた從て「カッテルビルラー」第六十号型トラックターも「アッテイ」式運結車も共に最良の材料を以て造られておることが明かでザクロ
ヴァヤがムヤに於ける如き最も困難なる作業に長時間充分堪へ得るものと確信せしむるに足る五月二十四日より
リ二十六日迄行はれた山頂通過輸送試驗も亦結局好成績を收めることが出來たのである此試驗はトラックターが丸太十九本その容積二十、五立方米、重量約十七噸を積載せる運結車二台を曳きつゝ六、五%の急坂を昇降するのであった。
然し乍起重機を以て行へる丸太積込作業は作業人員の訓練が不充分であることゝ必要なる設備がない爲多くの時間を要し、尚ほ作業を全く放棄し人力を以て積込をすることゝなった。
其後行った輸送試驗は更に良好なる成績を示し例へば六月七日直径三十五糎半乃至五十八糎半、長さ六、五米乃至七米の丸太十四本宛二十八本其總容積二十六、七立方米、總重量二十三噸に運行し同日又同丸太三十本其總

No. 22　タイプライター原稿用紙

容積二十八、七五立方米總重量二十四噸を実行したのである

四　作業試験成績

斯の如き幾多の試験を経て愈一九二八年六月二十八日トラックターは本作業に移ったのであるが七、八、九月の三ヶ月間に於ける其作業成績は別に図面を以て表示して置いたが其の成績を左の諸問題に就て研究して見ることとする。（図面は略す）

イ、発車の時期

ロ、帰着の時期

ハ、作業

ニ、一日平均如何なる数量の木材が運搬せられたか

ホ、何回往復せしか

ヘ、連結車輛数

ト、輸送距離（積込地点と積卸地点との距離）

チ、停車地点と積卸地点との距離

リ、道路の状況

ヌ　石油及揮発油の消費量

ル　機械油の消費量

ヲ　労働者数と其賃銀

昨年度のシーズンは九十五日を算したが其内休日が七月に六日、八月七日、九月に二十一日計三十四日に達する。トラックターは日曜祭日の外雨天の為道路の泥濘が甚だしい時又は労働者が作業を拒絶した時に休業した許りでなく半日休業の日がある。卽ち突然の降雨の為已むを得ず休業することがあって昨年チグローワヤダーチヤ方面に於ける降雨量は例年になく多く晴天の日は極めて僅少であったのである

斯くして五十立方米以下の木材しか運搬することの出来なかった所謂半日休業日は七月に十一日、八月に三日、九月に三日、計十七日であった。されば全休を行った日は五十二日半で季節内総日数の僅かに五十五%に相当するに過ぎない

而て一作業日平均輸送量は七月六十立方米、八月七十六、六立方米、九月七十立方米であるが輸送距離は日々に増大してゐる

No 24　タイプライター原稿用紙

従てより以上ゐ確に作業の状態を知る為には立方米×粁を単位として計算して見る必要がある。されば七、八、九月の作業日平均一日の成績は七十五、百七十六、二百十(立方米×粁)で休日をも合すれば平均七十八、百三十八、六十三(立方米×粁)に相当しておる

九月の作業成績が著しく逓減しておるのは輸送總量が六百三十一立方米でトラツリター一の停止日数が非常に多かったからである。予算に依れば一作業日の平均成績は二五粁輸送距離に於て百立方米即ち二百五十立方米×粁に達せねばならぬとして居たが九月に入って右の標準に近く達することが出来たのであった

次に各月に於ける燃料及機械油代一日平均の費用額は左の如くである

種別	七月	八月	九月
イ、燃料及機械油	一四、七〇	一五、〇〇	四、五〇
ロ　労働賃	二四、〇〇	二四、六〇	一六、〇〇
計	三八、七〇	三九、六〇	二〇、五〇

右の内九月は作業が殆んどなかったと云ふも過言でない故にこれを

標準にすることは出来ない従って減価償却費や道路築造費を加味せぬトラックター一台か一日の費用は概略四十留に達するものと見るべきであるされは此費用を一立方米に割当て各月別に示せば左の如くである

種別	七月	八月	九月
イ、燃料及機械油	〇、三〇	、二六	、二一
ロ、労働賃	〇、五〇	四四	七五
計	八〇	七〇	九六

同じく一立方米〆料に直せば

種別	七月	八月	九月
イ燃料及機械油	、一九	、一二	、〇七
ロ労働賃	、三一	、一九	、二五
計	、五〇	、三一	、三二

右表に示すか如く燃料費が漸減の歩調を辿ってゐるのは八月十六日より石油を採用し始めたためである　それ迄はトラックター製造工場の指示した通り揮発油を使用しておったのであるが右の日より之を廃止したの

であるが東支鐵道の賣値は

揮発油　一斤　二十四哥

石油　一斤　十三哥

にして一日の作業十時間として其の消費量は揮発油は平均七十乃至八十斤、石油は百乃至百十斤に達する

労働賃は第一にトラックター運転手一、助手一、（常備にあらず）連結車監督係一、積荷係一、同助手一、計四名乃至五名であって一日賃銀は一留五十哥より三留三十哥迄で運転手の助手を加ふる時は計十留五十哥で助手なしで八留（最近トラックター助手なしで運転することを常としてゐる）と第二に積込係労働者十四名、積卸係労働者四名その一日の賃銀は八十哥より一留二十哥迄計十八留とてある。右表中九月の一立方米平均労働賃が増加してゐるのは既に前述したる如く同月中の休業日数が多い為で第一の費用たるトラックターの運転手及その他の三、四名は月給の支給を受けてゐるが故に休日が多ければ一日平均の費用が増大する道理であって従って七、八月の両月を標準とする外はない。されば此両月の労働賃と燃料費を

No. 27　タイプライター原稿用紙

平均すれば

$\frac{0.70+0.80}{2}=0.75$　金留(一立方米)

$\frac{0.50+0.31}{2}=0.40$　金留(一立方米×粁)

次に減價償却を算定するに當り先づその購入時の費用を見るに左の如くである

イ.	トラックター	一二、八〇〇　單位金留
ロ	起重機	二、一〇〇
ハ	電燈及附屬品	一、八九〇
ニ	「アッテイ」式連結四輪車三台	一三、七一〇
ホ	連結車附屬器具ブレーキ等	一、〇七〇
ヘ	鎖・繩ブロック・接續環其他	一、二五五
	計	三二、八二五

減價償却期限は予算にては五ヶ年として收してある故に一ヶ年にその二割即ち六千五百六十五留を償却せねばならぬ訳である　昨年度の三ヶ月に於け

No. 28　タイプライター原稿用紙

る減價消却費は一ヶ年の四分の一即ち

6565×25%=1641円

それが四千五立方米の木材を輸送し得た右三ヶ月当りを換算すれば（8565立方米×粁）

一立方米=1641円÷4005=40錢

一立方米×粁=1641円÷8565=194厘

右の外トラックターの通路開設費を算定せねばならぬ。通路開設費とは抜根、根の抜取、根太の敷設、沼澤地点に於ける土木工事、及排水工事等一切の作業費用を謂ふのであるが東部林区当事者の報告に依れば右通路開設費としての支出高は七月、千百十九圓、八月四百八十三圓、九月四百七十一圓七十五錢、合計二千七十二圓七十三錢を要したと云ふのである。夫れに依て八粁の道路を敷設し得たのである。勿論之には主要幹線道路から各木材置場に通ずる支線道路も含まれておるのであって交通の便を図る為に往復の二線を造り空車の通行路は積荷車の通路程堅固ではない。

No. 29　タイプライター原稿用紙

而て出来上つた道路は單に現在既に伐採済みの木材の運搬に使用せらる許りでなく未期の伐木用諸材料の輸送にも供せらるゝか故に輸送せらるゝ木材全体に対する費用と見るのが至当ではあるが計算の間違ひを起さぬ為め現在道路附近に伐採済みの木材即ち約一万立方米の丸太及枕木、二万五千立方米の総合計二万七千立方米、木材のみに対しての費用として計算を採することにする。然るに上記三ケ月間の輸送量は僅に四千立方米即ち全体の一割五分にしか相当せぬ故にその割合を以て右の費用を算定せねばならぬ

尚右の費出額三千七十二留七十五哥にトラックターの到着以前に支出した道路修理費約千百留を加へねばならぬ、斯くして得た一立方米及軒の道路費は次の如し

(3172.75留 × 15%) ÷ 4000 = 12哥

(3172.75留 × 15%) ÷ 4865 = 56哥

の如くであつて結局費用總額は左の如くである。

種別　立方米　立方米×軒

No. 10　タイプライター原稿用紙

一、燃料及機械油　二八、一五
二、労働賃　四七、二五
三、減価償却費　四〇、一九
四、通路費　一二、〇六
合計　一二七、六五

右の費用を冬季の橇輸送に依る場合の費用と比較対照して見ると昨年一、二月頃の木材輸送によれば三十石より四十石迄の橇が作業し約一、五粁の距離の下に於ては一日に四回乃至四回半往復するのが普通である。
但し急坂の昇りは馬十六頭毎に対し七頭の割合で副馬を加へ山頂より約三百米登行し頂上に達するや之等の副馬は引返すことゝなつてゐるが故に橇一台には馬一頭半と云ふ割合になる、副馬には四名の馬夫が付くので一台の橇に労働者一、二五人を要する割合である
橇及馬一頭の一ヶ年の支出は左の如くである。

No 31　タイプライター原稿用紙

支出項目	金額（金留）	支出内容
一、馬一頭ノ飼養料	一六一．五〇	燕麦(10+4)×100留 斤　斤 ×6,8哥=98留 乾草(13+8)×100留 斤　斤 ×1.5哥=21.50留 牧場放牧160留=40留 計　161留50哥
二、管理費	四〇．〇〇	馬二五〇頭一年一〇〇〇〇留
三、減価償却費	二五．〇〇	一頭平均買入価格を一〇五留トシ三 個年使用ニ得ルモノトス
四、馬具、橇、綱、蹄鉄費　年	二〇．〇〇	
五、建物及其維持費	二〇．〇〇	馬二五〇頭一年五〇〇〇留
計	二七六．五〇	

前述の如く一年の内木材輸送に当る作業日数は概略百日と算定せられて居る。橇乃至馬車の一部分は木材を輸送する許りでなく伐木地に必要な各種の材料を始め糧秣等を冬季以外の季節にも運送するか故に作業日数もそれに従て増大する譯であるか可成の程度に及ふことをも考慮に入

ゝるならば一年中百日の作業は大きに失することゝなるであらう従って馬一頭橇一台ず一日の費用は二留七十七哥に相当する譯である而て一日に四回半山麓を往復せんが為に要する費用は左の如くである

馬　1.5頭×2留77哥=4留15哥

人夫　1.25人×1留24哥=1留55哥

計　5留70哥

橇一台の平均積込量は約0.4の立方米であるが一日の輸送量は

約9回×0.4立方米=3.6立方米

3.6×2=7.2立方米×粁

それは一立方米の輸送費は

5留70哥÷3.60=1留58哥、

一立方米×粁の輸送費は

5留70哥÷(360×2)=0.079哥

斯くの如く昨年度のトラックターに依る木材輸送は馬車輸送に依るより一立方米に付三十一哥一立方米×粁に付十四哥程の輸送費の節約を為す

ことが出来たのであつた尚又昨年に於けるトラックターに依る輸送が最初の試みであり且つ降雨多く天候に恵まれなかつた事や運搬車の不足等各種の事情に由て不利な條件の下に置かれて居た点を考慮に入るゝならば将来之等の不利な條件が除去せらるゝに及びトラックターの活動が盛となり延ひては其の輸送費用單價を節約し得べきことは疑ひを容れぬ。

次て同一作業條件の下に於けるトラックターと馬車とを比較を試みるに昨年に於けるトラックターの一日平均輸送量は

$\frac{146.06}{2}=73$ 立方米又 $\frac{3730.00}{2}=1865$ 立方米×粁

であるが右と同量の輸送をなすには馬車

$1865 \div 72=26$ 台（輛）

又は $26\times1.5=39$ 頭馬又 $26\times1.25=32$（労働者）を要する譯である若し之に労働者監督又は積卸助手等を算入するならば労働者は少なくも三十五名以上を要とする

右の一日八十六立方米×粁の木材を輸送するに必要な機械及人馬の數の比較を一層明瞭にせん為に表示すれば左の通り

No. 33

トラツクター	連結車	橇
トラツクター一台	連結車三台	馬及橇三九
人22名（トラツクター係4名　労働者18名）		人三五名

右表の示す如くトラツクター一台と連結車三台は三十九頭の橇及馬と人十三名に代はり得るのである。

昨年度の此成績は勿論最高のものではない林区当事者はトラツクター式橇の組立に着手し十噸以内の木材を氷の上を輸送せしめる計画て地盤の硬化と冬季作業の容易とに依て右の成績より更に五〇％の増加を見るものと予想せらる

加之米国に向て四台目の連結車か注文せられてある故に到着

ヨ－0022　B列5　28字×10　南満洲鐵道株式會社　（15.3.3.000冊 納川納）

次第現在の様に二台の連結車をトラックターが運搬しつゝある時三台目の積込を行ひ二台の連結車が空車と成つて帰て来た時その内一台の積込を行ふと云ふ方法を採る必要がなくなり四台の内二台を運搬しつゝある間に他の二台の積込を行ひ其間トラックターの停車を必要としないこととなる譯である

将来冬季の木材輸送は丸太及枕木にトラックターを薪に橇を使用すると云ふ如く両者併用の方法が執られるに相違ない。

No. 35

第二節　東支鐵道トラックター開墾の成績

東鐵地畝處に於ては現有のトラックターは合計九台で一台は「マトウミック」式他の八台は「トジユキル」式馬力は何れも三〇乃至五〇で附屬品一切完備して居る。目下四台を都爾齊哈一帶に五台を博克圖、札蘭屯、五家、哈尒浜、松花江下流で活動さして居る、一九二七年に開墾した面積は九八六晌（一晌は六反）で整地したのは五百晌一九二八年開墾に於て二五五％増加整理に於て二六二％増加した開墾代は十畝（六反）に付土質、停車場よりの距離により十二元乃至十四元を取つて居るが馬耕を以てすると最低は二十元を下ることは出来ない。速度から云ふと馬耕で十時

No. 36

宜僅か〇、六五晌に対しトラックターは十二晌の能率である此の顕大なる利益が漸く農民に知られて都爾青哈地方では昨年之が為数箇の村落が新に出来一千晌の農産物を増加した一九二八年度春秋期に作業せしは次の如くである。

地		開墾	整地
都爾青哈	春	一、〇五一晌	一、〇五一
	秋	一、五六四	一、二〇四
博克図		一六〇	一八〇
札蘭屯		一三七 一九一	一七〇
松花江一帯		一二〇	〃
五家		一三〇 八五	四九〇 一

No. 37

計	一、五八七	一、六九一
	一、八五〇	二〇四
合計	三、四三七	一、八九六

ロ－0022　B列5　28字×10　南満洲鐵道株式會社

No. 38

第三節　通肯生計火犂公司計畫

本計畫は海倫商務会の支那人と国際公司との機械賣却契約に依て設立するものである

昭和四年五月計畫通肯生計火犂公司開墾請願規定譯文

一、本公司は農業振興地利開発の見界を以て設立し機械力を以て本公司は根本地畝の開墾を補助するを以て宗旨とす

二、本公司を海倫縣に設け事務所を通化縣に置く

三、本公司は三十馬力トラックター四台を購入し下記の二様に之を使用す

一、トラックター二台を以て本公司所有地の開墾に充つ

二、トラック（タ）二台を以て海倫通化二縣下の荒地の開墾請負をなす

四、本公司は特に技術優秀なる専門技師を招聘し機械の故障等に依り請負契期等を誤るの恐れなからしむ

五、本公司は第一にトラックターを以て土壌を根底より開墾し第二にバラーンを以て最も細密に平均す。然して請負價格は最も低廉を旨とし一晌工銀七千吊（約大洋二一元に相当す）を以て定價とするも開墾地遠隔ならざるものは随時協定す。

六、開墾請負地積は原則として一箇所三十晌地以上とするも近

No. 40

接せる場所は此限りにあらず。

七、開墾地内樹根石塊多く又凸凹甚たしき土地は求めて応ずるを得す

八、地内の樹根石塊を地主側に於て自ら除去すへき場合は求めに応し得へくも工事の停滞に依りトラックターの運行を妨け之に依て生する損害は地主側に於て負擔するを要す

九、開墾期日を限定して請負たる場合に於て雨天其他の天災に依り作業不可能なりし日数は之を計算せす

十、開墾中当分派遣從事員の宿所及作業用水の供給土匪の危害等に対する保護等は地主側に於て適当の適法を講する責を有す

十一　実際申込に応じ本公司は職員を派して其の実地を視察せしめ支障なきことを確めたる上契約を締結す

十二　契約成立と同時に請負賃銀の半額を申受け作業終了と同時に残額を払込むべきものとす

十三　契約締結に際しては両方適当なる保証人を立て完全に責任を負はしむるものとす

十四　本規定は二月十五日より之を施行す規定外の件に就ては随時議定す。

No. 42

奉天省城商埠警察自動車通行指揮簡章

巡警自動車通行指揮簡章

第一條　自動車ノ速力甚速ナレハ往々危険ヲ発生シ易シ　巡警ハ特別注意ヲ拂ヒ之ヲ指揮シ以テ危険ヲ未然ニ防止スヘシ

第二條　自動車ノ通行ニ関シ巡警ノ注意スヘキ場所左ノ如シ

一、交通繁華ノ場所

二、道路ニ障碍アル場所

三、街道巷路ニ彎折或ハ狭隘ナル場所

四　道路交叉シ縦横ヨリ両自動車相出会フ場所

第三條　巡警ハ前條記載ノ各場所ニ於ケル自動車通行指揮ノ責

No. 43

任ヲ負フヘキモノトス

第四條　自動車通行ニ關スル巡警ノ指揮方法ハ其ノ場所ニ依リテ異ル今列擧スルコト左ノ如シ

一、交通繁華ナル場所ニ於テハ往來ノ馬車行人ヲ指揮シテ速ニ讓避セシムヘシ

二、道路ニ阻礙アル場所ニ於テハ至急整理疏通ヲ計ルヘシ若シ疏通ノ當ニ合ハサル時ハ自動車ヲシテ暫時進行ヲ停止セシムヘシ

三、街道巷路ノ彎折或ハ狹隘ナル場所ニ於テハ若シ車馬行人ノ行合フ場所ハ速ニ之ヲシテ讓避セシムヘシ

No. 44

四　道路甚シク狭少ナル場所ニ於テハ自動車ヲ指揮シテ通行ヲ禁止スヘシ

五　道路ノ交叉点ニ於テハ別個ノ車馬ヲ指揮シテ暫時其ノ通過ヲ停止シ以テ自動車ノ通過ニ讓ラシムヘシ若シ縦横ヨリ両自動車相会スル時ハ東西ヘノ者ヲ指揮シテ暫時停車セシメ南北行キノ者ヲシテ通過セシムヘシ

第五條　自動車進行ノ方行ハ管理規則ノ定ムル所ニ依リ運転手ハ手勢ヲ以テ信号ヲ為シ巡警モ其ノ禁止指揮ノ信号ヲ手勢ヲ以テシ以テ簡便ヲ期スヘシ

第六條　見張リ巡警ニ於テ凡ソ自動車ヲ徐行或ハ停車セシメン

No. 45

ト欲スルニハ其ノ進行シ来ル距離十五米丈以外ノ時ニ於テ速カニ示知シ以テ接近シ過キシ為メ操従不可ノ虞ナキ事ヲ期スヘシ

第七條　道路交叉ノ場所ニ於テ中心ニ巡警立番スルハ交通整理ノ指揮ニ便セシカ為メナレハ車馬自動車ニ論ナク均シク迴避徐行シ巡警ハ讓避スルニ及ハス其ノ他各路上ノ立番巡警ハ若シ自動車ノ側進スヘキ空所ナキ時ニ限リ自ラ讓避シテ自動車ヲ通過セシムヘシ

第八條　立番巡警ハ若シ自動車ノ背後ニ各種自動車ノ尾行スル者ヲ発見セル場合ハ即時ニ之ヲ禁止シ以テ意外ノ危険ヲ免カ

レシムヘシ

第九條 巡邏、立番巡警ハ自動車ニ対シ査閲注意スヘキ事項左ノ如シ

一 自動車ノ停留ハ宜シク寛廣ナル地点ニ於テ為スヘシ若シ場所停留ニ不適当ナル時ハ運転手ヲシテ他所ヘ移転停留セシメ且ツ其地点ヲ指示スヘシ

二 自動車ノ警笛ハ管理規則ノ定ムル所ニ依リ宜シク其声音長大ナルモノヲ擇ムヘシ若シ規定ニ符合セサルモノアルハ取替シメ以テ混淆スヘカラス~~ヲ発見次第直チニ通行ヲ禁止スヘシ~~

四 自動車ハ自用ト営業車トニ論ナク管理規則ノ定ムル所ニ

No. 47

依リ増シク照燈ヲ設備シ時刻ニ至ラハ点燈スヘシ若シ違背スル者アル時ハ設備或ハ点燈セシムヘシ

第十條　自動車ヲ停留シアル時ハ遊人ノ围観ヲ禁止シ以テ交通妨害ヲ免レシムヘシ

第十一條　自動車若シ危険事故ニ逢着セル時ハ其自動車鑑札並ニ運転手許可證ヲ併セテ提出セシメ分局ニ送付シテ後日ノ呼出頭命ニ便スヘシ　若シ車掌或ハ運転手ヲ巡署ニ連行取調ヘノ必要アリト認メタル時ハ一面事端ヲ惹起セル車ヲ暫時引留メ置キ一面ニ於テハ電話ヲ以テ分局ニ報告シ其ノ示令ヲ待チテ處理スヘシ

No. 48

第十二条　自動車若シ人ヲ撞キ飛シ或ハ其ノ他重大事故ヲ惹起セシメナカラ指揮ヲ受ケス或ハ進行ヲ停止セサル者アル時ハ其車ノ番号ヲ記憶シ置キ且ツ当時ノ傷情ヲ明査シテ詳細所管分局ニ報告シ分別處理スヘシ

第十三条　巡邏、立番巡警ニシテ本簡章ニ遵ヒ執行セサル者アル時ハ職務怠慢ヲ以テ之ヲ論シ規定ニ照シテ懲戒ス

以上

No.

満鉄調査時報　大正十五年五月　六巻五号

突泉縣ニテ露人ノ開墾会社創設計畫（四二〇）

三月二十四日露人一行七名哈爾賓方面ヨリ突泉縣城ニ到着開墾会社創設ノ目的ヲ以テ可耕未墾地ノ面積其他ノ調査ヲ了シ同地方ノ大地主市民ニ農事用機械類ノカタログヲ配付シ三月三十一日洮南ヘ向ツタトイフ。

彼等ハ近ク農耕用機械二台ヲ突泉ニ搬入シ營業ヲ開始スル筈ニテ荒地一天地ノ開墾費小洋三十元ナリトイフ。

No.

洮南ノ「トラクター」営業（五、八）

満鉄調査時報　大正十五年五月　六ノ五

露人ハリウラ・イプラギ公ハ洮南ニ於テ自動車運送営業ヲ経営シツヽアルガ最近「トラクター」二台ヲ借受ケ開墾請負ヲ兼営シツヽアリ。概況左ノ如シ。

一、機具

「トラクター」ハ哈爾濱萬国農具会社ヨリ一箇月一台奉票百五十元ニテ賃借ス。

一、能力

一日一台ノ耙耕力　大　八天地（五町七段六畝）
　　　　　　　　　小　五同（三町六段）

同　粉砕力　大　二五天地（十八町歩）
　　　　　　小　二〇同（十四町四段）

No.

一、請負賃銀

一天地耙耕賃　三六九―四〇元

同　粉砕賃　一〇元

一、收支概算

收入（一日）　大小二台ニテ金一五六圓

支出　同　金五二圓

利益　金一〇四圓（機具賃料ヲ含ム）

一、洮南近縣ノ「トラクター」數

泰来　二　洮安　四　洮南　二

大平川　二　通遼　二

No.

一、其の他

「トラクター」使用豫定期間は四月上旬より十月上旬に至る六箇月間にて右期間以外は製粉、搗機の用途に供し得べく将来此營業を開始するもの増加すべし。

ヨ－0022　B列5　28字×10　南滿洲鐵道株式會社　(15.7.8.400冊 [illegible])

No.

中間運轉ヲナス内燃軌動車

満鉄カ中間車特ニ通学児童ヲ目的トシテ内燃軌道車(揮油動車)ヲ運轉シ始メタナルハ昭和五年度テアル、軌道車ハ其ノ餘力ヲ以テ地方旅客ノ輸送ニ充当シタ処之ヲ利用スル者多ク且該車ノ増備完成ニ伴ヒ運轉回数ヲ増加シテ地方交通ニ一層ノ便益ヲ与ヘタ

ヨ—0022　B列5　28字×10　南滿洲鐵道株式會社　(13.9.5.000冊 鉛川謄)

No.

			六年	五年	四年	三年	二年	一年	[illegible]四年	十三年	十二年
軽油機関車	米国	ケキ	一	一	一	一	一	一	一	一	一
インスペクションモータカー	英国	モタ	=一	=	=	=	=	=	=	一	一
ディーゼル機関車	独逸	デモ	=	一	一	一	一	一	一	一	一

軽油及重油自動車

昭和

		内営業用
10		
9	53	48
8	49	44
7	41	35
6	38	27
5	22	
4	5	
3年以来	4	
2	4	
1	4	満

社線軽油動車

満鉄会社に於ては小単位列車として昭和五年　月始めて軽油動車を製作し運転する事にしたが以来今日に到るまでケハ1一輌ケハ2五輌ケハ3二五輌ケハ4一四輌の各種の軽油動車が製作された、其の主要部は概要別表の通りである

動車は事故を減少し使用効率を増大せしめる目的で動力諸係する機関は出来得る丈け同一種類のものに統一したる結果車輌の性能は略等しいものが出来、ケハ3及ケハ4は乗客を満載せる際平坦線に於ける最高速度は何れも六五粁で「ホ」速度を以て一様に仕業せしめて居るが最近に於ける仕業成績は概ね次の通りである

一、走行粁

最近に於ける動車走行粁実績は概ね次に示す通りである

No.　タイプライター原稿用紙

	昭和八年度	昭和九年度
全走行粁	二五五、一二〇、六	二三七、〇三七、七
使用日車粁	二三八、七	二三二、八
総日車平均粁	一五九、三	一五〇、〇

参考のため九年度に於ける気動車アメ及テホ2型機関車の日車粁を示せは次の通りである

	スペ	アメ	テホ2
使用日車粁	三七、五	二七三、一	二四〇、一
総日車粁	一九、〇	一六七、四	一六八、二

使用日車数及総日車数は人為的に左右せらる、そので従来如何に変るかは予断出来ないが現在にては機関車と大差なき走行粁を示してゐる

二、破損故障事故

車輛の新造当時は甚しく事故件数も多かつたが年々減少の一途を辿り昭和八年下半期に於ては蒸汽機関車より好成績

南満洲鉄道株式会社

を示し今後益々減少しつゝあり、最近の事故と称する車輌破損故障箇所は其の過半は変速装置中の後部駆動筐内で残りの半数は冬期の切断輪連鎖事故であるが、之等は容易に減少せしめ得る可能性ある為め動車の事故は将来益々減少せしめ得ると信ぜらる

三、消耗品使用量

最近に於ける一車走行一〇〇粁当り消耗品使用量は次表の通りである

	燃料油	機関潤滑油	機械油
昭和八年度	三八立	〇、九〇立	〇、五二立
昭和九年度	三七立	〇、九五立	〇、五一立

大正十四年五月号　調査時報

洮安縣下に於ける荒蕪地開墾情況

洮南城内興記火犁公司（合記公司改称）経理重馨堂の言によれば同公司は洮安縣下に於て荒地開墾請負を開始し現在契約せるもの十数方地あり、尚柳樹川地方に於ては三十四方地に対し目下契約交渉中なりといふ因に荒地一方地には小洋票三十四元で開墾を請負ふと

南満洲鉄道株式会社

ヲ-0003　B列5

No.　タイプライター原稿用紙

本邦に於ては大正四年七月軍用自動車試験班が創設された即ち今日の自動車隊の前身である。

満洲に於ては大正五年一月日本の軍用自動車隊が冬期満洲に於ける自動車各部の機能に就て耐寒試験をなして居る後年に於ける熱河攻略の際の偉功に対する素地を作つてゐる

9

南満洲鐵道株式會社

ヨ－0024　B切5　32×15　●分割打字ヲ要スル原稿ハ五、六頁乃至一〇頁毎ニ區切ルコト

No.

轻便鐵道

ヨ－0022　B列5　28字×10　南満洲鐵道株式會社

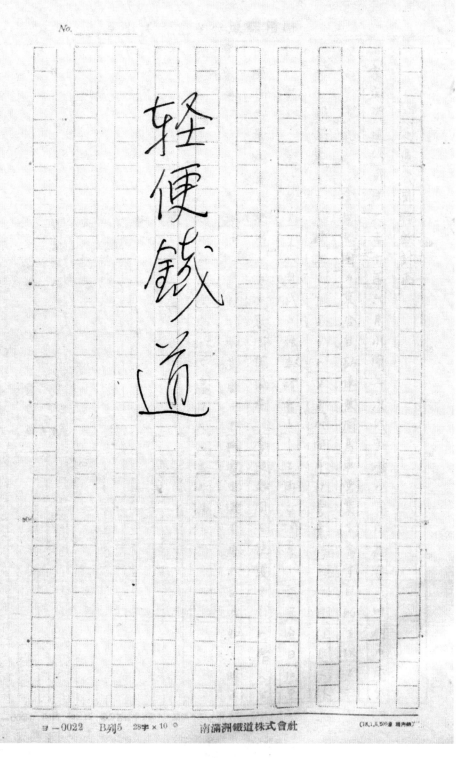

No.　タイプライター原稿用紙

交通公司軽鉄計画

傳家庄交通公司は大正十年六月小南一次氏主唱の下に丸安、中村の両氏加はり傳家庄、李家屯間の乗合自動車及同馬車営業を為す目的を以て三氏の共同事業として設立したるものなるが同年は営業約三ヶ月位にて休業し翌十一年六月より小南氏の独立経営として再び開業し爾来今日に至り現在馬車二台を使用し毎日数回傳家庄、李家屯間を往復せしめ殆んど乗客専門にして乗客一人に対し片道金二十銭宛を徴し居れるが如く昨年六月より本年五月迄の各月収支の内容は大凡左の如し

	乗客	収入
十一年六月	四、一一一人	一、五六二円
七月	八、九一八	一、三一四
八月	五、七六五	一、一二七
九月	四、九二〇	一、〇七八
十月	三、一五九	七七四
十一月	二、六一九	五四六

南満洲鉄道株式会社

ヨ—0024　B列5　32×15　●分割打字ヲ要スル原稿ハ五、六頁乃至一〇頁ニテ區切ルコト　(15. 5. 8,000冊 共和謄納)

No.　　タイプライター原稿用紙

十二月	一、九三三	三八六
十二年一月	二、三一四	四六二
二月	二、〇七三	四一四
三月	一、六四六	三二九
四月	一、七三三	三四六
五月	二、二一八	四四三

大體右の如くなるが同公司の事業は頗る時宜を得たるものにして近年大連市の膨脹に伴ひ郊外の発展は目覚しきものあり是等近郊の交通機関の完備に就ては関東庁、満鉄会社等に於ても不斷努力を拂ひ既に諸般の設備整ひ居れるにも不拘独り傅家庄方面は僅かに不完全なる道路の開鑿せられ居るに過ぎず由来傅家庄の地は大連近郊の景勝地たる星ケ浦、老虎灘等と共に遊覧地としても住宅地としても好適の土地なるを以て傅家庄交通公司にては其業務を拡張し李家屯、傅家庄間に軽便馬車鉄道を敷設する計画を立て昨年来種々画策し本年五月三十日付関東庁より該軽鉄敷設の特許を得たれども資金の関係上未だ着手に至らず目下専ら運動中

南満洲鉄道株式会社

ヲ—0024　B列5　32×15　●分割打字ヲ要スル原稿ハ五、六頁乃至一〇頁ニテ區切ルコト　(15. 5. 3,000冊 …)

No.　タイプライター原稿用紙

なるが今其計画の一班を示さんに先づ星傅間に開通せる道路の一部を利用し一萬六千餘圓の資金を投じて軌道敷設及び事務所等を建築し更に一萬八千餘圓にて客車、貨車、馬匹等を買入るゝ外各種の施設並運轉資金に供し一般乗客、貨物の輸送を為し夏期に於ては海水浴場其他を経営する豫定にして傅家庄を星ケ浦及老虎灘の如き楽天地と化し大連近郊の三大景勝地たらしめんとする計画なるが如く僅か三萬五千圓内外の資金にて足る故或は之が実現を見るに至るべしと観ぜられつゝあり……

南滿洲鐵道株式會社

ヨ―0024　B列5　32×15　●分割打字ヲ要スル原稿ハ五、六頁乃至一〇頁ニテ區切ルコト　(15. 5. 8.000部 共和印刷)

満洲主要都市経済状態
関東軍
大正十三年

一、営口軽便鉄道
新市街及旧市街ニ我居住街向ニ敷設セラレ軌道延長三哩
一台三屯積ニシテ有蓋ノモノ数台アリテ小学児童ノ便ニ供ス
車輌　無蓋車五〇台　有蓋車数台

No.　タイプライター原稿用紙

鉄嶺軽便鉄道

露西亜が東清鉄道として鉄嶺を経営中露西亜はその附属地を蜘蛛備に於て遼河と聯絡せしめんとの計画を樹て、之が聯絡に要する土地を買収してあつた

然るに明治三十七八年の戦役に我軍が此地を占領すると共に我軍は新に遼河水運を利用する臭から、して此迄向に軍用軽便鉄道を建設して軍需品輸送に当らしめた

南満洲鉄道株式會社

ヨ－0024　B切5　32×15　●分割打字ヲ要スル原稿ハ五、六頁乃至一〇頁ニテ區切ルコト

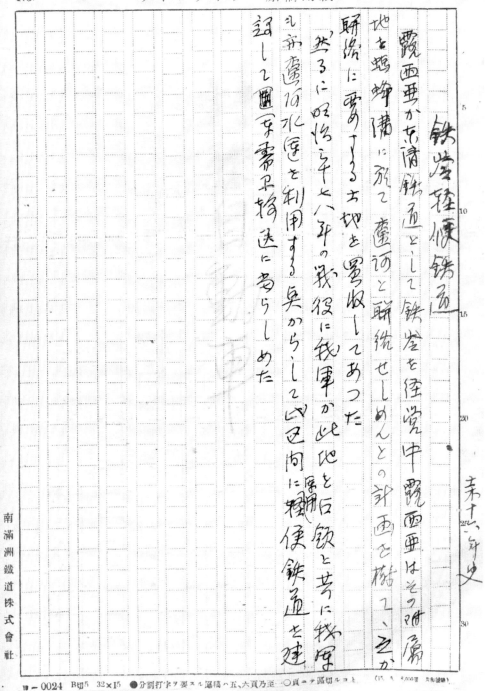

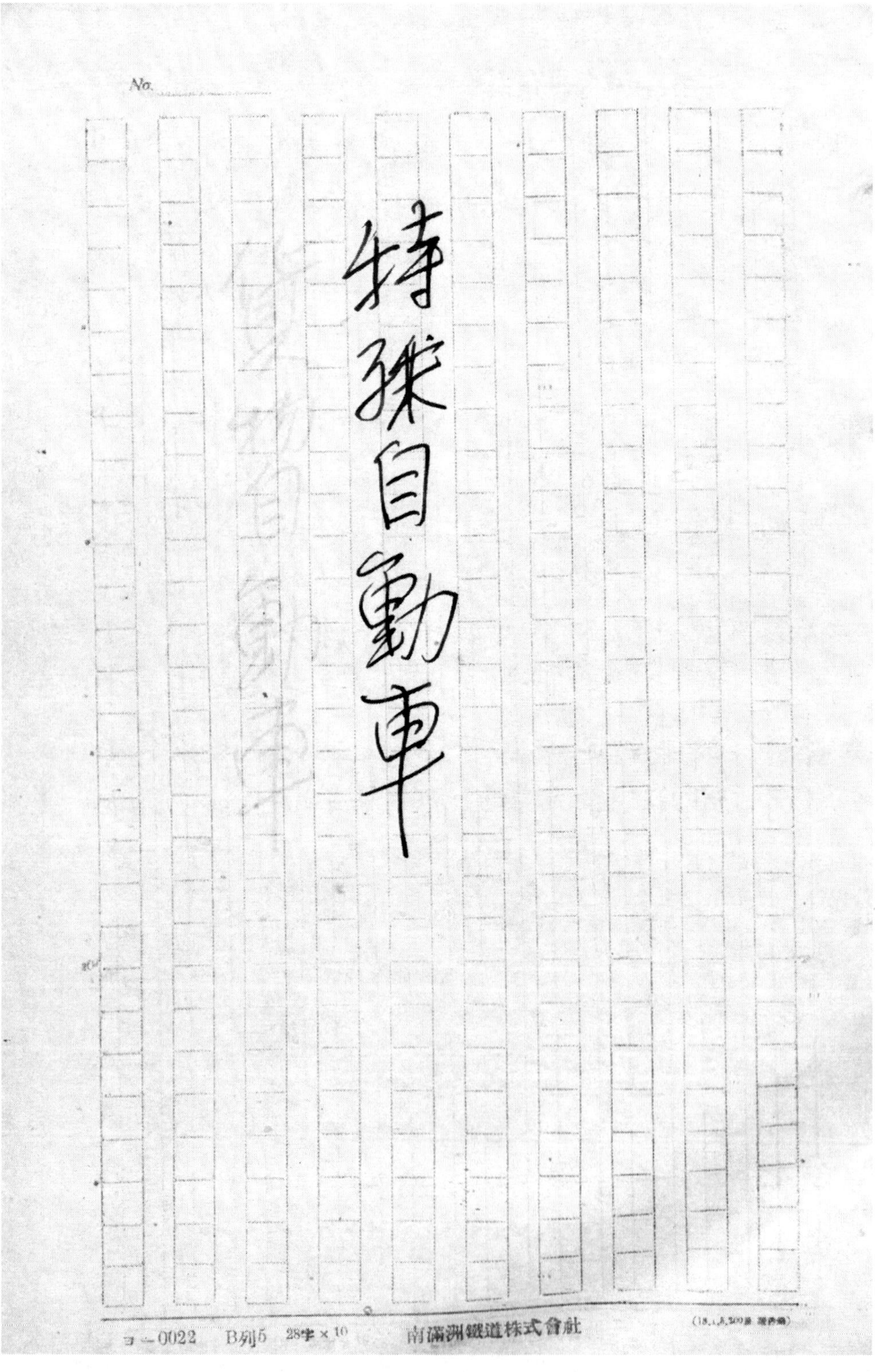

No.

特殊自動車

ヨ－0022　B列5　28字×10　南滿洲鐵道株式會社

No.

貨物自動車

ヨ－0022　B列5　28字×10　南満洲鐵道株式會社

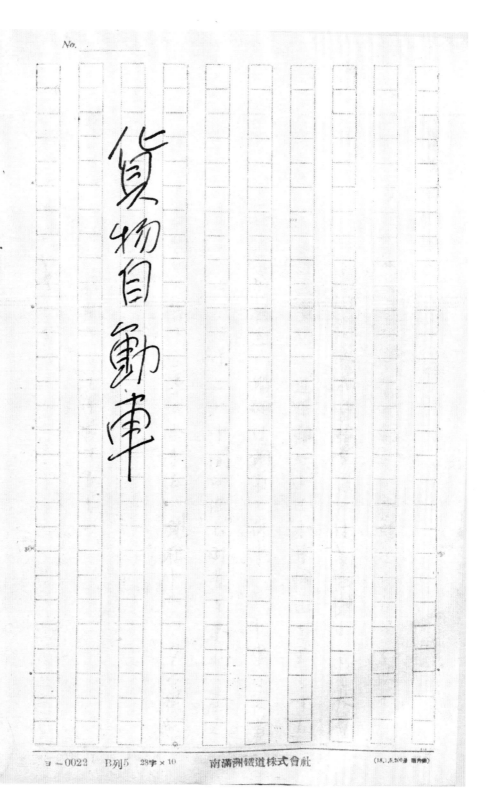

No.

（自動車運輸及経営）

貨物自動車

トラックは自動車運輸の特質が充分に発揮せらるゝを以て有利する事業の一つである。貨物運輸業者には長距離にして大量輸送を主とする所謂大運送と近距離にして小量輸送を主とする小運送の二者がある。鐵道、船舶は前者で荷車、馬牛車は後者に属する。而してトラックはこの中間に位し両者を兼ね、全く近代の文明運輸機関と称する事が出来る。現在トラックの経営を見ると

一、運送業者が補助機関として経営するもの

二、トラック専門営業のもの

ター0022　B列5　25字×10　南滿洲鐵道株式會社　(15. 7. 3.400冊)

No.

三、運轉手自ら經營に當るもの
四、荷主自ら自動車を備付くるもの
等があり、この中從來は第三に屬する個人經營の運轉手自らトラックを所有し運輸の責に當るものが最も多數を占め實際に於ても比較的成績を擧げて來た。而してその他の經營が割合に良好ならざる理由としては
(イ)車輛の購入に比較的多額の資金を固定しその償却と金利に相當の支出を要する事。經濟車を使用せねばならぬ理由はここである。
(ロ)運轉手の給料が他の運搬具に必要なる人件費に比し高價で

No.

であること

(ハ)「イ」及び「ロ」の經費は自動車の運轉すると否とに拘らず終始支出を要する

(ニ)然るに荷物は終始間斷なくトラツク運行を續くる事困難であり且片荷の場合が相當ある

(ホ)經営者の多くは自動車の知識　經驗に乏しく修理その他に多額の費用を支出する事

併し乍らトラツク運輸が民衆化するためには運輸上に於ける安全・迅速　料金の低廉と云ふ事が最も大切な事でこの為には相當大資本を擁するトラツク專門業者によるトラツク運輸合理化

ヨー0022　B列5　28字×10　○　南滿洲鐵道株式會社

No.

の必要が痛感される
其処で左記二つについて説明を試みん
一、トラックの輸送能率
二、トラックの経営費

一、トラックの輸送能率
トラックが中距離中量運搬車として独特の機能を有することとは異論はない。今在来の中距離中量運搬車との能率を比較すれば。

い、総重量三萬斤の荷物を往復十八哩の距離に運送するに牛馬

No.

、馬車、人夫曳荷車、及びトラックの四種の運搬車にて運送する場合を比較せるもので、能率算出の基本数としては

1.速力

人車　時速　二哩
馬車　同　三哩
牛馬　同　三哩
トラック　同　十八哩

2.積荷重量

人車　八百斤
馬車　二千斤
牛馬　二千二百斤
トラック　三千斤

ヨ-0022　B列5　25字×10　南満洲鐵道株式會社　(15.7.6.400冊 ……)

No.

3. 所要時間

人車　三百三十三時間（三十七回）

馬車　九十時間（十五回）

牛車　八十四時間（十四回）

トラック　十時間（十回）

4. 労銀（月給）

人車　六十円

馬車　八十円

牛車　八十円

トラック（三人）百三十五円

以上の基数によって各車の能率を計算すれば左の如き表を得る

No.

トラック……1.000（$1 \times 1 \times 1 = 1$）

牛車……0.147（$\frac{10}{84} \times \frac{2200}{3000} \times \frac{135}{80} = 0.147$）

馬車……0.125（$\frac{10}{90} \times \frac{2000}{3000} \times \frac{135}{80} = 0.125$）

人車……0.018（$\frac{10}{333} \times \frac{800}{3000} \times \frac{135}{60} = 0.018$）

即ちトラックの能率を一とすれば牛車は其の一割四分五厘、馬車は一割二分五厘、而して人車は僅かに一分八厘の能率しか出し得ないといふ結果になる。若し之を逆に言ひ表せば能率比は左の通りである。

人車　0.一二二

馬車　0.八五0

ヨ－0022　B列5　25字×10　南滿洲鐵道株式會社　（15.7.5.400冊　維冩版）

No.

牛車　一、〇〇〇

トラック　六、八〇〇

No.　タイプライター原稿用紙

貨物自動車の發展性

新國家の建設と産業の開發との爲、滿洲國に於ける貨物自動車の需要は非常に增加しつつある。全滿で約三千輛と稱せられ、その内大なるものは國際運輸の三百台（フオード大部分次にインター、シボレーの順）鐵道建設局の四百五十台（シボレー三百台、インター九十六台、フオード五十台）等の大口所有者を初めとし、それに國都建設の關係上それ等關係の組合や個人の所有者數も相當多く、それ等を合し約五百名の經營者持主等によつてその運行が司どられてゐるものである。

南滿洲鐵道株式會社

ヨ—0024　B列5　32×15　●分割打字ヲ要スル原稿ハ五、六頁乃至一〇頁ニテ區切ルコト　（15. 5. 5,000冊 共和謄寫）

No.　タイプライター原稿用紙

特記すべき事はインターナショナルの非常に多き事で北満のインターだけで約六百輛あり、南満北満を合する時は約一千輛に達する。これはシボレー、フォードに比し値段は少し高いが、車が頑丈なため満洲の如き荒地には最も相應しきものとして、斯くの如き影響を見せてゐるわけである。

南滿洲鐵道株式會社

ヨ—0024　B列5　32×15　●分割打字ヲ要スル原稿ハ五、六頁乃至一〇頁ニテ區切ルコト　(15. 5. 8,000冊 共和讀納)

貨物運輸業

従来貨物自動車の運輸営業範囲が市内に限られ、又運送品種も雑貨或は引越荷物等を主とし、縦にも横にも営業範囲が極度に限定されてゐたが州内道路網の完成は貨物自動車の営業範囲を拡大し、道路の完成と相俟って貨物自動車の出現は地方農産物の種目が変改されたと謂はれてゐる。

今其の一例を挙げれば、金州は従来穀類の外落花生を主産物としたが、今や漸次菜園の経営と変りつゝあり。従前に比して遙に農家は有利と

No.　タイプライター原稿用紙

なった。即ち従来貨物自動車が多かった頃は、馬車若くは鉄道に據る外なく、斯くては新鮮なる野菜を市場に供給するには実際問題として困難であった。然るに自動車交通の便により其の日に収穫したものを其の日に市場に廉く提供する事が出来る為、漸次需要を増し他の農産物を作るよりも野菜を作った方が有理だとの現象を呈したのである。又自動車の出現により他の交通機関、特に鉄道の蒙る影響は少くないが中にも大連－旅順間、大連－金州－普蘭店間が打撃は大きい。現在に於ては穀類重量は別として雑貨果実類其の他又急を要するものは殆んど貨物自動車に依る。

南滿洲鐵道株式會社

ヨー0024　B列5　32×15　●分割打字ヲ要スル原稿ハ五、六頁乃至一〇頁ニテ區切ルコト　(15. 5. 5,000冊 共和謄納)

荷馬車及貨物自動車運搬能力比較

（石炭運搬ニ於ケル一例）

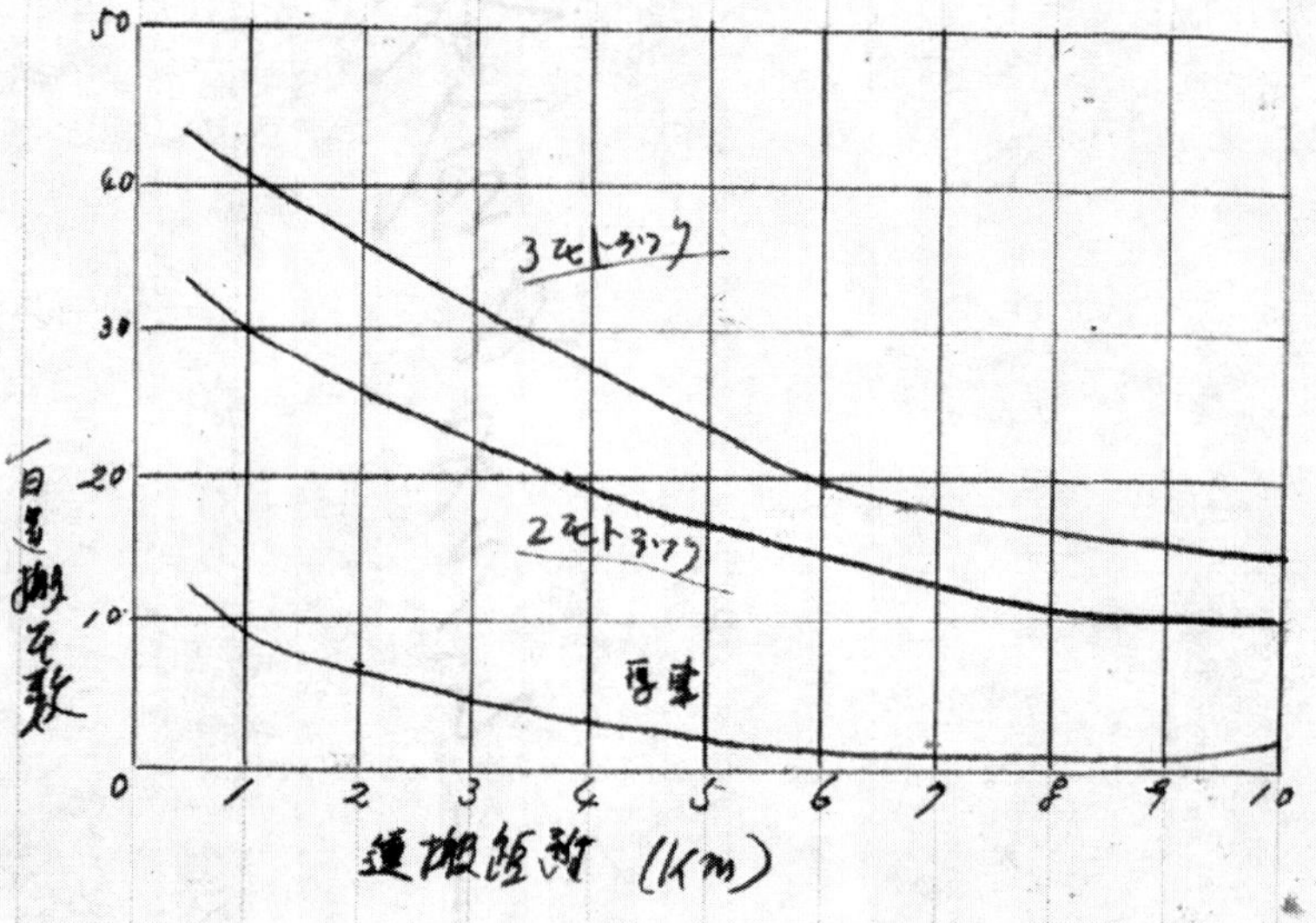

	馬車	貨物自動車				
		1.5屯	2.0屯	2.5屯	3.0屯	3.5屯
積卸時間	27分	20分	23分	25分	27分	30分
1Km当運搬往復所要時間	22分	6分	〃	〃	〃	〃
就労時間	600分	〃	〃	〃	〃	〃
純作業時間	620分	〃	〃	〃	〃	〃

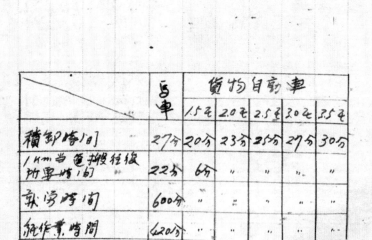

No.

乗合及タクシー

ヨ—0022　B列5　28字×10　南滿洲鐵道株式會社　(18,1,5,500部 ...)

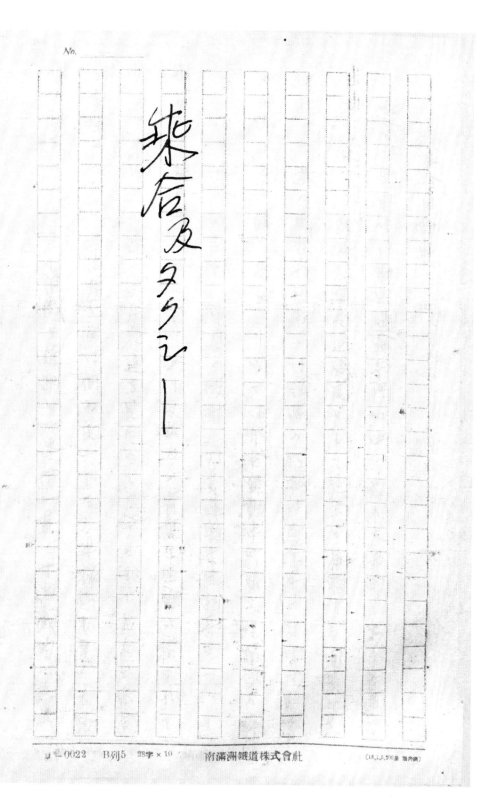

（自動車運送及経営）

95
15

乗合自動車

乗合自動車は自動車運輸部門の中で最も大衆的であり普遍的であり従つて直接社會交通機關として社会と接觸する面積が大きいので其の統制如何若くは經營の巧拙は産業界に及ぼす影響が非常に多い譯である。外國では乗合自動車に就ては路線の許可、車架車体の設計、車庫の設計乃至運轉手統制等について特別の法規が制定せられてあり又幾多の貴重な經驗が積まれてゐるが我國では漸く昨今發達を見たので今日まで殆んど乗合自動車については法規上には何の統一したる準據法も無く又路線の許可についても組織と統制とが終始一貫せず常識的に臨機

No.

的に決定せられてゐる。故に常に政黨政派の利權の目標となつて監許と無定見な競爭がタクシー界に於けると同樣に此處にも同一の事態として演ぜられて來た。併し鐵道省が陸運の統制に就いて監督權を所持し其の專門智識と經驗とに依つて路線の免許、現業の監察等に廣汎に有効適切に實施して以來漸く各地の各樣の乘合自動車は組織化し他の有軌道交通機関と同樣らしくなりつゝあり。傍、昭和六年「自動車交通事業法」の制定公布と引き續いて其の施行規則、附屬法規等が昭和十二年に亘つて討議せられ、業界各方面の要請も考慮せられて茲に公布實施せらるゝに及んで多難なる乘合自動車は端正に躍進しゆく。

ヲ—0022　B列5　25字×10　南滿洲鐵道株式會社　(15.7.5.400冊 [illegible])

No.　タイプライター原稿用紙

乗合自動車業

関東州内に於ける乗合自動車業は大正十三年十月の創立に係る旅大自動車株式会社の旅順－大連間を運行する乗合自動車が嚆矢である。之は極小規模のもので、車輌も大型のものなく普通乗用車を使用したもので後に街電バスが買収したのが此の会社である。如斯州内の乗合自動車は最近の事に属するも其の発達は長足的なものであつた。州内道路網の完成と相俟つて乗合自動車の発達は鉄道に甚大なる影響を及ぼした。之を地域的に見れば大連－金州間の旅客收入は激減し猶大連

南満洲鐵道株式會社

ヨ－0024　B列5　32×15　●分割打字ヲ要スル原稿ハ五、六頁乃至一〇頁ニテ區切ルコト　(15. 5. 8,000冊 共布調納)

No.　タイプライター原稿用紙

旅順線の如きは全く乗合自動車に蚕食せられ半分にて割引旅客を得意とするに止るの現状であつて最近一部識者間に汽電バスを主力として普通旅客列車廃止論さへ擡頭するに到つた所以である。

斯如乗合自動車の活躍は州内運輸交通界に其の確固たる地位を占め且既有の交通機関に対立して脅威を与へつゝある程、州内交通は乗合自動車界に期待するもの多く斯業の将来は洋々たるものなり。

南満洲鐵道株式會社

ヨ—0024　B列5　32×15　●分割打字ヲ要スル原稿ハ五、六頁乃至一〇頁ニテ區切ルコト　（15. 5. 8,000冊 共和謹納）

No.　タイプライター原稿用紙

タクシーと自家用自動車

滿洲國にあつては到る處支那馬車と人力車が五錢十錢といふ安い料金で民衆個々の輸送をしてゐるといふ關係上內地の圓タクが大衆向であるやうな發達は早急に望み難い處であるが、南滿方面に於ては乘車料金十五タクの出現等により五十錢が三十錢に迄下りつゝあるといふ狀態で漸次支那馬車や人力車はその數を減じつゝあるので滿洲國の大衆が自動車の利用に漸次慣れて來るに從ひ、將來のタクシー業が發達して行く事は間違ひなく望めるところである。

南滿洲鐵道株式會社

ヨ―0024　B列5　32×15　●分割打字ヲ要スル原稿ハ五、六頁乃至一〇頁ニテ區切ルコト　(15. 5. 5,000冊 共和謹納)

No.　タイプライター原稿用紙

北満（ハルビン）に於て露人の経営するタクシーは車は古いが十銭廿銭と云ふ安い料金で市内を走つてゐるため、ここ両三年の間に支那馬車の極端に減じた事は事実である。

そうして安い料金で支那馬車利用者が自動車へと移り盡して行く事に、自然安易さらしめずさら小、次に逐次上等な車で廿銭五十銭と云ふものの数が増へつつあるので将来は支那馬車は全部タクシーに変るものと断言することも出来る。現在ではタクシーの数は（自家用を含む）全満洲自動車数の約三割と称せられ、その車種はフォード、シボレー、ダッヂ、

南満洲鐵道株式會社

ヨ—0024　B列5　32×15　●分割打字ヲ要スル原稿ハ五、六頁乃至一〇頁ニテ區切ルコト　（15. 5. 3,000冊 共和納）

No.　タイプライター原稿用紙

プリムス、エセックス、デソート等が多く其数殆ど及人で居り北満に雖も殆ど南満の古い車が多く使はれて居るといふ状態である。

次に北満で殊に哈爾浜等に於て市内十銭といふ安い料金でタクシーがこの四五年来支那馬車や人力車を逐次に駆逐しつつある所以は、露人は誠に技術的に器用でシボレーの古いヤツにフオードのエンヂンの古いのを取付け自分で小細工して遂に自動輪がかしし振れるからでも走れるといふ状態までに古車をこぎつけ、破損した場合でも修理工場に入るといふことはせず、同じ露人の解体屋街を軒並歩いて一番安い

南満洲鐵道株式會社

No.　タイプライター原稿用紙

店で部分品を買込み、その店の前で自分で取付け、それで街で営業して歩くのであって車庫にも入れず夜は往来の端に並べてそのままで寝ているの夜中でも客が来れば起されて水道迄十銭で走り出すというものである。

兎に角道は流しタクシーをして歩き一哩半位迄の距離を十銭で行くのであるから之では支那馬車も人力車も駆逐されるのも道理であるとか理解出来る。斯くして前述の如く逐次民衆は自動車へと慣らされて行くのであって、慣らさるるに従い高級車へと移り変って行くのであるか

南満洲鐵道株式會社

ヨー0024　B列5　32×15　●分割打字ヲ要スル原稿ハ五、六頁乃至一〇頁ニテ區切ルコト　（15. 5. 5,000冊 共和謄印）

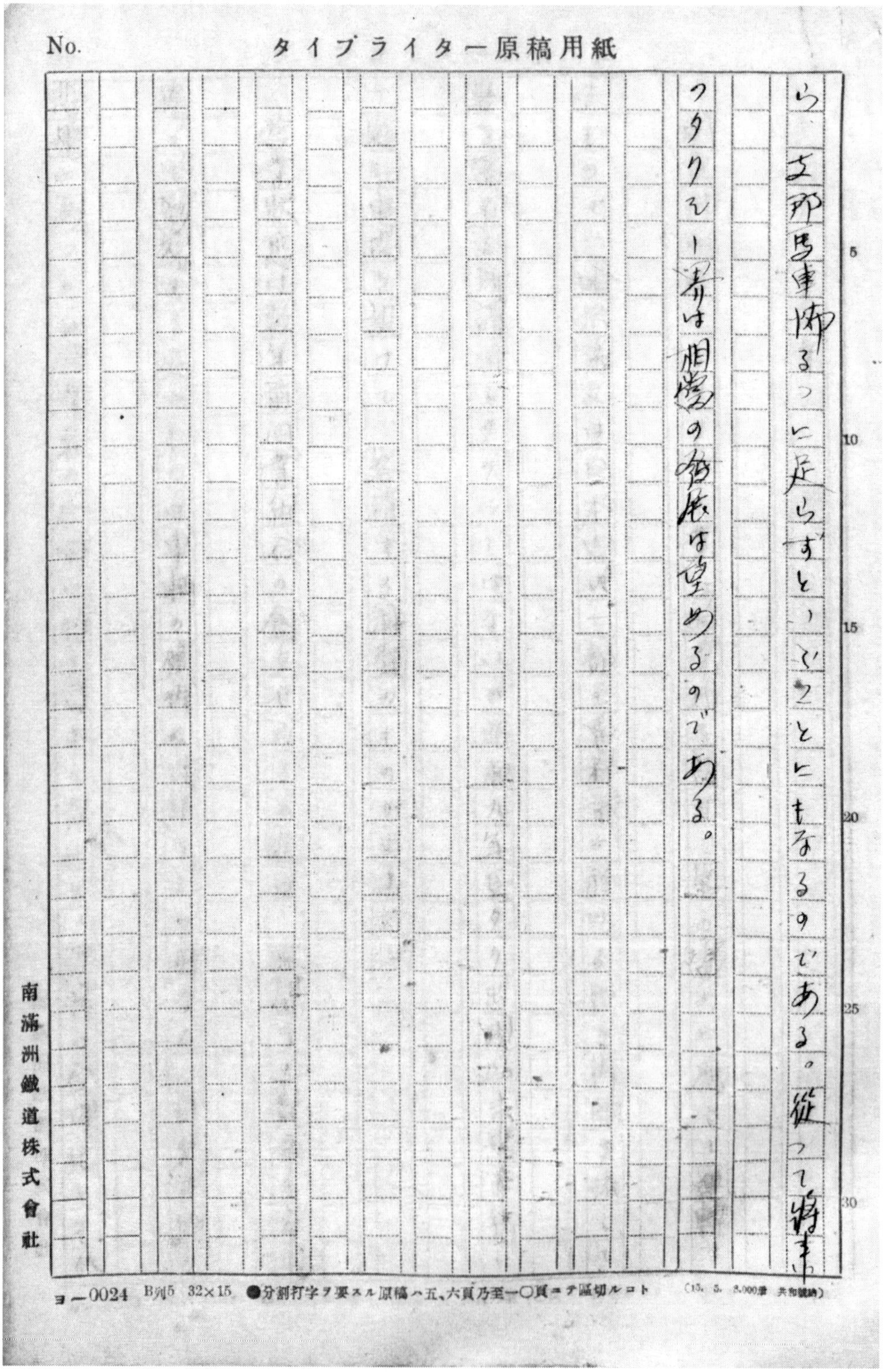
No.　タイプライター原稿用紙

ら。支那馬車怖るゝに足らずといふことにもなるのである。従つて将来

ワタリを一寸は相當の發展は望めるのである。

No.　タイプライター原稿用紙

タクシー業

関東州に於けるタクシー業は営業所を設け、客の需めに応じて運転するもので、哈爾浜又は日本内地一部主要都市に於ける如き街頭を流して客を需むる所謂流しタクシーは無いが昭和九年頃タク出現以来繁華街に一定駐車場を設けて、客待する種類のものが出来た。

営業状態は数年前同業組合の創立せらるる迄は、無謀なる競争を重ね據って影響する処のものは車輛の修理及改繕するの暇なく自然共倒の悲運にあったが営業者の合同に依る資本の強化と、経営の合理化とそれ

南満洲鐵道株式會社

ヨ—0024　B列5　32×15　●分割打字ヲ要スル原稿ハ五、六頁乃至一〇頁ニテ區切ルコト　(15. 5. 8,000冊 共和謄訪)

No.　　タイプライター原稿用紙

に並行して同業組合の組織とは漸次斯業を円滑なる発達に導き現在にては自然、車輌の完全なる修理は勿論、改締に意を用ふる余裕を示し最近漸次いで新車購入する者多く車種も漸次高級車品を採用しつゝあるは誠に喜ぶべき現象である。

而して、将来に於ける斯業の営業見込は元来満洲内都邑に比し遙に文化の恩恵に浴すること多く、又満人住民生活状態も遙かに高く、道路完備と加へて治安の確保は古くより斯業の発達を促進しきたる処なるが車輌数と人口との割合は、今や飽和[redacted]点近くに達し、将来より以上の車

南満洲鐵道株式會社

ヨー0024　B列5　32×15　●分割打字ヲ要スル原稿ハ五、六頁乃至一〇頁ニテ區切ルコト　(15. 5. 5,000冊　共和號製)

No.　タイプライター原稿用紙

輸増加は人口の急激なる増加を示さざる限り困難の如くである。

南満洲鐵道株式會社

ヨ—0024　B列5　32×15　●分割打字ヲ要スル原稿ハ五、六頁乃至一〇頁ニテ區切ルコト　(15. 5. 5,000冊 共和號納)

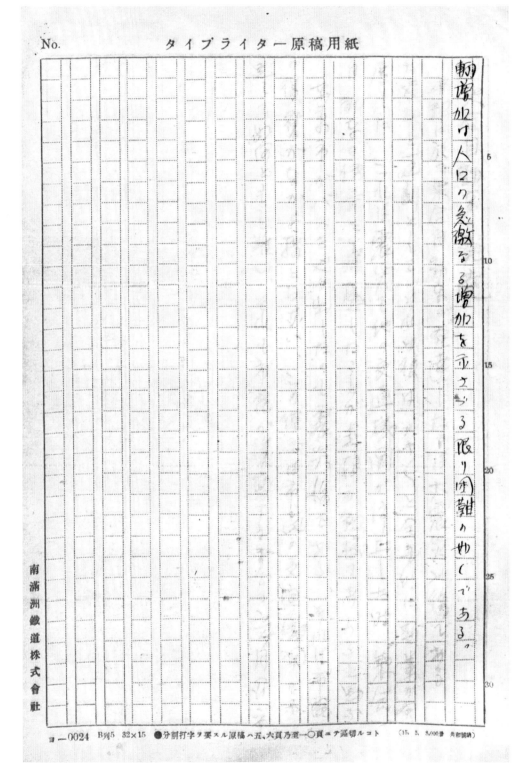

No.　タイプライター原稿用紙

乗合自動車の発達

本邦に於て乗合自動車が発達したのは大震災以後である。大震災を一区劃として、それ以後はメキメキと全国的に斯業が発展した、これは震災で他の交通機関が停止した時乗合自動車の便益を痛感したことが直接の動機であらうと思ふ、東京市がバスを乗り出したのも震災後である、それは市電の復旧がなかなか捗どらない、この儘では市民の交通機関が不足して如何ともし難い、それも市電が復旧するまでの三ヶ月許、市

南満洲鐵道株式會社

ヨー0024　B切5　32×15　●分割打字ヲ要スル原稿ハ五、六頁乃至一〇頁ニテ區切ルコト　(15. 8. 8,000冊)

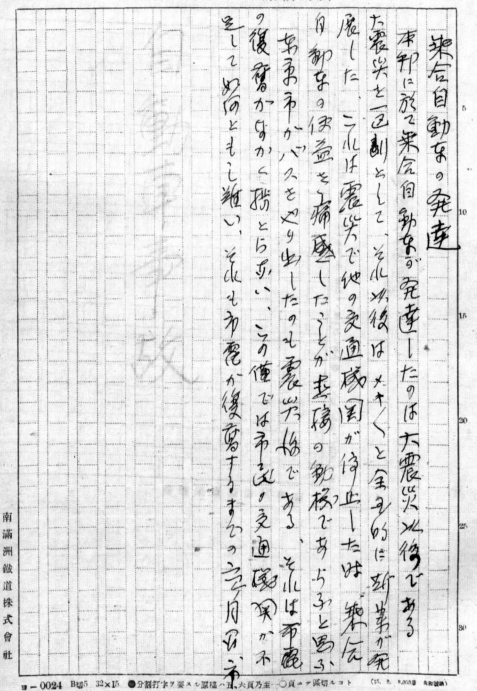

20　25　30

自動車事故

ヨ—0024　B列5　32×15　●分類打字ヲ要スル原稿ハ五、六頁乃至一〇頁ニテ區切ルコト　(15, 5, 8,000冊)

南満洲鐵道株式會社

「自動車運送及経営」

自動車事故

ヨ－0022　B列5　28字×10　南滿洲鐵道株式會社　(15. 7. 8.400冊 [illegible])

No.

自動車事故

自動車交通も他の有軌道交通と同様に運轉手の細心の注意經營者の為す周到の設備を萬般微細用意するも勢ひ不幸にして免れ難い。自動車の輛數が増加すればする程走行哩程が躍進する程恐らくは自動車事故は増加の一路を辿りつゝある。自動車は屈曲自在である故に軌道交通に比して「軌條と云ふ警戒標的がない」故事故を惹し易く亦紛議を生じ易い、此の不幸なる「申譯なき不測の損害」を出来得る限り填補する法理、道義的責任の為め經營者は其の經常費中に「事故費」「保険料」を計算してゐる。

ヨ—0022　B列5　28字×10　南滿洲鐵道株式會社　(15. 7. 5.400冊 細川商)

No.

使用者の責任

民法第七一五條「或ル事業ノ爲メニ他人ヲ使用スル者ハ被用者カ其ノ事業ノ執行ニ付第三者ニ加ヘタル損害ヲ賠償スル責ニ任ス但被用者ノ選任及其事業ノ監督ニ付相當ノ注意ヲ爲シタルトキ又ハ相當ノ注意ヲ爲スモ損害カ生スヘカリシトキハ此限リニ非ラス」との法理に基いて自動車交通業者は原則として其被用運轉手の惹起したる事故について運轉手は勿論（民法第七〇九條）業者相共に責任を負はねばならない。即ち「自己ノ事業ノ爲メ他人ヲ使用スル者」はこれに因りて特別の利益を享受するものなるが故に被用者が事務の執行上他人に損害を加へたる

ヨ—0022　B列5　28字×10　南滿洲鐵道株式會社　（15. 7. 8.400冊 鮎川納）

No.

ときはこれに對する責任を負擔すべきは當然なり。之に加ふるに被害者救濟の方面より考ふるも直接の權利侵害者たる被用者は多くの場合に於て資力乏きが故に單に之に對して賠償を請求し得るのみにては救濟は有名無實に歸する恐あるが故に損害の誘因たる事業主に對して賠償を請求し得るものとなすを適當と存す。

交通機関の杜絶と云ふことは如何に吾々経済生活に取つて絶望的のものであるかは彼の大正十二年九月一日倏忽として関東の野を襲ふたる大震災に於て深酷に認識されたことは稀有の事実である

交通機関の壊滅がどれ丈け吾々人性にその悲惨さを与へたであらふか、緻密なる聯繋と、豪華なる繁栄とは一瞬にして燎原の猛火に飽くことなき跳躍を許し灰燼の裡に其の残骸を横へたのみであつた、昔日帝都の真中をハトロン紙に艤装された荷馬車が戦慄に滞り飢と疲労とに困憊した人達を満載して右往左往し之を見て別に奇観とも思はれなかつた、それは一切が絶望の深淵に引込まれて行くかに思はれたからである、

陸上交通機関の王者として自他共に許して居た鉄道及び電車に対する民衆の信頼は全く失はれて終つた、そし

No.　タイプライター原稿用紙

職に現れたものが自動車である之等自動車は各方面から集まつて
これが支那に自動車が一切の希望と信頼を乗せて縦
横に活躍し忽ち陸の王者として交通界に君臨したこ
とは餘りにも有名なることである

南満洲鐵道株式會社

ヨ－0024　B切5　32×15　●分割打字ヲ要スル原稿ハ五、六頁乃至一〇頁ニテ區切ルコト　(15. 5. 8,000冊　東海謄写)

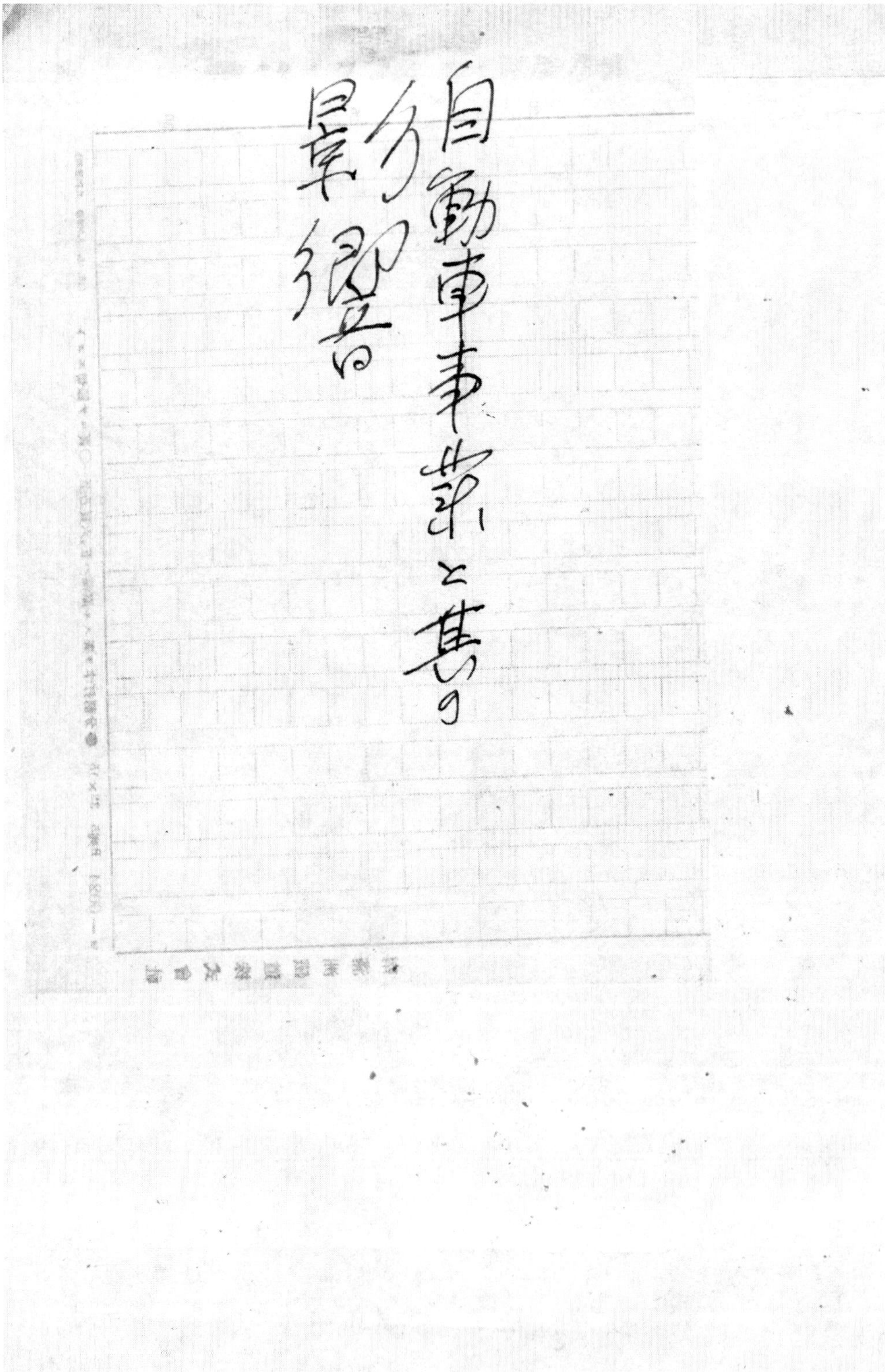

自動車事業と其の影響

国有鉄道ニ及ボセル自動車ノ影響　（自動車営業及経営）1937.5.15

はしがき

道路改修ニ伴ヒ最近自動車ノ発展ハ目覚シク殊ニ昭和六年以後失業救済ヲ目的トスル道路改修工事ノ完成以来ハ著シク如何ナル地ニモバス運行ヲ見ザル処ナシト謂ヒ得ル情勢トナリ現在之等バス路線ニ並行スル鉄道線ハ実ニ・

荷馬車に及ぼせる影響

牛馬力を動力とする交通機関に及ぼすところの影響も亦若干あると云ひ得る。先づ馬車に就て考察するに大車と小車とに依つてその事情を異にしてゐるは謂ふ迄もない。即ち小車に対する貨物自動車の影響は極めて大なるものがあるが大車に対する貨物自動車の影響は差して大なるものではない。牛車亦其れと同じくする。小車は多く長距離旅客を案内として帰路或は貨物の少ない場合に限り貨物を積載し辛うじて寿命を保つてゐる。

各都市に於ける貨物自動車の需要は頗る旺盛なるものがありて之れが為めに小運搬を業とする荷馬車の蒙る影響は甚大なるものあるに反して長距離の運輸に於ては貨物自動車の利用は極めて少数である。その利用の少きは主として其の価格高く運轉費に多額を要するのと完備せざる道路の関係が原因してゐる。

9324

No.　タイプライター原稿用紙

然しながら貨物自動車に依る運輸業の発達と共に道路の改善するに従ひ現在の関係が漸次変化するに至るべきは謂ふ迄もなき所にして今日に於ては既にその傾向を認むるようになった

南満洲鉄道株式会社

ヨ—0024　B列5　32×15　●分割打字ヲ要スル原稿ハ五、六頁乃至一〇頁ニテ區切ルコト　（15. 5. 8,000冊 ……）

No.　タイプライター原稿用紙

人力車に及ぼせる影響

科学の進歩は凡ゆる方面に於て人力を駆逐し生産事業は手工業より機械工業に進み建設し破壊し機械の力に依って左右せられつゝある状態にある。この状態は交通方面に於ても亦同様であって、人力を動力とする交通機関は漸次進歩せる交通機関に依って駆逐されんとしてゐる。自動車と人力車との関係は即ちその一例である。尤も人力車に取っては単に自動車のみならず、汽車電車等の影響に依るもの亦共最近自動車の異常なる発達により或は致命的打撃をさへ与へられんとする地方さへある。惟ふに汽車電車の乗客は最終の目的地迄之れを利用することを能はざるを以て汽車電車が如何に発達し、その運賃が如何に低廉であっても、之が為めに人力車は決してその存在を脅かさるゝものではなく、汽車電車の混雑を厭ふ階級者、最終目的地迄徒歩を余儀なくする者、土地不案内の者等に依って猶ほ需要

93
4

No.　タイプライター原稿用紙

と有するものである

[illegible]効果[illegible]

[illegible]

[illegible]

[illegible]

[illegible]

自動車道路[illegible]流[illegible]

[illegible]自動車の[illegible]

[illegible]

[illegible]

これは[illegible]道路に[illegible]

国営の[illegible]

[illegible]の[illegible]

[illegible]の[illegible]

[illegible]

而して[illegible]の[illegible]

[illegible]

南滿洲鐵道株式會社

ヨ―0024　B列5　32×15　●分割打字ヲ要スル原稿ハ五、六頁乃至一〇頁ニテ區切ルコト　（15. 5. 8,000冊 [illegible]）

地方民に及ぼしたる効果

国営自動車は国有鉄道と同様旅客のみに限らず手小荷物、郵便物及貨物等而も国有鉄道に於ける如く受託しつゝある総ての申込に應ずべく努力を続けてゐるのである、而も其の輸送の安全、正確、迅速、愉快、低廉なることは一般地方民の民営自動車運輸業者に求めて久しく与へられざりし処のものを国営自動車の開設によつて始めて恵まれた地方が多い

之れは是等地方民は茲に国有鉄道と何等変ることなき国営の交通機関を与へられたことになつた、又国営自動車は特殊車輌の準備と車輌編成とに依つて貨客輸送に綜合的輸送の便を実施せしめ以て運輸経費の節約を図ると共に経営合理化を図ることによつて一般冗費を出来る限り節約して運賃の低下に努力してゐる、之れ取りもなほさず沿線住民の利益とするところである（此の外来往回数の減少、

9

No.　タイプライター原稿用紙

所要時間の短縮、輸送の安全快適等無形の利益を考慮せしむか、當業自動車の國民經濟に及ぼしたる效果の如何に巨大なるか甚し想像に餘りあるものがある

南滿洲鐵道株式會社

ヨ－0024　B切5　32×15　●分割打字ヲ要スル原稿ハ五、六頁乃至一〇頁ニテ區切ルコト　(15. 5. 5,000番　先物課納)

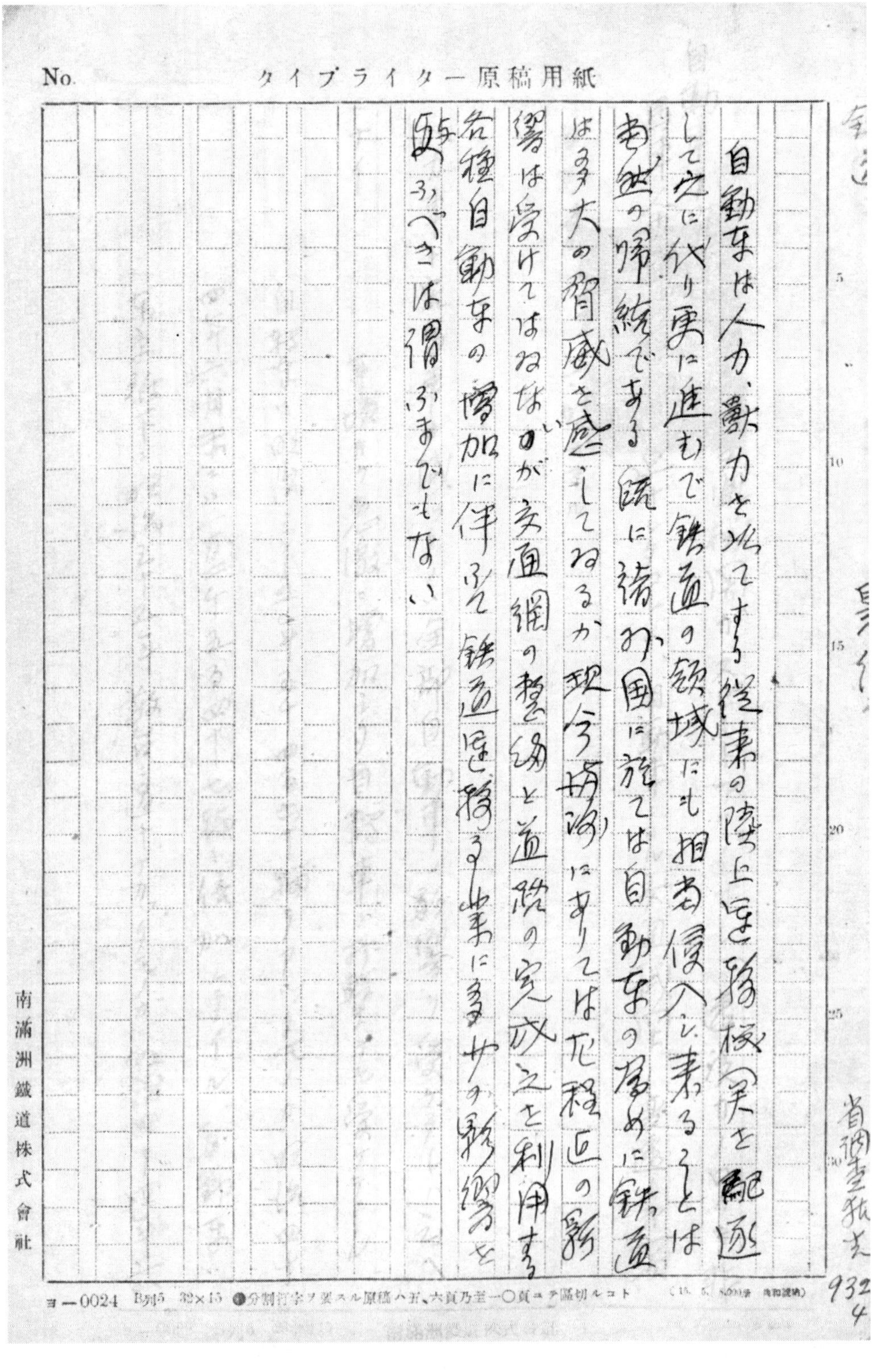

No.　タイプライター原稿用紙

自動車は人力、獣力を以てする従来の陸上運輸機関を駆逐して之に代り更に進むで鉄道の領域にも相当侵入し来ることは当然の帰結である既に諸外国に於ては自動車の為めに鉄道は多大の脅威を感じてゐるが現今満洲にありては左程迄の影響は受けてはゐないが交通網の整備と道路の完成之を利用する各種自動車の増加に伴ふて鉄道運輸事業に多少の影響を及ぼすべきは謂ふまでもない

南満洲鐵道株式會社

ヨ—0024　B列5　32×15　●分割打字ヲ要スル原稿ハ五、六頁乃至一〇頁ニテ區切ルコト

No.

自動車ノ出現デ交通機関ガスピードアップサレ、速度カノロクテ非能率的ナ前馬車ガ圧迫サレタコトハ、自動車ニヨル交通機関ノ変遷ノ第一次的現象トシテ興味ガアル

人力車ト客馬車カ減ッタノハ全部自動車ノ影響ヲ受ケタトハ云ヘナイ　年頃カラ急激ニ増加シタ自転車ノ打撃ヲモ受ケテイル

自転車ハ明治三十五年五千四百六十輛デアッタモノガ明治四十四年六月末ニハ一万二千五百四十七輛ト倍加シテイル。自動車ハ東京府下ニ明治三十五年数台ニ過ギナカッタモノガ明治四十四年六

No.

月末ニハ民間ノ乗用車カ約百六十台、主ニ皇族、官庁、外国公館等ノ自動車ヲ加ヘルト約二百台ト、約五十倍ニ増加シテイル

大正二年　乗用七三一　貨物〇　人力126,846　オートバイ10　自動車四八七、〇七六

五年　一二八四　二三　一二六、六八七　八〇九　八六七、〇九九

四二年　九九九二　二〇九九　一〇、五二一　四五九一　二八一三、四七八

昭四年　三、八二六　四四六七　五五、五三〇　一七七〇五　四七五一、六七八

一二年　七五、七四〇　五二、九九五　一五、三七六　一六、一三一　七八七八、四六三

第八 計

第二節　第一　鉄道ニ及ボス影響

鉄道会社ハ兎角廃線ニスル勇気ヲ欠キテ躊躇シ引続キ経営シ損失ヲ益々多カラシメル　此点外国デハ鉄道会社デハ損失ヲ運ブ債務ヨリ多ク増ス線路ハ思切ッテ線路ノ廃線シ断行シ自動車運送（成将運営ノ新ナル地方ニ於テ）新線計画ノ抛棄ニシ以テ鉄道ニ代ヘ、ソノ使命ノ遂行ヲ期シ却テ自動車運送ニヨッテ利益シ挙ゲ最早ヤ巨額ノ建設費ヲ要スル鉄道建設熱ハ醒メテ来タヨウデアル

満洲国ニ於テモ鉄道総局ノ国営自動車経営ハ完全ニ之ヲ加味シ甚定達ハ此事実ヲ認識シタ結果ニ外ナラヌモノデアル　故ニ新線ヲ建設シテモ以上ノ成績ヲ参考トシテノ充分収支相償フトミテ補償ヲ得ルニ非サレバ線路ヲ敷設スルコトハ無益デアル

No.　タイプライター原稿用紙

人力車が最近の状勢を見るに人力車の台数は逐年減少の数字を示してゐるが之が原因は短距離軽便な輸送に適する関係上、主として都市に発達してゐる、之れは市街電車の発達によりてその影響を受けて居たことは推測に難くない、加之近日は自動車の発達は一層の打撃を受けたることは言ふまでもない、以上の如き影響を受けた斯様自動車の出現に據《よりて》人力車の営業は既に衰運に傾いて来たことは事実である

ヨ—0024　B列5　32×15　●分割打タヲ要スル原稿ハ五、六頁乃至一〇頁ニテ區切ルコト　（15. 5. 3,000冊　先和謹納）

南滿洲鐵道株式會社

No.　タイプライター原稿用紙

乗用馬車

乗用馬車は都市に使用されるものと、長距離の交通機関として使用されるものとの二種があつて都市にあつては馬車即ち露西亜時代に始めて現れたもので多少型に変化はあるが現在各都市に使役されて居るものがそれである。最近に於ては地方の道路が完備するにつれ漸次長途旅行にも使役する傾向にあつた、

長距離に使役される乗用馬車は轎小車と云ひ俗に蒲鉾馬車とも云ふ旧式のもので都市の文化の発達に伴れて漸次廃退して最近に於ては小駅を起点として奥地への長距離旅客に使用さる、に過ぎなかつた。

以上述べた馬車が最も流行し利用され且つ増加の絶頂に及んだ時代は欧州大戦直後であつた。然るに其後自動車の輸入並に市内乗合自動車の出現となり安価なるガソリンを燃料とする自動車には価格に於ても抗し得ないのみならず体裁

No.　タイプライター原稿用紙

に於て速度及び乗心地に於て到底比較にならず従つて利用價値は忽ち馬車を壓倒するの趨勢を来たした。最初自動車の現はれた當時は乗車賃金が高く比較的利用者は少なかつたが市内タクシーが現はれ次で乗合自動車が出来一区五錢といふが如き安價な賃金で乗れるようになつたので市内交通の便益は住民によりては甚だしく都市の發展に對して好影響を與へたことである。然るに自動車の出現により影響を蒙つたものは馬車と人力車である。馬車賃銀とタクシー賃金とは略同額であり乗合バスに至つては比較するの要を認めない。斯くて馬車及人力は漸次その勢圏を蠶食さるゝに至つた。而して馬匹と労働賃金は漸次高騰をつゞけ自動車との賃金競争は出来ず大に恐慌を

南満洲鐵道株式會社

ヨ―0024　B列5　32×15　●分割打字ヲ要スル原稿ハ五、六頁乃至一〇頁ニテ區切ルコト

No.　　タイプライター原稿用紙　ノカ 馬車

地方の発展交通量の激増

一方自動車は其後から急激に増加したのを思へば全く自動車の発達による影響と思はれる。其減少は頗る大きく僅々十ケ年位の間にその数は大連丈けでも約三分ノ一程度に減少したのである。況や奥地各都市の状態に就て見る時は更に甚しいものがある。

十数年前迄は多数の馬車が絡繹として四方より集まって居た地方の一中心地も今ではその影だに認めず、砂塵を挙げて疾驅する自動車が総て之に代り停車場と附近村落との連絡にこれ其姿を認むること少なく、比較的僻遠の地方で疾走する自動車を避けつゝ悠然に馬を駆って居る姿はむしろ世人に物珍しさを感ぜしむる

南滿洲鐵道株式會社

ヨ―0024　B列5　32×15　●分割打字ヲ要スル原稿ハ五、六頁乃至一〇頁ニテ區切ルコト　(15. 5. 8,000き 共和謄納)

No.　タイプライター原稿用紙

自動車交通事業の急激なる発達により、殊に長途乗合自動車路線の盛んとなるに連れ、既設の運輸機関即ち鉄道、軌道、諸車馬、船舶等に及ぼす影響の漸大し来ることは当然とするところなるが、就中鉄道線と経営を同じくするバス路線の鉄道に与へる影響の顕著なるは云ふまでもない、

併し之に反しバス路線が培養状態にありて寧ろ鉄道の補助運送をなし、之が為めに鉄道乗客を増加せしむるものがある

拮抗状態にあるバス路線と雖も必しも鉄道に悪影響を与へるとのみは限られない、前記の如く鉄道線路と経営を共にし而も併行するものは事情を宥さゞる限りは排斥すべきであつて当局は此方針に依つて改革せられてゐるが其他に或は一部が併行するもの、或は経営を同じくするも事情によつて迂回するものがある、之等の路線は短距離が最も多く而も人口稠密の地方を選定通過してゐる関係上最も有利に経営され、之を利用する乗客も

No.　タイプライター原稿用紙

大部分は鉄道に連絡するか又は利用するものが主であるから併行線全体が決して悪影響を与へざるのみか寧ろ培養線となる所以も又こゝにある

南満洲鉄道株式会社

ヨ―0024　B列5　32×15　●分割打字ヲ要スル原稿ハ五、六頁乃至一〇頁ニテ區切ルコト　（13. 5. 8,000冊 共和謄寫）

No.

（自動車運送及経営）

國有鐵道に及ぼせる自動車の影響

既報鐵道省運輸局が一ヶ年餘に亘り全國各驛を總動員し調査を進めて来た昭和六年度に於ける國鐵に及ぼせる自動車の影響の全貌が漸く完成、今回發表を見るに至つたが此の詳細は以下の如くである

一、はしがき

道路改修に伴ひ輓近自動車の發展は目覺しく殊に昭和六年以後失業救済を目的とする道路改修工事の完成以来は著しく如何なる地にもバス運轉を見ざる處なしと謂ひ得る情勢となり現在

No.

之等バス路線に並行する鐵道線は実に七千三百十一キロにして全営業キロに對し五割に相当するに至り國鐵の近距離運輸は自動車の発達に反比例して誠に思はしからず 是が對抗策を計畫する資料の為旅客自動車に依り受ける國鐵の影響を調査した影響数は開業前に比して人員に於て一割二分減 五千百七十四万四千八百六十六人 運賃は四分減七百五十六万九千四百十七圓 延人粁は九分減の四億五千九百二万三千四百十四人粁の減を示した 減少数は假令景気が恢復しても道路の改修につれ益々増加するであらう

二、如何なる影響を國鐵は蒙りたるか

No.

乗車人員

乗車人員に就いて見るに一割二分減率を示してゐるが是は自動車の開業前に比して即ち自動車の全くなかつたとした場合に於ける実数に對する割合である。此の影響人員五千百七十四万四千八百六十六人の中には一二等及定期乗客を含んでゐない。二等客は大正十四年以来減少し最近は特に著しきも自動車に依る影響は少ない。定期客も運賃が安いため之また影響少く此の反面自轉車の増加普及につれ女學生迄使用されるに至つたが是とて僅少なものである。影響人員を五キロ、十キロ、二十キロ、三十キロ、五十キロ、八十キロ及八十キロ以上の地帯料別に分けると減少率の多いものは五キロ迄の五割が

No.

最大で八十キロ以上は僅かに一厘に過ぎず、（詳細は第一表を参照）更に是れを各局別に見ると左記の如く減少率の最も多いものは仙臺の一割六分で、數量に於ては東京管内が全影響の五割を示してゐる。此の内、一割は貸切自動車（小型）に依るもので、右は東京、横濱の両市を控へて各遊覧地と連絡する結果である、今は大阪管内の少ないのは元来私鐵が發達してゐるため國鐵としては既に是等の影響を蒙ってゐるため國鐵より寧ろ私鐵が打撃を受ける事となるからであらう（第二表參照）

No.

地帯粁別人員影響表（第一表）

粁別	実績	影響	減少割合
五粁迄	七二、四二四、二七九	一八、三三〇、七〇二	・二〇
十粁迄	九一、六五三、四九一	一七、六七五、六五〇	・一六
二十粁迄	八九、六二九、六二八	一二、五〇六、三六八	・一二
三十粁迄	三一、四三六、八八七	二、一四九、九九〇	・〇六
五十粁迄	三〇、〇六三、八〇二	一、二八〇、三八三	・〇四
八十粁迄	一七、八〇四、六七六	二二九、九〇〇	・〇一
八十粁以上	四六、〇五一、一三九	七一、八七三	ー
合計	三七九、〇六三、九〇二	五一、七四四、八六六	・一三

ヨ―0022　B列5　25字×10　南滿洲鐵道株式會社　（15.7.5.400冊）

No.

地帯局別人員影響数（第二表）

局別	実績	影響	減少割合
東京	一八一、三五七、三九二	二五、一三六、三五九	・一二
名古屋	四〇、九四一、一八〇	五、九八二、五七五	・一三
大阪	六〇、二二〇、一六八	五、九九一、一二二	・〇九
門司	四六、九〇八、七八二	七、三一九、九二四	・一三
仙台	三四、〇六六、一三五	六、四九九、五二〇	・一六
札幌	一五、五七〇、三四五	八一五、四六六	・〇五

大正十年七月業務研究資料　九巻七号

No.

自働車運送に就て

本省運輸局讀書会に於ける内務省技師牧野雅樂之助氏の講演ニして有益なるものと認め茲に登載せり

私は今日茲で自働車ニ就てお話するのであります、至つて材料が不充分で皆様の希望に添はるゝかどうかと云ふ事を懸念して居りますす其の點は何卒御了察を願ひたい、此自働車と云ふ言葉は原語ではオートモビルと申しますがオートモビルの起りはと云ふと之はオートと申すとギリシヤ語のセルフと云ふ意味なのです、モビルと申すと之はラテン語のモビリイから来て居ると云ふ語でセルフムービング自分で動くと云ふ意味だそうです、

ヨ－0022　B列5　28字×10　南満洲鐵道株式會社　(15. 7. 8.100冊)

No.

之は大部鉄道には餘程深い関係を持つて居る様に自分では思ひますが此自働車、オートモビルの發達しましたのは極く近年のことで御座居ますが其の起りは中々古い様に思ひます、それは既に今から約二百四十年計り前のアイサックニウトン氏は蒸氣の力で後の方から蒸氣を吹きおし、そしてリアクシヨンで車を進行させると云ふ考を發表したのでありますが之は恐らく自働車の起原であると思ひます、其後段々此事に就て研究致しましてゼームスワツトが僅か千六百九十年頃に此蒸氣機関車の發明が出来ますると同時に陸上に於きましても車に対しても同じく蒸氣を使つて走らすと云ふ様な考を持つて居た様であります、此發

ヨー0022　B列5　28字×10　南滿洲鐵道株式會社　(15.7.8.400冊 [illegible])

No.

明以来暫くしてから機関車の發明者たるバブリツク此人が陸上車の蒸氣で以て走る車を実際に造りました、慥か千八百二年頃倫敦の博覧会に之を提出致しました、之が始めて道路の上に於て自働車が走ると云ふ事の始めて出来たものに成つて居ります今は自働車と申しますればガソリンを燃料とするが之は矢張り蒸氣を使つて居りました、夫れから甚の前に甚だ不見乍ら此蒸氣を動力として道路の上を走る車は既に亜米利加のマルラントに於て使はれて居つた様でありますが、それは此車を使はれまして税金を取つて道路の上を走つて居つたので陸上を走つて居る間に道路が壊れるものですから、軌道を造りまして夫にコンクリ

ヨ－0022　B列5　28字×10　南満洲鐵道株式會社　（15. 7. 6.100冊 [illegible]）

No.

ートや或は鉄板等を敷つて不完全乍ら現在のレールの様な格恰を造つて其の上を走つたのであります、速く走りますと危険を伴ひますから千八百年の始め頃に既に蒸氣機関車も發明されたものですから其後は道路上を走る事を止めて自動車が變形して鉄道に代つたと云ふ沿革を以て居る様であります、斯う云ふ沿革でして自動車は近年に成つて發達したものでありますが其の元は矢張鉄道よりは餘程古くつて鉄道が寧ろ自動車から發達して来た様な傾きがある様であります。それでガソリンを動力としまする自動車が始めて計画されたのは之は千八百八十四年でありまして独逸人のコツトリーツムラートと云ふ人が發明されたのであります、此人は色々なガソリンを使ひまする各種の機械を發明して自働車を完成したのでありますが矢張り發明する者の常に踏みまする様に財源に非常に困りましたのですが幸ひ之を助ける人がありまして会社を作つて夫から自働車を始めて造る様に成つたのです、そして其の会社の製造に係りまする自働車はマアセルと云ふ自働車でありまして今日でも独逸では中々上等な物に成つて居ります、マアセルと云ふのはデムラと云ふ人の妻君の名ださうでありましてデムラの困つた時助けた人で金を出すと共に此デムラ氏にお嬢さんを呉れて成功せしめた、それで夫に感じて奥様の名を自働車に付けたと云ふ話

No.

であります。其の後佛蘭西が自動車を輸入致しまして専心研究の結果色々とドライビング機械や其外の要部に就て改良されまして千八百九十五年頃には既に自動車のニウマチツクタイヤを使ふ車が發明されてから急激に發達したのであります。夫れから英吉利は餘程後に出来まして漸く佛蘭西でニウマチツクタイヤの發明された時英吉利の会社が出来て居つた様でありますが之は中々眞面目に熱心に研究した結果其の後上等な車が英國で出来る様に成りました。夫れから米國はずつと遅れまして千九百二三年頃から自動車の工場と云ふものが出来ましたので今のパツカードハドソン等はデトロイトに其会社があります

No.

が極く古く出来たのです、そして小資本で出来た様です、然し乍ら亜米利加は御承知の通り自働車のガソリンと云ふものに就きまして沢山其の産地を持って居りますから之が為に非常なる発達をして今日まで最近の統計を見ますると亜米利加の自働車は九百二十七万計りある様であります、其の内約九十万がトラツクで後の残りがパッセンジヤカースであります、それで亜米利加は現今では中々輸送が盛んで此八百四十万と云ふパッセンジヤカーの一年に走る分量を人哩に直して見ますと云ふと亜米利加の現在の鉄道の乗客の約三倍位に当って居る様です、之は八百四十万と云ふ自働車が一年に五千哩走りまして夫の一つの

No.

車に二人平均に乗って居ると假定すると米國の現在の鉄道人哩の三倍、夫から日本で之を見ますると云ふと大正七年の日本全國の鉄道省の人哩に較べると約二十倍に成って居ります、夫丈（日本鉄道の人哩の約二十倍を亜米利加では自動車で運搬して居る事に相成り）から貨物自動車はどの位かと云ふと約九十万程で御座居ます、之は一日二十五哩走ると致しますと之丈で一年を三百日に取りまして平均二噸の貨物自動車と致しますと云ふと之は日本の大正七年の日本全國の噸哩の約二倍四分位に当って居る様でありますす、之丈けが亜米利加で自動車に依って運ばれて居ると云ふ大体の推擧が付きます、亜米利加は世界中一番自動車の多い所でありまして如何丈けの製造能力が有るかと申しますると昨

ヨ－0022　B列5　28字×10　南滿洲鐵道株式會社　(15.7. 8.100冊)

No.

年の製造高は一年間約二百二十五万台あつた様です、夫れから之は少し古い様でありますが一昨年の統計に依りますと資本金が自動車の現製造工場並に附属品製造工場其の外自動車販賣業者の資本を加へて見ますると十二億五千万弗計りなるのであります、其の使用人が八十三万人斯云ふ大分大きい所の資本金

之は戦争後自動工業も少しく打撃を受けまして各都市は約四百の工場がありましたが

と働き人を持つて居たのでありましたが現今ではトラツクの製造会社が百七十計り、そーしてパツセンヂヤカーが九十計り減つた様であります、今日では大程ではないのでありますが其の当時は非常に自動車工業が盛んであつたと云ふ事を示して居ります、そこで此自動車が一体世界の内にどの位あるかと申します

No.

と世界には約千百万位ある様に思はれます、其の内亜米利加が一番多く其の次が英吉利の約五十一万、仏蘭西が四十二、三万計り加奈陀が約三十万、亜米利加（加奈陀と合衆国を除く所の外々）が約十万、全体を加へると千百万計り其内亜米利加が約八十四パーセント計り占て居るので大多数を亜米利加が持つて居ると云ふことゝなります、さて斯云ふ大体の沿革を以て居りますが然らば自働車の輸送はどう云ふ所に利益が有るかと云ふと今迄の馬力と自働車と比較して見ると馬力に対しては其の積荷が多い事と速力の速い事或場合に於ては経費が非常に安いと云ふ事で非常に優秀の位置に立つて居ります、馬は僅か二十年位は

ヨー0022　B列5　28字×10　南満洲鐵道株式會社　（15.7.8.100冊）

No.

寿命がありますが然し有効に使はれるのは七八年で殊に勞力が非常にきついと云ふ場合には五六年位の有効なるに對して自動車は大程ではない、馬と云ふ者は仕事を多くしますれば過勞に依つて病氣に成り或は運動不足の爲に病氣になる其外馬車には装置の出来ない様な装置を自動車に着けると云ふ事が自動車の特長に成つて居るのであります、其の外の事を申しますと馬は年中使用するには飼料を與へなくてはならん或は人を使はなければならない道路を通りますに當り馬は非常に不潔であつて掃除人も要る或は馬は高速度車輌が通る時には邪魔になつて甚だ危険であります、寒中は氷が張りまして滑つて容易に歩けな

ヨ－00四2　B列5　28字×10　南滿洲鐵道株式會社　（15．7．8．100冊）

No.

い暑中は暑氣の爲に馬が非常に弱ると云ふ様な缺点がありますので経済上距離が短かくて積荷の多い場合には馬の方が有効でありますが距離が遠くつて積荷に暇取る時には自動車が優秀な位置を占めて居ります、今日各地の状勢はどうかと申しますと自動車は各地の幹線道路に於きましては自動車が甚大部分を占て居りまして馬は僅に痕跡を止めると云ふに過ぎないのであります、昨年調査致しました交通調査に依りますとマサチユセツトに於ける幹線道路を見まするとその中の九十二パーセントが自動車の交通であつて八パーセントが馬が通つて居ると云ふ状態であるのであります、斯う云ふ状態で亜米利加が最も良く自動車の

No.

利用と云ふ点に於て世界に優つて居る様であります然らば自働車は鉄道とはどんな関係をもつて居るかと云ふ事を考へて見ると鉄道に対しては此自働車は競争の余地は少いのであります、然し乍ら或遠き将来に於きましては鉄道に対抗して其の競争を醸すと云ふ事が出来るのでありますが夫れはどんな場合で有るかと言ひますと例へば近距離輸送であります、斯う云ふ場合に於きましては自働車は直に先方に荷物を送る事が出来る、鉄道でありますと之を発送地の停車場に送り次に先方の停車場に輸送しそれから又運送屋に頼まなければならんそして鉄道は自働車に比して非常に時間を要するのであります、斯う云ふ事から

No.

して近距離の輸送に於ては自動車は現今では鉄道に優って居ると云ふのは認められて居る事実でありますが其外此自動車に積みますれば荷物が損せずに直に此方の倉庫から先方の倉庫に参ります斯う云ふ工合で荷造りの費用も沢山掛けなくとも済み極く簡單なものであります、此三つの点に於て近距離に於ては最も鉄道に優って居るのであります、之れで一例として最も滑稽なる事実は両三年前に亜米利加合衆国の郵便局が斯う云ふ試験をしたのであります、生れて二十日目の雛を二千羽之を籠に入れまして夫れから卵を一萬個箱に同じ様に詰めまして卵と雛とを一方は鉄道に、一方は貨物自動車でランカスターから紐育に

ヨー0022　B列5　28字×10　南満洲鐵道株式會社　（15.7.8.100冊 納）

送つたのであります、ランカスターから紐育迄は約八十哩か九十哩と思はれます、此貨を送つたのでありますが甚結果はどうであつたかと申しますと鉄道で送つた方は之れを直に停車場に持つて行つて之を貨車に積むのに一日を要し貨車に積んで更に先方の停車場、当時紐育の停車場には貨物を取扱ふ駅がないのでありますから途中の貨物取扱駅で卸してそこで一日を要しました、夫れから着いたと云ふ通知を受取人に知らせるのに一日を要した、そこで結局荷物が届く迄に約四日間を要したのである所が一方自働車は荷物を積むと直ぐ出しまして甚の日の内に完全に着きました、鉄道の方は甚の中を調べて見ると雖は四日間

ヨ－0022　B列5　28字×10　南滿洲鐵道株式會社　（15．7．8・400冊 紐川納）

No.

も食を與へなかつたから既に大半死んで居つた、それから卵は大部鉄道に積られませんで餘程腐つて居りました、一方の貨物自動車で送つた方は聊の損障もなく安全に着いたと云ふ話であります、之は完全に着いた事と速く着いた事の例となつて居ります、鉄道では貨物を叮嚀に取扱ふと云ふ事は出来ないのではないのですが非常に面倒であり又金も掛るさうでありまして之はどうしても自動車の方が一番軽便に取扱ふと云ふ事に成ります夫から此貨物の運賃は皆承知の通り何が一番運賃が掛るかと申しますと鉄道貨物で送る場合には矢張り荷送り人と停車場との間に荷を送る時の賃金が掛る様であります、此停車場から其の

ヨー0022　B列5　28字×10　南滿洲鐵道株式會社　(15. 7. 8. 100冊 鮎川納)

No.

荷主の所に又送り人の所へ送る費用を省く事は非常に運賃を軽減すると云ふ事に成ります、其の為には自動車を使って其費用と時間とを軽減すると云ふ事が出来るのであります、然らば自働車はどの位ほど丈けの範囲に於て鉄道と競争することが出来るか之は都市都市の状況或は其の品物の性質に依って大分違って居る様でありますが現今の所では先づ亜米利加の例に依りますれば約四五十哩の範囲に於て鉄道のやる様に同じ様に発着所を設けまして大小から輸送組織を定めると云ふ様にしますと約四五十哩ならば競争が出来ると云ふ事でありますが之は向ふでは"ガソリン"も安いし道路も良いから容易に出来るのですが日本では

ヨ－0022　B列5　28字×10　南滿洲鐵道株式會社　(15.7.8.400冊

現在の所では此通り出来るかどうか六ヶ敷のであります、然し最も困難なのは荷物の損ずるのを防ぐ事であります、之を除きまして考へますと現今では大きな会社では百四五十哩位迄は鉄道と競争して居る例があります、斯う云ふ関係から更に経済上から見ますると自働車は鉄道よりも割合に急な勾配を上る事が出来ます、そこで資本金が少くて鉄道よりは自働車の営業が容易に出来るのでありますから斯う云ふ点は余程自働車が鉄道に優って居るのであります、然し乍ら遠距離の輸送に於ては鉄道に及ばないのであります、従て現今の様に亜米利加は道路も良く車も耐久力があると云ふ事になりますと軽便鉄道等は余程自

No.

働車の為に侵蝕されまして現今では軽便鉄道線の割合が減って居ると云ふ事態であります、夫れから此自働車には色々の種類がありますが現在主に使はれて居る自働車は車のドライブがフローア、ドライブで即ち四つのギヤーがあります、之は餘程自働車の發展上有益な發明であります、夫れから自働車を普通の汽車の様に一つの自働車は機関車の様に一つの方は附随車として引張る場合も有るのであります、即ち之は経費を節減する場合に様な場合がありますが斯う云ふ自働車は道路が広い事を要するーカーブの緩なる事が必要でありまして勾配も餘程関係するので三つも四つも引張る事は六ケ數のです、夫から自働車に

No.

は電氣を使つて用ひますものが有ります、此自働車はガソリンを使つて走るものと同じ様に市内を走るのでこれは未だ大小程發達して居らないのであります、此の特点と申しますと運轉が非常に易くおまけに又火災の慮がなく油を使はないので綺麗である、大小からもう一つの方は工場で使ふ自働車でありますす皆様の御承知の通り停車場内でバッゲージを運んでプラットホームを走つて居る自働車は蓄電池を用ひて居ります、工場内或は其の外の工業場で距離の短い所では重いものを載つけて極く簡單に引張つて行く之は戰爭当時盛んに行はれました、英吉利等は砲彈を運ぶのに使つて婦女子が之を運轉した、大小か

ヨー0022　B列5　28字×10　南滿洲鐵道株式會社　(15.7.8.100簿)

No.

ら甚の外比自動車又は軌道の上を走る自動車もありまして之は矢張りガソリンの高いそして道路の悪い所によく使はれて居る

さて自動車はどう云ふ風に使はれるかと云ふ事に成りますと現今も将来も斯う云ふ方法に成るだらうと云ふのは先づ御承知の通り客を乗せる自動車でタクシー大体からパス乗合自動車であります、之は近年非常に發達しましたタクシー、バスは殊に欧羅巴の方に沢山發達して居る様であります、亜米利加又は欧羅巴程にはないのでありますが之は亜米利加は自家用自動車を用ひてタクシーやバスを利用する事が少ない結果でありますが然し戦争前にも紐育に百二十万位のバスがありまして盛んに人間を

No.

運搬して居ったのであります、今日では市内電車では運搬の収支が償はんと云ふ所へバスが経済的に発達して居る様であります、夫れからもう一つは亜米利加によく発達して居るのでありますが山間地の小学校の生徒は交通不便の為に困って居るのであるに此バスを利用して通学をさせます、之で学校へ通って居る者が二百万も有ると云ふ話であります、之は此頃発達致しましたバスの利用方法であります、之を更に日本に利用したならば余程有益だらうと思ひます、其の外利用の方法は沢山ありますが郊外を輸送する場合は矢張り三つの方法がありまして都市と都市との間に連絡するのであります、例へば甲の都会から

No.

乙の都会に始終往復するのであります、第二の方法は工場地から都市に向ひ或は各農園から其の産物を都市に運ぶと云ふ方法等があります、第三の方法は定期に運轉する方法でありまして之は鉄道と何等変りがないのでありまして例へば東京から宇都宮迄線を定めまして之は鉄道と同じ方法で取扱ふのであります　此輸送機関はエキスプレスラインであります、斯う云ふ三つの方法で将来自動車の運轉系統が行はれると云ふのでありますが其の外色々な利用方法がありまして例へば東京の様な所では停車場から物を運搬する場合に於きましても成る丈け混雑しない様な方法にトラツクを使用するのであります、紐育や巴里等の大都会では荷物

No.

の取扱に苦心して居る様でありますが之などは参考にされたら為に成る事と思はれます、それで斯う云ふ工合に自働車は之から益々發達して行くのでありますが此自働車の大きさ或は速さ或は重さ等と云ふ事がどれ丈けるしなければならんか之は大きければ大きい程速ければ速い程運送上の都合が良いのであります、尤も搭載耐久力はどれ程の物に耐へるものでありますかどうかと云ふ事は一つの疑問と成つて居るのであります、先年の研究に依りますと自働車の速力が殖えれば殖える程抵抗力が多く成るのでありまして其の材料性質並に天候なんかに依つて違ふのでありますが速力が速ければ速い程抵抗力が多くなり容積

No.

か大きくなれば或る程抵抗力も増して来ます、重さと云ふ事は非常に通路や距離に関係するのでありますから同時に考へなければ速さと云ふ事は決定が出来ないのであります、然し先き程申しまするとく速くなれば速くなる程噸哩当りは安くなるのであります、そして同じ速さで以て多くのものを運ぶのでありますからして速い程燃料も要らない例へば三噸の噸哩当りの燃料は一噸の噸哩当りの燃料よりは少くてよいと云ふ事に成るのであります、大きければ大きい程速ければ速い程此運賃が安くなるのでありますからどうしても此関係から自働車は大きく成るのであります、之は餘程考を要する事で現今では此為に大きい訳

No.

備を設けて之をどれ丈けゑしたならば良いのであるかと云ふ事の研究をして居るのでありまして最も此点に於ては考慮を拂つて居るのであります、現在最もよく認められて居るのは先づ当り前の幹線の道路に於きましては四五噸と云ふ所が最も大きな所であらう、それから都会の最も近傍に於ては八噸から十噸などと云ふ物も必要でありませう、一般としては四噸五噸位の所が出来るだらうと云ふので亜米利加では約夫れ位に成つて居る様であります、然し各種の物を見ましても中には七噸半と云ふ大きな噸数を有して居る所も有るのでありますから未だ此邊は確然と極まつた譯ではないのでありますが現今考へられます所

No.

或は四五噸と云ふ所が道路の耐久に亘つて又自働車としても他の運搬機関と並行して競争して行く事が出来ると云ふ様な噸数であると云ふ事であります、それで其道路でありますが道路の上を走る所の自働車は段々大きくなつて来る、それで道路が其の儘ではいけない之には何等かの改善を施さなければならん、それでは道路をどんな物で作つたら良いかと云ふ事は未だ世界でも研究されて居ないのでありますが実際の経験に依りまして凡その見当をつけて居るのであります、尤も之は道路の幅に依つても違ひますが例へば材敷道路或は砂利道路に於きましては交通が頻繁でない限りはどんな道路でも堪へると云ふ事に成つて

ヨー0022　B列5　28字×10　南滿洲鐵道株式會社　（15・7・8・100冊 [illegible]）

No.

居ります。頻繁な道路になりますて馬力並に自働車が通る数も多くなり重さも多くなりますとストンブロックを使ひ、煉瓦或はアスハルト道路を使はなければ成りませんが従って此のファウンデーションも餘程丈夫なものを使はなければならんと云ふ事になります。亜米利加政府で試験した結果に依りますと自働車が数量を減らすと云ふ事では夫程重きをおかなくとも良い自働車は道路のデコボコに乗った時或は凹凸に高速度を用ひてぶつつかる時が一番危険であるさうで下の様な事実を得ました。試験の為め平な道路に或る高さを設けて走らせると始め重量八百ポンドを持って居る自働車が八哩の速さで約八百ポンド位の壓力を與へたものが十二哩位の速度になりますと一倍三分位の力がかゝるのであります、之はタイヤーの種類とタイヤーの大きさに関係するのでありまして鉄或はゴムのタイヤーに依りまして大変違ふのであります、一つの例を申しますとタイヤーがゴムのものと固形のタイヤーと少し古くなつたものと此三つの種類のものを使つて試験しますと八哩七百ポンドの重量の車輌を走らせまして二吋の高さを超します時に起つた力はゴムタイヤーに於きましては約一倍一分に成ります、ソリドタイヤーの新らしいものに成りますと一倍三分位でありますソリツドタイヤーの古いのは一倍七分位になります、それが約十二哩の速力に

No.

成りますとニューマッチックタイヤーの方では大した差はないのでありますソリッドタイヤーの新しいのは二倍四分位に成りますが最も古いのでは三倍九分も力が掛る事に成りまして高い所から低い所に落る時に於ては路面を打つので有りまして打つ力は非常に大きい為に破壊力も大きいと云ふ事に成るのであります、斯う云ふことを考慮しまして適当の重量、適当の速さを決めてさうして自動車に適当の制限を設けて道路を壊す事を防ぐのみならず又一面に於ては自動車の壊す割合に依つて此制限を掛けると云ふ様な方法を取りたいと云ふのでありまして現今では此法律を施行し様と云ふ考を持つて居る所もある様であり

No.

ます、甚だ長くなりましたが自動車の運搬は要するに鉄道とは密接の関係を持つて居るのでありまして短距離に於きましては鉄道よりは有利であります、道路が完成さる暁に於きましては軽便鉄道の様な運搬力の少ないものには餘程競争力を持つて居るのでありますから将来は矢張り鉄道を設けます時にも自動車の事も考へまする事は勿論運賃に関しても考慮を要するのであります、今日は皆様の御静聴を煩はしまして却つて恐縮に存じます

ヨ－0022　B列5　28字×10　南満洲鐵道株式會社　（15. 7. 8·400冊）

No.

自動車の発達と将来及保護

ヨ－0022　B列5　28字×10　南満洲鐵道株式會社

大正十年七月　業務研究資料　九巻七号

No.

自働車の發達

（Archiv für EBW. 3 Heft 1920）

街路上の運輸に自動車を使用することは遠く蒸氣機械の發明当时に濫觴す

佛國のクノー（Cugnot）氏は一七六九年巴里の市街を運轉する蒸汽車輛を製造したれども其の構造甚だ粗雜にして猶ほ幾度か改良加工を施したれども殆んど用に堪へざりし、次いで一八〇二年英國のトレウヰチツク（Trevithick）氏は市街汽車を製造したれども是れ亦不成效に終り一八三三年其の運轉を廢止せり、米國に於ても亦一八〇四年汽力車輛を市街に運轉せしめたれども其の使途甚だ不充分なりし。

No.

一八七三年佛国に於ても新式の蒸氣市街車輌を製造せり。

現代の瓦斯發動機を有する自動車の製造は一八九〇年頃独逸のカンスタット市のダイムレル(Daimler)氏及マンハイム市のベンツ(Benz)氏に依て創て遂行せしめたり。

然れども自動車は独逸に於てせずして専ら佛国に在て盛んに需要せられ、懸賞競争並新式改造に依て益流行するに至れり。

而て同国に於ては自動車製造に要する適当の材料缺乏せるを以て独逸の鋼鉄を輸入し其の缺陥を補充したり。独逸に於ても亦自動車製造大いに進歩せり然れども近时に至り自動車製造の数並其の普及は英国及北米合衆国の駕凌する所となる。

No.

今自動車と其の人口との比例を列擧すれば左表の如し

〃名	自動車数	自動車一輛に対する人口	〃名	自動車数	自動車一輛に対する人口
猶烈顛	一七一六〇七	二六八	瑞西	六、二五七	六二
佛〃	九八、四〇〇	四〇二	葡萄牙	三、二一一	一、六九二
独逸	九五、〇〇〇	六八四	諾威	三、〇六七	七三〇
伊太利	三五、五〇〇	一、〇〇二	勃爾加利	三、〇五〇	一、四一九
露〃	二七、九〇〇	五、二四一	ルメニア	二、五〇〇	二、八九九
墺洪〃	一九、三六〇	二、六七一	芬蘭	二、〇〇〇	一、八〇〇
白耳義	一四、七〇〇	五五五	希臘	八〇〇	四、八九〇
西班牙	一〇、二五三	一、九八九	土耳古	七〇〇	四、八九〇

No.

和蘭　一〇、〇〇〇　二五八、其他二三の十七　二〇〇　一

瑞典　九、〇〇〇　六二六

普通の乗用自動車並貨物自動車の外、鉄道貨物駅に貨物を運搬し或は市中の多量貨物を運搬すべく附随車を有する自動車あり又佛国の陸軍大佐レナード(Renard)氏は数個の附随車を連結せる自動列車編成法を考案し専ら之を運轉して其の有利なることを認めたり獨逸国に於ても最近ミュルレル(Müller)式市街自動車を運轉するに至れり同列車は二個のガソリン發動機を備へ其の馬力二五〇にして十個の附随車を連結し一個の積載量を六噸とし一時間の平均速度八乃至十基米とす、　自働車の特色は市街

ヨ－0022　B列5　28字×10　南滿洲鐵道株式會社　(15.7.8.400冊 ...)

No.

の至る處に之を運轉し得るにありとす。

故ニ其の運轉区間の營業成績が豫期に副はざるときは多大の損失を見ざる内ニ又之を他の区間に運轉するを得るなり

独逸に於ては一八八〇年以来無軌條ニして只高架線より電氣を通ずる電氣自働車の運轉を研究し一九〇四年ニ至て初めて実行せり。

此の設備は多くは旅客輸送に供する乘合車輛ニして專ら單独区間に運轉し又稀には他の線路に接續することあり、又数多の附隨車を連結して貨物列車を編成する工業用列車を運轉す。

目下斯の如き無軌條自働車運轉区間は同国全体を通じて約百基

No.

来とす。

独逸に於ては一九〇三年より種々の都市間に一定の自働車運轉線路を設けたり此の線路は其の發達甚徐々として一九〇七年十四線路を算せり。

而して最初の官有自働車運轉線路一九〇八年に開始せるバイエルンの郵便用自働車運轉線路とす。

夫れより漸々増進し戰爭開始前にはバイエルンには百一及其他の聯邦ウユルテムベルグ、サクセン、バーデンは二百七十路線に達し猶ほ各地に於て自動車輸送を計画中なりしが戰爭の爲に頓挫するに至れり

ヨ－0022　B列5　28字×10　南滿洲鐵道株式會社　（15.7.8.400冊 19）

No.

自働車の運輸能力及其収益関係は頗る満足なる成績を示し一九一二年には、バイエルン国の郵便用乗合自働車の数は百三十五輌及其の附随車の数六十三輌にして運転線路二千基米に達し、輸送したる旅客人員二百五十万人、収入百八十八万四千馬克とす

一九一三年には自働車の運転線路延長は五千基米とす、又独逸国以外の~~伊国以外の~~伊国には八千、佛国には四千、西班牙には百三十、墺国には一千百、其の他の欧洲各国英、和蘭、露、西瑞の諸邦には各約二千基米の自動車運転線路あり。

又欧洲の自働車運転線路延長は約一万二千、亜細亜及濠洲は各

No.

約五百、亜弗利加は約四百、米国は約一千基米を有す。

独逸国政府は自動車事業を極力奨励し大規模の自動車会社を起し其の資金の一部を政府、聯邦、其の他の公共団体より醵出し且つ該事業は適当の时期を待て政府の経営に移すべき見込なり。

自動車が石炭及食料品を運搬する量は驚くべき多量にして又戦争中全く休止の状態にありし旅客輸送も亦其後大いに発達せり。

サクセンの大蔵省に於ては同国内に運転する自動車運転に関し意見書を起草中にして殊に多量搬出貨物並個数取扱貨物停車場に貨物を搬入し又之より搬出するに当て貨物自動車を使用することは鉄道作業に対し如何なる程度に便利を与ふるかを研究中

No.

なり。

又バイエルン国の運輸省ニ於ても同じに国貨物自働車の運轉計劃中ニして其の他ウユルテムベルグ国も自働車運輸局を設け之を労働省ニ隷屬せしめたり。

而して若し電力供給低廉ニして且つ蓄電池の充電に要する設備を随處に置くことを得るニ於ては自働車運輸は国有鉄道電化に対し大いニ研究すべきものなりとす。

米国に在ては石炭並重油は最も廉價なるニも係らず一九一四年には蓄電池を装備したる自働車の数五万二千輌ニして其の内貨物を運搬する車輌の数は一万八千輌とす

No.

貫通導線を以て各車輌に供給す。

独逸に於ては特殊の自働車専用道路を各處に設けたり其の中の顯著なるものは伯林グルーネワルド間又タウヌス地方に在る道路とす但し後記の道路に在ては每歳盛大なる懸賞自働車競争を開催す。

又北米合衆國には自働車専用道路最も發達し現今の状態にても約二千條の道路ありて紐育、費府、バルチモーア、華盛頓其の他重要なる大都市を連絡す。

ヨー0022　B列5　28字×10　南滿洲鐵道株式會社　(15.7.8.100冊 …)

No.　タイプライター原稿用紙

将来の推想

自動車の旅客運送が今日の盛況を招致した理由は種々あらうが、主として交通機関としての要素が優越してゐる為めである即ち長距離、大量輸送に於ては鉄道に劣る所あるが、短距離軽便な輸送に於ては寧ろ之に勝り、地方鉄道に比しては更に迅速にして快適である。況して他の道路交通機関の夫に比しては遥に優れてゐるのは勿論であって運賃の安価なることに於ては劣るも、迅速で快適なる点は其短を補って尚余りあるのである。斯くて新交通機関として現れ、比較的短い期間に長足の進歩をなし、今尚発達の途上にある自動車が、今後何の程度迄で発達するかを推想することは無意味なことであり、又甚た困難なことでもある、が敢て之を試みむとするならば先づ左の五項を挙げることができる、

一、先進国に於ける自動車発達事情、

二、満洲国諸般の趨勢と交通との関係

三、鉄道建設及経営発展状況、

南満洲鐵道株式會社

ヨ—0024　B列5　32×15　●分割打字ヲ要スル原稿ハ五、六頁乃至一〇頁ニテ区切ルコト　（15．5．8,000冊 共和謄納）

No.　　タイプライター原稿用紙

四、自動車免許取締に関する法制、道路行政、税制
五、外国に於ける自動車の生産と満洲輸入関係並に内自動車工業の発達
燃料其他消耗品の
等であつて其他燃料消耗品の価格等に就ては詳細に亘つて調査研究の上でなければならぬが、併しそれは到底今企及し得るところではないが簡単に将来を推定するに最も影響を与ふるものは乗合自動車であると思はれるがその発達を阻止し又は助長すべき事項のうち鉄道未開通線の敷設営業開始は甚だ最も主なるものであると言へよう。

・満洲国鉄道未開通線は比較的多く　　箇年計画によれば其の予定延長線は約　　粁を越へ然も是等の路線は現に乗合自動車が運輸をなしてゐる区間乃至は予定区間である。故に現在の自動車路線及予定線の約　　%を占め、然も其内には現在に於ける主要な自動車路線と見るべきものが多い、一面鉄道建設事業が年々着々として進捗し毎年平均約　　粁の竣工を見る

No.　タイプライター原稿用紙

状態であるから　それ丈け自動車の乗合路線は毎年蚕食され自然廃棄されて行く止むなくするを得ない　此の事を以てすれば自動車運輸事業は必然的に減退せしめらる可きである　之れば鉄道沿線の開通は自動車運輸の発達を阻む有力な原因たるを否み難い、されど近時伝ふるが如く鉄道網完成の補充として国有鉄道沿線の一部に自動車を運行せしむるとせば、其れ丈けまた影響は減ずるわけである、更に減退を余儀なくせしめた結果の自動車は如何に利用復活せしむべきかの問題が起きて来

3

南満洲鐵道株式會社

ヨー0024　B列5　32×15　●分割打字ヲ要スル原稿ハ五、六頁乃至一〇頁ニテ區切ルコト　（15. 5. 5,000冊 丹和謄納）

No.　タイプライター原稿用紙

自動車ノ重要性（自動車運輸及経営）93? 15p

自動車交通ハ茲両三年来躍進的発展ヲ遂ゲ我国ノ自動車モ今ヤ　台ヲ越シツヽアル、ソシテ自動車交通全般ノ更ニ将来ヘノ健全ナル進出ハ望マシク、事業経営ノ統制ト指導ノタメニ自動車交通事業法ハ愈ヽ実施サレツヽアル、又新シキ自動車自体ノ制約法規デアル自動車取締令ハ幾多懸案ノ理想ト希望トヲ具体シテ自動車ノ発達ヲ助成スベク実施セラレテイル、我国ノ自動車ハ茲ニ劃期的発展線ニ立チツヽ進マントスル

自動車交通ノ必須ハ最早産業文明ノ顕著ナル一部内ヒシテ運輸交通界ニ基礎固ナル地歩ヲ占メ且既存ノ交通機関ニ対立シテ隆盛シテ来ツヽアル程度ハ最ヤテ寧ロ既存ノ交通機関ハ自動車交通ノ支援ヲ受ケテハ存続シ難イ情勢ハ正シク今日ノ事実デアル

南満洲鐵道株式會社

ヨ－0024　B列5　32×15　●分割打字ヲ要スル原稿ハ五、六頁乃至一〇頁ニテ區切ルコト　(15. 5. 5,000冊 …)

タイプライター原稿用紙　No.

我が軍用自動車と保護法の制定

我軍當局は外国の新情勢に倣ふて始めて軍用自動車の製造の計画に着手したのが明治四十年であって陸軍技術審査部では設計せられた図面によって四十三年二月大阪砲兵工廠に於て製造に着手したこれが軍用国産自動車の第一號である、

四十四年五月、続く第二號車は竣成して大阪宇都宮間の試運轉を行ひ、更に東京工廠試作車の完了を俟って青山練兵場の定地試験、続いて信州路へ運行試験を行った結果見事合格し皇軍の戦時自動車編制計画は愈々進行を開始することになり翌四十五年には右の経驗に基いて、陸軍技術審査部では自動車を野戦補助輸送機関として採用することに決定して、軍用自動車審査委員の任命を見た、これが為め国産自動車工業を今日あらしめた地均し工作とでもいふべきであらう

又我が国の軍隊が始めて自動車を使用したのは青島戦であった、堀内文治郎部隊によって使用したが、これは独逸の軍隊が使用していたの

（戦争と自動車）

南満洲鐵道株式會社

ヨ－0024　B列5　32×15　●分割打字ヲ要スル原稿ハ五、六頁乃至一〇頁ニテ區切ルコト

No.　　タイプライター原稿用紙

を分捕ったもので分捕った当初は如何にして使用するのか、その方法を知らなかった、青島戦では独逸の軍隊は実に神出鬼没を極め我が方の指揮官は首を傾けたのであったが自動車を分捕ってはじめて正体が解ったのであった、其後に於ては西伯利亜出兵、済南事変には少数ではあったが正式に軍用自動車が活躍した

大正七年陸軍では、軍用自動車の整備充実を計るため自動車製産の助長、民間使用の保護奨励を目標とする軍用自動車保護法を制定した、又たに制法多い軍用保護自動車がこれであって、軍用として規格の合い自動車を毎年一定数量製作せしめ軍は製造に対し補助金を交附する外、これが使用を奨励するために購買者に対しても購買補助金を支出し、有事の際これを徴発するのである、同法実施に適して起ち上ったのが、東京瓦斯電気工業株式会社、ダット自動車株式会社、株式会社石川島自動車製作所で、ダット自動車、石川島自動車は国産自動車工業確立策を踏襲して其後合併して自動車工業株式会社となり、更に自動車工業及東京瓦斯

ヨ－0024　B列5　32×15　●分割打字ヲ要スル原稿ハ五、六頁乃至一〇頁ニテ区切ルコト　（15. 5. 8,000冊）

南満洲鐵道株式會社

No.　タイプライター原稿用紙

斯電気工業会社自動車部は合併して現在の東京自動車工業株式会社となった、従って同社は我が国で最も古き歴史をもち、且つ軍用保護自動車を製造する唯一の自動車会社である。

南滿洲鐵道株式會社

ヨ―0024　B列5　32×15　●分割打字ヲ要スル原稿ハ五、六頁乃至一〇頁ニテ區切ルコト　(15, 5, 8,000册)

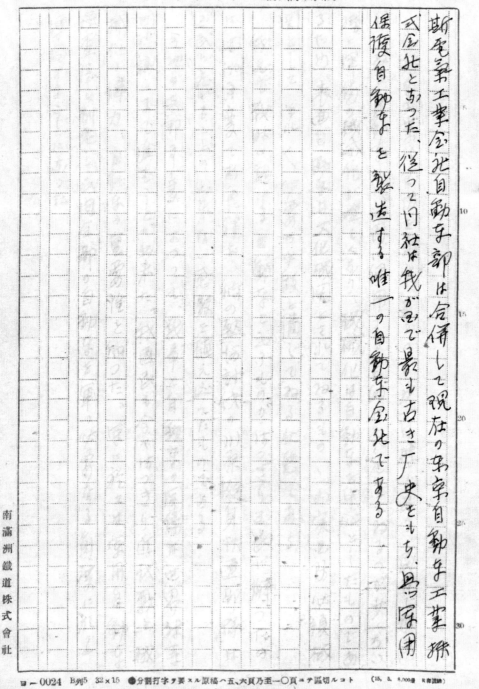

No.　　タイプライター原稿用紙

自動車工業は国防を充実するの第一目標であり民間で使用してゐる自動車さへ国防に使用する目的に充足してゐるのが少くない殊に軍備の機械化が喧しくなり、機械化は自動車を中心としたものであるため、我国自動車は文化機関とされてゐるもの、内実は国防必須機関として永く必要の手段を備へてゐる状態である

我国で戦時に於ける自動車といふものがはつきり国民に解つたのは満洲事変であつた様だ、彼の熱河討伐の川原挺身快速部隊は国民に忘ることの出来ない感激を植え込んだものである

今次の支那事変によつても、戦争と自動車の関係は世界諸軍の認識にまで進むことが出来た、我国民も今やはつきり近代戦と機械化の偉力、自動車の重要性を知つた、茲に於ては軍用自動車検査法を制定し民間全部の自動車を軍の必要なる角度に於て準備することになつた

南滿洲鐵道株式會社

各國の自動車数

南滿洲鐵道株式會社

No.

世界各国自動車輌数表　一九三七年一月現在

内燃機関ガ[illegible]界ト自動車工学講座ヨリ

国名	数量	国名	数量
アメリカ	二八〇六六三八〇	ソ聯邦	三五二八二〇
イギリス	二一二八〇三六	南阿聯邦	二八〇二五
フランス	二一〇〇〇〇〇	アルゼンチン	二七四四〇三
ドイツ	一二四三〇八四	ニユージランド	二一四八九
カナダ	一一二一五八七	ベルギー	一九七四三五
オーストラリヤ	六九〇〇〇〇	スエーデン	一六八七〇〇
イタリー	四一五〇〇〇	インド	一六六六二

ヨ－0022　B列5　25字×10　南滿洲鐵道株式社會　(13.9.5.000)

No.

日本	一四九、六三五	東印度諸島（蘭領）	五七、〇〇〇
ブラジル	一四九、〇〇〇	アイルランド	五二、〇〇〇
オランダ	一四二、〇〇〇	支那	五〇、四二八
デンマーク	一三五、四六七		
スペイン	一二五、〇〇〇		
メキシコ	一〇五、三九一		
モロッコ、スロバキヤ	一〇三、五二六		
スイス	九〇、〇〇〇		
アルゼンチン	六〇、〇〇〇		
ノールウエー	六〇、〇〇〇		

註　スイス、ノールウエー、インド、アイルランド一九三六、調
支那一九三四年調

ヨ—0022　B列5　20字×10　南滿洲鐵道株式社會　（13. 9. 5,000部 ……）

No.

世界各國現今自動車輛數比較表（一九三七年一月現在）

内燃機関第三巻第四号自動車工学講座ヨリ

國名	数量	國名	数量
イギリス	八四、五二三	支那	七、五〇〇
アメリカ	七一、二九九	東印度諸島	七、三一九
フランス	四六、六〇〇	アルゼンチン	七、〇六三
インド	三三、二〇九	メキシコ	四、五五〇
ロヤ(白地)	二三、〇〇三	スラエーデン	四、一〇〇
ドイツ	一五、五六七	ブラジル	三、九二〇
イタリー	一〇、〇〇〇	オランダ	三、九〇〇

ヨ—0022　B列5　28字×10　南滿洲鐵道株式社會　(13.9.5.000)

No.

チェッコ、スロバキヤ	三、一八四	印度支那　一、六〇〇
ルーマニヤ	三、〇〇〇	
ノールウエー	二、八七五	
キューバ	二、七四七	
セイロン	二、五五九	
シヤム	二、三一三	
オーストリヤ	二、二一八	
フインランド	一、九五〇	
カナダ	一、七五〇	
ポルトガル	一、六五〇	

ヨ—0022　B列5　28字×10　南滿洲鐵道株式會社　(13.9.5.000冊 …)

No.

世界主要國自動車數

註 昭和十年一月一日現在米國オートモビル社調査

國名	乗用	乗合	貨物	デーゼル	合計	一台当り人口
アルゼンチン	一六三、二〇〇	七、五〇〇	五四、一八一	一五〇	二二五、〇三一	六一
オーストラリア	四三二、六八五	一、九五七	一四〇、七〇九	—	五九五、三五一	一一
白耳義	九七、五〇〇	—	五七、五〇〇	—	一五五、〇〇〇	五一
ブラジル	八二、九五一	三、四九八	四一、八〇二	一七四	一二八、四二五	三七
加奈陀	九五二、四三七	七九六	一六六、〇〇五	五〇	一、一一九、二七六	九
支那	二二、七四九	一、一九七	八、三四五	—	三二、二九一	一、三八〇
佛蘭西	一、四二〇、二四〇	二七、〇〇〇	四五六、二二一	一一、一〇〇	一、九一四、五六一	二二

No.

独逸	七五、〇〇〇	一一、〇〇〇	一九二、〇〇〇	一〇、〇〇〇	九六八、〇〇〇	六八
印度及ビルマ	七八、二五三	二二、四五〇	五、六二五	五〇	一〇六、三七八	三三八
伊太利	二六六、七三七	九、四八二	九九、五七五	二、一一三	三七七、九〇七	一〇九
日本	五三、〇一二	二五、三五九	四一、四四一	—	一一九、八一二	五六九
蘇聯邦	三三、五〇〇	—	一四六、五〇〇	—	一八〇、〇〇〇	九二一
スペイン	一一六、二二二	一五、三〇六	三九、九三八	五、六四一	一一七、一〇七	一三五
スウェーデン	一〇二、一四五	三、六二五	四四、〇三〇	—	一四九、八〇〇	四一
スイス	六七、五〇〇	一、四二〇	一九、〇〇〇	—	八七、九二〇	四六
英吉利						
イングランド	一、二〇七、五七四	三五、七三九	三五八、二八七	五、一三四	一、六〇六、七三四	二三

No.

ウェールス	五六、〇一四	二、四一二	一七、八三七	三六九	七六、六三二	三四
スコットランド	一〇七、一一四	四、一三八	三五、四一九	一、三一二	四七、八八三	三三
其他	三八、〇九〇	八八五	八、一二五	—	四七、一〇七	六一
北米合衆國	二一、四三〇、五〇三	一〇六、二七七	三、三九六、六二五	—	二四、九三五、四〇三	四九
其他諸國	一三六八七、九二	七九、六八九	四七〇、六二六	一、五八二	一、九九九、〇八〇	一
計	二八、八〇、六〇八	三六九、七三〇	五、七九九、七八五	三七、五七五	三五、〇八七、六九八	五八

南滿洲鐵道株式會社

No.

戦争と自動車

世界国別自動車生産高（一九三五年ヨリ一九三八年マデ）

乗用車

国別	一九三五年	一九三六年	一九三七年	一九三八年
米国	三、五二二、二四四	三、六六九、五二八	三、九一五、八八九	二、〇〇〇、九八五
カナダ	一三五、五六二	一二八、三六九	一五三、〇四七	一二五、〇八一
ベルギー	四六三	一、〇〇〇	—	—
チエツコ	九、一九五	一〇、〇〇〇	一二、〇〇〇	一二、〇〇〇
フランス	一五六、〇一〇	一六〇、五〇〇	一八〇、〇〇〇	二〇〇、三四三
独逸	—	二二〇、〇〇〇	二六〇、〇〇〇	二六八、〇〇〇
英国	二〇一、四三八	三五三、七四三	三八九、六三三	三四二、三九〇

ヨ－0022　B列5　28字×10　南満洲鐵道株式會社　（15.7.5.400冊 [illegible]）

No.

イタリー	四〇、二三六	四〇、〇〇〇	六〇、〇〇〇	五九、九六四
日本	（削除）			
ポーランド	四八八	—	一、〇〇〇	—
スエーデン	七九〇	—	—	—
ソ聯邦	一九、二〇〇	四五〇〇	一八、〇〇〇	二六、八〇〇
其の他	一、七八八	二、〇〇〇	七五〇	—
世界総計	四、一四七七八七	四、五九一、一一四	四、九八九、八七七	三、〇三五、五六三
ニヤー				
米国	六九四、六九〇	七四八、五八七	八九三、六五二	四八八、六五〇
カナダ	三三、三一五	三三、七九〇	五四、三六九	四一、〇六一

No.

ベルギー	二九〇	四五〇	―	―
チエツコ	七八三	二、〇〇〇	一、〇〇〇	一、〇〇〇
デンマーク	一四八	―	―	―
フランス	二三、三六〇	二七、五〇〇	二〇、〇〇〇	二〇、〇〇〇
独逸	四一、四九六	五一、〇〇〇	五〇、〇〇〇	六〇、〇〇〇
英	九一、七五〇	一〇七、六〇九	二八、一一六	一〇五、一七一
ハンガリー	一二	―	―	―
イタリー	四〇、三三六	四〇、〇〇〇	六〇、〇〇〇	五九、九六四
日本	（削除）			
ポーランド	三〇〇	―	一、〇〇〇	―

ヲ－0022　B列5　28字×10　南滿洲鐵道株式會社　（15.7.5.400冊　[illegible]）

No.

スエーデン	一六一四	—	—	—
ソ聯邦	七、八〇〇	一四五、〇〇〇	一八二、〇〇〇	一八八、二〇〇
其の他	七二	一、〇〇〇	四、五〇〇	—
世界総計	九七八、九五六	一、一二九、四三六	一、三三七、六三八	—
各種自動車合計				
米国	三、九四六、九三四	四、四五四、二一五	四、八〇九、五一五	二、四八九、六三五
カナダ	一七二、八七七	一六二、一五九	二〇七、〇〇〇	一六六、一四二
ベルギー	七五三	五〇〇	五〇〇	二〇〇
チエッコ	九、九七八	一二、〇〇〇	一三、〇〇〇	一三、〇〇〇
デンマーク	一四八	二五〇	二五〇	二五〇

No.

フランス	一七九,三七〇	一,二〇一,七三七	二〇〇,〇〇〇	二三〇,三四五
独逸	二四二,九三四	二九七,五一二	三二五,二五〇	三三八,〇〇〇
英 〃	四四一,九一五	四六六,四四七	五〇七,七四九	四四七,五六一
ハンガリー	一九一	五〇〇	五〇〇	五〇〇
イタリー	四五,二〇八	五〇,〇〇〇	七〇,〇〇〇	七〇,三八八
日本	（削除）			
ポーランド	七八八	三,四〇〇	六,一一六	七,六〇〇
スエーデン	三,一二二	四,二五〇	四,五〇〇	八,三三五
ソ聯邦	九七,〇〇〇	一三八,四〇〇	二〇〇,〇〇〇	二一五,〇〇〇
其の他	二,五〇九	七,二五〇	七,七五〇	二,五〇〇

ヨー0022　B列5　28字×10　南満洲鐵道株式會社　（15.7.5.400冊）

No.

世界総計　五、一二六、六八〇　六〇七、〇二〇　六、四五七、八〇二　三、九九九、四五四

備考　一九三五年及一九三八年の米小及加奈陀外の数字は米小の外小及内地商務局自動車部の調査により其の他はアメリカン・オートモビル誌の調査による

No.　タイプライター原稿用紙

明治四〇	業用	貨物	計
四一			二九
四二			六、九
四三			一一六
四四			二一〇
大正二			八九二
三			一、〇六六
四			一、二四四
五	一、六二四	二四	一、[illegible]四八
六	三、〇四九	二四	三、六七二
七	四、四九一	四二	四、五三三
八	六、八四七	二〇四	七、〇五一
九	九、三五五	六四四	九、九九九
一〇	一一、二二八	八八八	一二、一一六
一一	一三、四八三	一、三八三	一四、八六六

昭			
一二	一〇、六六六	二、〇九九	一二、七六五
一三	一八、九五一	八、三六二	二七、三一三
一四	二〇、四五六	九、四三五	三一、八八一
一五	二七、九七九	一二、〇〇九	四〇、〇〇六
二	三五、八七五	一五、九八七	五一、八六二
三	四四、六六〇	二一、七一九	六六、三七九
四	五二、八九三	二六、四五一	八〇、三七〇
五	五七、八二七	三〇、八八一	八八、七〇八
六	六二、四〇九	三四、八三七	九七、二五六
七	六四、三八一	三五、九三九	一〇〇、三二一
八			
九	六八、七五六	四〇、四八八	一〇九、三三四
一〇			

南満洲鐵道株式會社

ヨー0024　B列5　32×15　●分割打字ヲ要スル原稿ハ五、六頁乃至一〇頁ニテ区切ルコト　(15, 5, 5,000冊 …)

No.　　タイプライター原稿用紙

一 自動車運送及経営 一

昭和九年十月末現在

	乗用自動車	貨物自動車	特殊用途自動車	計
内地	六八、七四六	三八、三四六	二、一四二	一〇九、二三四
朝鮮	三、四四九	一、四四八	二二九	六、一二六
台湾	二、一四六	七八四	一三五	三、〇六六
関東州及満鉄附属地	一、五〇一	五六六	一八二	二、二四九

本邦自動車発達趨勢

	乗用車	貨物車	計
明四〇			一六
〃 四一			二九
〃 四二			六五
〃 四三			一二一
〃 四四			三一〇
大正二			八九二

大正三

南満洲鐵道株式會社

ヨ－0024　B列5　32×15　●分割打字ヲ要スル原稿ハ五、六頁乃至一〇頁ニテ區切ルコト　（15，5，8,000冊　Ｂ印刷所）

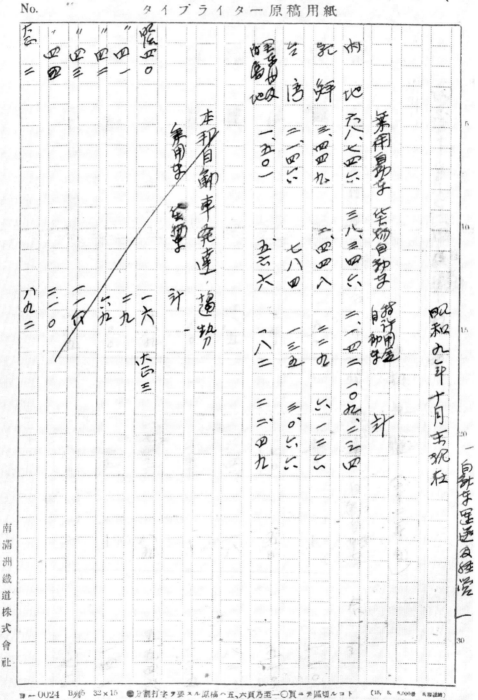

No.

民国二十年全国自动车数量

申报年鉴（二十二年度）

地名	乘用车	乘合车	货物车	自动自转车	合计
安徽	一〇	五〇	五〇	—	一一〇
浙江	一二〇	二七〇	七〇	五〇	五一〇
福建	三一四	四八五	四	一八	八二一
河南	—	一〇〇	二五	—	一二五
河北	三、二二三	四八九	一、七四五	八九	五、五四六
湖南	六	一〇〇	三五	—	一四一
湖北	七二一	一四五	八〇	三〇	九七六

No.

甘粛	—	一〇	—	—	一〇
江西	一〇	五〇	—	—	六〇
江蘇	一、七七七	六〇	三一一	一五	二、一六三
上海華界	一二	九三	二一	八	一三六
上海佛租界	三、九九一	二一	一、二二四	二一八	五二七四
上海公共租界	五、八八五	一〇六	一、五七八	七一四	八、三一二
上海軍用	—	—	一〇〇	五〇	一五〇
上海附近各区	一、〇〇〇	六〇	五〇〇	一〇	一、五七〇
江西	—	一五〇	—	—	一五〇
廣東租界	六六〇	五五	三二五	四二五	一、四六五

ヨ—0022　B列5　28字×10　南満洲鐵道株式會社　(13年9. 5.000部 …)

No.

廣州湾	七六	—	—	—	七六
關东	八七七	一、二七八	一五七	一八二	二、四九四
貴州	—	四二	—	—	四二
東三省	三、六四四	二八八	二、一六三	一二八	六、二二三
熱河察哈尔綏蒙	四八	一八三	—	一	二三二
寧夏	—	二五	—	—	二五
山西	一六三	二二五	—	六	三九四
山東	八四四	二六〇	一七二	七〇	一、三四六
陝西	四	七五	—	—	七九
新疆	—	二五〇	—	—	二五〇

ヨ—0022　B列5　28字×10　南満洲鐵道株式會社　(13.-9. 5.000冊 [illegible])

No.

綏遠	七〇	九五	一	一	一六五
四川	一二七	一八〇	二五	二〇	三五二
雲南	九	四	九	三	二五
赤奮花軍用	一四	一	七一六	一	七三〇
總計	二三、五三五	五、一五九	九、三二〇	一九、一二九	三九、九四三

ヨ—0022　B列5　28字×10　南滿洲鐵道株式會社　(13. 9. 5.000冊 [illegible])

No.

民國十四年至十九年上海進口輸入自動車統計

年次	自動車 輛數	價格(兩)	自動自轉車 輛數	價格(兩)	其他自動车 價格(兩)
民國十四年	三、一六九	三、八二三、九一四	三六二	八四、四八二	二、二五六、八九四
〃十五年	四、四九九	五、一〇一、七一七	六五五	一九五、七四六	三、五三三、九六一
〃十六年	三、三三八	四、〇二三、八四八	四一九	一三四、四六〇	三、五二一、一三九
〃十七年	四、〇六四	四、九六〇、二〇五	五七〇	一九七、二九八	五、〇四二、七三二
〃十八年	八、七八一	一二、五〇四、四一一	七〇七	二二一、七五七	五、二六一、四九四
〃十九年	四、四五五	七、五八一、八九〇	五〇三	二五〇、八七三	八、四九七、八九四
計	二八、二八六	三六、九八〇、九八五	三、二一六	一、〇八四、六一六	二八、二二四、一一五

No.

全國各省市自動車車輌數量

民國二十三年一月現在　申報年鑑 25年

省及地名	乗用車	乗合車	貨物車	自動自轉車	合計
江蘇省	三二七	七九	二一八	三一	六五五
浙江省	六〇〇	三〇七	一三一	二七	一〇六五
安徽省	一一	五九	三五	二	一〇七
江西省	四九	一七八	三二	三	二六三
湖南省	四	二九〇	二〇	四	三一八
湖北省	五七三	一二三	一三八	二四	八五八
漢口	五五九	[illegible]	一三八	二〇	[illegible]

ヨ―0022　B列5　2?字×10　南滿洲鐵道株式社會　(13.9.5.000冊)

No.

其他	一四	一二三	—	四	—
四川省	二三五	三三四	一七	一八	五九四
重慶	一四〇	六〇	一二	四	—
其他	八五	二七四	五	一四	—
雲南省	—	—	—	—	一〇九
贵州省	—	—	—	—	七九
福建省	一四四	五九五	四四	一三	七九六
廈门及附近	六三	三五四	三四	三	—
福州及附近	八一	二四一	一〇	一〇	—
廣東省	二九四一	七八二	二九一	一八一	四一九五

ヨ―0022　B列5　25字×10　南滿洲鐵道株式社會　(13.9.5.000冊 勝川納)

No.

廣州	九八五	二〇八	一〇三	九六	—
瓊州島	四五三	四七	一七八	二	—
其他	一、五〇三	五二七	一一	八三	—
山西省	—	—	—	—	五五〇
山東省	九一七	五〇八	二五九	一四四	一、八二八
濟南	二〇四	二七六	一九	八	—
青島	六五九	一二〇	一八四	一五	—
其他	五四	一一二	五五	二一	—
河北省	三、六六三	三〇七	一五九	一六九	四二五八
北平	一、八〇八	八七	三九	四七	—

ヨ—0022　B列5　20字×10　南滿洲鐵道株式社會　（13.9.5,000冊 [illegible]）

No.

天津	一、六七五	七〇	七五	一二〇	—
其他	一四〇	一五〇	四五	二	—
河南省	七〇	一八五	九〇	二	三四七
山西省	三	二六〇	一二三	二	四九四
陝西省					一七八
東三省	三、二五〇	三、三二〇	一二〇	四五〇	七、〇五〇
熱河省	一五	六	三〇		二三一
察哈尔省	一〇	六	五〇		六六
甘粛省					一七二
青海省	五	五			一〇

ヨ—0022　B列5　20字×10　南満洲鐵道株式社會　(13.9.5.000冊)

No.

綏遠省	四	一〇	三〇		七三
寧夏省		四五			四五
蒙古	二〇〇	一、八〇〇			二、〇〇〇
新疆省	一〇	一〇	四〇		六〇
南京市	一、〇二七	七五	二〇七	六五	一、三七四
上海市	一二、〇六四	三〇三	三、七〇七	九六五	一七、〇三九
旅順大連	六五〇	七五	二五〇	一五〇	一、一二五
廣州湾	九四	三一	四	一	一二〇
澳门	二一八	八七	四九	三〇	三八四
香港	二、八〇一	一七三	七四六	三六五	四、〇八五

ヨ—0022　B列5　28字×10　南滿洲鐵道株式社會　(13.9.3.000枚 盛川納)

No.

二九、八二五　九、八六三　六、九七一　二、六四六　五〇、五二八

雲南、貴州、廣西、山西、綏遠、陝西、甘粛以上七省、今年度分ノ報告ナキモ最近ノ資料ヲ以テ修正セリ

ヨ―0022　B列5　28字×10　南滿洲鐵道株式社會　（13.4.5.000冊 鈴川納）

No.

各國自動車總數

一九三六年一月一日現在（五万輛以上）鉄道省陸運課調查

國名	數量	國名	數量
アメリカ	二六、一六七、〇〇〇	アルゼンチン	二九〇、〇〇〇
フランス	二、一八二、〇〇〇	ソ聯邦	二四五、〇〇〇
イギリス	一、九九〇、〇〇〇	南亜聯邦	二三八、〇〇〇
カナダ	一、一六一、〇〇〇	ニユージランド	一九〇、〇〇〇
ドイツ	一、一〇四、〇〇〇	スペイン	一七九、〇〇〇
オーストラリヤ	六三一、〇〇〇	インド	一六四、〇〇〇
イタリー	三九一、〇〇〇	ベルギー	一六二、〇〇〇

ヨ―0022　B列5　28字×10　南滿洲鐵道株式會社　（13.9. 5.000冊）

No.

スウエーデン	一五四・〇〇〇	東印度商会（オランダ領）	五七・〇〇〇
ブラジル	一四五・〇〇〇	アイルランド	五二・〇〇〇
オランダ	一四三・〇〇〇		
日本	一三五・〇〇〇	合計	三七二七五二六四
デンマーク	一三〇・〇〇〇		
メキシコ	九七・〇〇〇		
スイス	九〇・〇〇〇		
チエッコスロヴァキア	九〇・〇〇〇		
アルゼンチン	六〇・〇〇〇		
ノールウエー	六〇・〇〇〇		

B—0022　B列5　28字×10　南滿洲鐵道株式會社　（13．9．5,000冊）

No.

自動車一台ニ対スル各国ノ人口割合

一九三六年一月一日現在　鉄道省陸運課調査

国名	自動車一台ニ対スル人口割合			
	一九三二年	一九三三年	一九三四年	一九三五年
米合衆国	四、八	五	五	四、九
新西蘭	八	八	九	九
加奈陀	九	九	一〇	一〇
濠洲聯邦	一二	一二	一二	一二
仏蘭西	二五	二四	二二	二二
英吉利	三〇	二九	二七	二六
丁抹	三〇	三〇	二九	二七

No.

クルセンプルグ	三三	三〇	二八	二九
南亜聯邦	五一	五一	四八	四九
瑞典	四一	四一	四四	四二
白耳義	四六	四四	四三	四三
亜尔然丁	三五	三七	四四	四四
瑞西	五〇	四三	四一	四六
諾威	五六	五三	五二	五二
愛蘭土自由国	六四	五九	五七	五七
和蘭	六四	五九	五八	五八
独逸	一〇〇	九六	七五	六三

No.

伊太利	一四〇	一三〇	一一九	一一三
芬蘭	一一〇	一一九	一二一	一一九
チェッコスロヴァキア	一九七	一七九	一二七	一二六
西班牙	一二一	一四九	一三四	一三四
墺太利	一九八	一九五	一七一	一六九
墨西哥	二四六	一八九	二〇一	二〇一
伯剌西爾	二五二	二八六	三〇二	三〇二
秘露	四三九	五一二	五一二	四〇九
ロド	六四九	六三二	六三五	六二八
羅馬尼	—	六〇四	六四八	六四八

ヨ—0022　B列5　28字×10　南滿洲鐵道株式會社　(13. 9. 5.000冊 [illegible])

No.

匈牙利	五二	五三七	五四二	六七六
埃及	六一六	四五九	四九六	六八四
南钦印谷	七二〇	八四八	九〇九	九〇〇
波蘭	一一四二	一二七〇	一二六二	一三四六
蘇聯邦	二〇〇〇	二七一七	一五七八	—

ヨ—0022　B列5　28字×10　南滿洲鐵道株式會社　(13. 9. 5.000册 話川納)

No.

列國自動車生産數累年表

註　一九二〇年以降ハ米國商務省ソレ以前ハ米國自動車商業会議所調査

但シ米國ニハ組立用トシテ輸出セラルル自動車ヲ含ム

國名	一九二八年	一九二九年	一九三〇年	一九三一年	一九三二年	一九三三年	一九三四年	
米國	四、三五八、七五九	五、三五八、四二〇	三、三五五、九八六	二、三八九、七三八	一、三七〇、六七八	一、九二七、二五六	二、七五三、一一一	四、八二二、四九二
濠洲	一一、九三〇	九、一一〇	三、二〇〇	四、一〇〇	二、三六四	一、五七五	一、三五五	一、三〇〇
白耳義	八、五五〇	七、〇〇〇	四、七〇〇	三、二〇〇	二、二二五	一、四〇〇	七四〇	八〇〇
加奈陀	二四二、三八二	二六三、二九五	一五四、一九二	八二、五六一	六〇、八一六	六五、九二四	一一六、八五二	
チエツコスロバキヤ	一三、一五〇	一四、七四〇	一六、八四〇	一六、九八〇	一三、五八〇	一〇、〇〇〇	一〇、〇〇〇	一〇、〇〇〇
丁抹	一六五	五四〇	二三〇	一九三	一九三	一	一八二	

No.

英吉利	二一一、八七七	二三二、九二五	二三四、五七一	二二三、二一九	二四四、四三四	二八〇、五二六	三四七、八五六	四〇三、七二〇
佛蘭西	二〇七、五九	二八四、〇〇〇	二三〇、七〇〇	一九六、八六〇	一七〇、九五五	一九一、九二九	二〇一、六四四	一七七、八〇一
獨逸	八九、九五〇	八〇、五〇〇	七〇、〇四四	七七、二二五	五二、六八五	一〇五、八三二	一七三、〇一四	二三八、〇〇〇
洪牙利	四六〇	六三二	八四一	二三七	一二一	四三	二二二	
伊太利	五五、〇〇〇	五四、一〇〇	四二、六八五	二九、二八〇	二九、一〇〇	四二、〇〇〇	四三、四一六	四八、〇〇〇
波蘭	三二〇	四五〇	二八八	二〇〇	一七五	七八〇	八〇〇	
蘇聯邦	七九九	一、七〇九	七、九七二	二〇、五〇〇	二六、八四九	四九、七四三	七二、四六六	九六、六〇〇
西班牙	三二五	四五〇	四五〇	二五〇	四三五	三七五	八三〇	八、〇〇〇
瑞典	一、三六〇	一、七五八	二、四〇〇	二、四四四	三、〇一五	二、九七五	三、一二二	三五、〇〇〇
瑞西	一、七〇〇	三、〇〇〇	一、〇〇〇	一、〇七〇	九九六	四八〇	四三六	四〇〇
日本	四七〇	二一五	三七一	五三一	六七五	一、八〇八	二、八四五	二、五〇〇 其他 一、五〇〇
合計	五、二〇四、三二八	六、二七七、四五一	四、一二六、四七〇	三、〇四八、六四八	一、九七九、二五一	二、六八二、八八六	三、七二八、八九一	五、一五三、四一七

ヨ—0022　B列5　20×10　南满洲铁道株式会社　(12.9.5,000册 [illegible])

No.

内燃機関　昭和十三、四月　第二巻第四号　七頁

国産自動車ニ就テ、宮田應義ヨリ

本邦ニ於ケル自動車使用状況

年次	乗用車（乗合ヲ含ム）	貨物車	特殊車	合計	増加数	前年ニ対シ増加%
大正十二年六月	一二、七〇九	三、〇二二	四七四	一六、二〇五		
〃十三年六月	一七、九三九	六、三九四	六六八	二五、〇〇一	八、七九六	三五
〃十四年六月	二一、〇〇二	八、一七二	一、〇五一	三〇、二二五	五、二二四	二一
〃十五年六月	二六、八五六	一〇、六一九	一、二一八	三八、六九三	八、四七八	二八
昭和二年六月	三四、〇七四	一四、一七六	一、四二五	四九、六七五	一〇、九八二	二八
〃三年六月	四二、〇一五	一五、八七一	一、八八五	六一、七七一	一二、〇三六	二五

ヨ－0022　B列5　20字×10　南滿洲鐵道株式會社　（13.9.5,000冊 [illegible]）

No.

昭和四年六月	五四、一二五	三五、三一八	二、一三八	八一、四七[illegible]	一九、七六〇	三二
五年八月	五八、六九〇	二九、七四四	一、六八二	九〇、一一六	八、六四五	一一
六年八月	六三、九一七	三二、九二六	二、二三二	九九、〇七五	八、九五九	一〇
七年八月	六六、九〇六	三四、五三一	二、四七八	一〇三、九一五	四、八四〇	五
八年八月	六八、三二四	三六、一二七	二、四六二	一〇六、八〇三	二、八八八	三
九年十月	七六、一二四	四二、三三七	二、七三一	一二一、一九二	一四、三八九	一四
十年十月	八二、七七五	四八、一三五	三、九四九	一三四、八五九	一三、六六七	一一
十一年十月	八九、〇〇八	五六、〇八二	四、五四五	一四九、六三五	一四、七七六	一一

ヨ—0022　B列5　20字×10　南滿洲鐵道株式社會　(13. 9. 5.000冊 …)

No.

世界各国ノ自動車保有台数及一輛当人口数

内燃機関第二巻第四項七項ヨリ

国名	保有台数	一輛当人口数
北米合衆国	二六、二二一、〇〇〇	五
新西蘭	一九一、〇〇〇	八
加奈陀	一、一六三、〇〇〇	九
濠洲聯邦	六三二、〇〇〇	一一
仏蘭西	二、〇六五、〇〇〇	二〇
英吉利	二、〇六四、〇〇〇	二三
丁抹	一三五、〇〇〇	二七
南阿聯邦	二四二、〇〇〇	二八

No.

「戦争と自動車」

世界国別自働車現在数（一九三九初現在）

国　アメリカ洲	車輛総数	乗用車	貨物車	乗合車	自動自転車
アラスカ	三、七五〇	二、五〇〇	一、二五〇	—	二八
アンティグア	三一七	二四九	五八	六	二一
アルゼンチン	二七九、二六七	二〇九、八九六	五六、八七一	一二、五〇〇	二、〇〇〇
バハマ	一、六五〇	一、四五〇	二〇〇	—	四六
バルバドス	二、五四四	二、一〇七	三三三	一〇四	九五
バーマダ	六〇	三	五一	六	—
ボリヴィヤ	二、一六〇	九五七	一、〇六四	一三九	—
ブラジル	一六〇、〇〇〇	一〇〇、八〇〇	五四、九〇〇	四、三〇〇	一、六三〇

No.

英領ギアナ	一、七〇〇	一、四〇〇	二五〇	五〇	一二五
英領ホンヂュラス	二四六	一三四	一一二	―	二
カナダ	一、三八一、〇三三	一、一六一、〇六九	二一七、六〇三	二、四三一	一二、〇三四
チリー	四五、七八一	三一、七八三	一三、四六九	一、五二九	六〇〇
コロンビヤ	二四、一四三	一三、七一三	七、一五九	三、三七一	二五二
コスタリカ	三、三八三	二、二六三	七八九	二三三	一八二
玖馬	四二、六五八	三六、七八九	一三、〇五一	二、八八	三四七
ドミニカ	八三	六〇	二三	―	二二
ドミニカ共和国	二、六五〇	一、七五〇	九〇〇	―	一八〇
蘭領ギアナ	二〇〇	一四〇	五〇	一〇	三〇

ヨー0022　B列5　28字×10　南滿洲鐵道株式會社　（15. 7. 8.400部 [illegible]）

エクアトル	四、一七六	一、七五八	一、九三九	四七九	八五
佛領ギヤナ	三四七	一四六	二〇一	—	二六
グレナダ	五六〇	四〇〇	一五〇	一〇	六五
グレアデルーブ	二、三五〇	一、七七五	四〇五	七〇	九〇
ガ・テマラ	四、一七五	二、六〇〇	一、五七五	—	四三五
ハイチ	二、四二七	一、九九二	四三五	—	六二
ホンヂユラス	一、三三五	六九七	五一九	九	七
ヂヤマイカ	一二、五四八	九、六九一	二、六九九	一五八	五六一
マルチニク	二、九七五	二、三二〇	五五五	一〇〇	一二〇
メキシコ	九九、四七〇	七五、一七〇	一八、一三〇	六、一七〇	三、三五〇

No.

モントセラト	一二	八七	三五	一	四
蘭領西印度島	三、八五一	二、四六〇	八八八	二〇三	一九一
ニューファンドランド	五、〇二四	三、九三一	一、〇九三	一	二七八
ニカラガ	八四二	六一五	一九九	二八	五三
パナマ	一三、三五〇	一〇、八五〇	一、四〇〇	一	六一
パラグアイ	二、一〇〇	一、五〇〇	六〇〇	一	一
ペル―	一八、六九〇	一二、三三三	六、三〇六	一、〇五二	三九
ペルトリコ	二二、五〇〇	一六、五〇〇	五、〇〇〇		一八五
セント・ルシヤ	一八八	一五三	二〇	一五	三二
モントピエール・ルーミケロン	一〇二	三八	六四	一	七

ヨー0022　B列5　28字×10　南満洲鐵道株式會社　（15.7.8.400册 納川商）

No.

セントヴィンセント	二四九	一九〇	二九	三〇	二四
サルヴァドル	三、〇九五	二、三一〇	四三五	三六〇	五三九
トリニダッド・トバゴ	八、七五〇	六、〇〇〇	二、二〇〇	五五〇	一、〇〇〇
北米合衆国	二九、二一一、六五三	二五、〇八一、一二〇	四、〇五八、八一五	七一、七一六	一一〇、一二六
ウルグァイ	二八、九九〇	二一、七五〇	七、二四〇	—	—
ヴェネズエラ	七二八	四八二	二三三	一三	三
バージン諸島	七二八	四八二	二三三	一三	三
西印度(其他)	三五〇	二七五	七五	—	—
一九三九年總計	三一、四二六、三一八	二六、八二八、二〇六	四、四九〇、六四二	一〇七、四七〇	三五、三九六
一九三八年總計	三一、七五四、四六〇	二七、一三一、一四八	四、五二九、五七四	九三、七三八	一二五、一一八

ヨ－0022　B列5　28字×10　南滿洲鐵道株式會社　(15.7.8.400冊 [illegible])

No.

一九三九年總計	三〇、〇九三、一六八	二五、七三九、四二〇	四、二六三、五三六	九一、二一二	一一九、八九六
ヨーロツパ洲					
アルバニヤ	九〇〇	四〇四	四四二	一四	三五
アゾレス	八八八	七四四	四四	一〇〇	一二九
ベルギー	二二六、九〇九	一四八、二二二	七六、三二六	二、四六〇	六七、九四六
ブルガリヤ	四、四〇〇	二、七〇〇	一、七〇〇	—	一、五〇〇
ダンヂツヒ	三、五五五	二、六五〇	八五〇	五五	二、〇〇〇
デンマーク	一五〇、七七八	一〇八、二〇一	四二、五七七	—	二九、三二四
エストニア	六、三六〇	三、二二〇	二、八五〇	二九〇	二、八四〇
ファロ諸島	二一〇	一二七	五八	二五	七

ヨ－0022　B列5　28字×10　南満洲鐵道株式會社　（15.7.8,400冊 ）

No.

佛蘭西	二、三五〇、〇〇〇	一、七五〇、〇〇〇	五〇〇、〇〇〇	—	—
フィンランド	四七、一三七	二六、八五〇	一七八七五	三〇一二	六、三五〇
独逸	一、七〇七、四九六	一、三五〇、七〇八	三八一、〇九六	二〇、七九二	一、五八二、八七二
(チエック)	(六四九、八二)	(四七九、七四)	(一五二、四六)	(一、七六二)	(三四、〇〇〇)
ジブラルタル	一、一五五	九二五	一九〇	四〇	四三六、二三一
英	二、五四二、二九四	一、九一六、三三六	五六八、五三二	八七、五三六	一、〇〇〇
ギリシヤ	一三、八〇〇	六、五〇〇	五、一〇〇	二、二二〇	五七、〇〇〇
和蘭	一五三、七五〇	九七、〇〇〇	五六、七五〇	—	一〇、〇〇〇
ハンガリー	二二、〇五〇	一七、二五〇	四、八〇〇	—	—
アイスランド	一、八七〇	八〇〇	一、〇七〇	—	三、二〇〇

ヨ—0022　B列5　28字×10　南滿洲鐵道株式會社　(15. 7. 8.400冊 [illegible])

No.

愛蘭自由ｍ	六三、〇〇〇	五一、五〇〇	一一、五〇〇	—	三、二〇〇
伊太利	三九九、三七五	三〇三、六〇〇	八五、八七五	九、九〇〇	一五四、五〇〇
ラトヴィア	六、八五〇	三、五〇〇	三、〇〇〇	三五〇	二六、五〇〇
リトアニア	二、七三〇	一、七九〇	五七〇	三七〇	一、三八〇
マルタ	五、二五九	三、八〇〇	八三三	六二六	四〇一
モナコ	一、八五〇	一、四五〇	四〇〇	—	一五〇
北愛蘭	四八、一二四	三七、二一四	九、四四〇	一、四七〇	二、九一八
ノールウエー	八九、六五三	五四、一八三	三、九八〇	三、四九〇	一五、三三四
ポーランド	四一、九四八	二九、七六六	一〇、一四四	二、〇三八	一二、〇六一
ポルトガル	四八、三三〇	三五、四〇〇	一一、二八〇	一、六五〇	四、六二〇

No.

ルーマニヤ	二七、七五〇	二〇、五〇〇	七、二五〇	—	一、三〇〇
スペイン	一二、五〇〇	—	—	—	—
スエーデン	二一五、〇〇〇	一五二、〇〇〇	五七、九五〇	五、〇五〇	四三、八〇〇
瑞西	九四、八五〇	七二、五〇〇	二〇、六五〇	一、七〇〇	二六、〇〇〇
ソ聯邦	六三七、九九七	八五、三八七	五九二、六一〇	—	—
ユーゴースラビヤ	一八、六四八	一三、三八六	三、三五三	九〇九	七、八九二
一九三九年總計	九、〇六五、四七五	六、三〇一、二八六	二、四九三、三四一	一四五、九六八	二、五七一、八〇
一九三八年總計	八、四五五、五七七	五、八四四、五九六	三、三三七、六四三	一四八、三三八	二、三六四、三四五
一九三七年總計	七、七九一、六六五	五、五一五、七四五	一、九九〇、六六	一四五、三八〇	二、七一四、六五〇
アジア洲					

No.

アフガニスタン	二、四〇〇	四〇〇	二、〇〇〇	÷	—
アラビヤ	二、七三五	一、六九六	九八〇	五五	二三
英領馬来	四五、七四八	三三、八六二	一一、八八六	÷	四、三二〇
セイロン島	二八、〇四四	二一、一〇二	四、三〇七	二、六三五	二、九九九
支那	四四、七五〇	二三、七五〇	一三、五〇〇	七、五〇〇	—
サイプラス	二、〇五〇	—	—	÷	四六七
佛領印度支那	二〇、五三〇	一六、二三五	四、二九五	÷	七三三
香港	四、六六五	三、六二一	一、〇五四	÷	二八五
印度	一七八、一二四	一三七、四七八	二〇、三三三	三〇、三一三	一、四一七
イラン	一二、五三二	三、七七二	七、三八〇	三、三七〇	二五〇

ヨ－0022　B列5　28字×10　南滿洲鐵道株式會社　(15. 7. 8.400冊 [illegible])

No.

イラク	六、四四一	四、一六九	二、三七二	÷÷	一三二
日本	（削除）				六三八〇〇
マカオ	四〇〇	二〇〇	一八〇	÷	―
満洲	四五〇〇	一、〇〇〇	二〇五〇	七〇〇	一九〇
蘭領東印度	七三、七七七	五一、八一九	一二、六一五	九、三四三	一二九六九
パレスチナ	九、六三〇	五、九〇〇	二、七五九	九八〇	一、四一四
比律賓	五〇、〇〇〇	三一、五〇〇	一八、五〇〇	÷	五〇〇
タイ	一〇、八五〇	五、九〇〇	四二五〇	七〇〇	七七〇
シリヤ	一〇、三五九	八、七一六	一、六六一	四八二	七七七
トランスヨルダン	五〇一	三〇一	一六七	三三	一六

ヲ－0022　B列5　28字×10　南満洲鉄道株式会社　（15.7.8.400冊）

No.

土耳古	九四八四	三四四三	五、三一七	七三四	一、〇〇〇
一九三九年総計	六六六、五六〇	四一三、三六八	一七四、三九七	七六、八五五	一〇一、九五八
一九三八年総計	六六六、七一九	四〇一、九六二	一八一、九四四	八〇、七六三	九八、四四一
一九三七年総計	六二五、七一八	三八一、一七二	一八四、六四二	五九、九〇四	九二、二九五
大洋洲					
オーストラリヤ	七九九、七五〇	五七八、〇〇〇	二二一、七五〇	÷	八〇、二五〇
クック諸島	八四	四一	四三	÷	五
フイジイ諸島	一、七四七	一、〇五〇	四三四	二六三	一〇七
佛領大洋洲	五〇〇	三五〇	一五〇	÷	七五
ハワイ	六〇、〇〇〇	四八、五〇〇	一一、五〇〇	÷	六〇〇

ヨ―0022　B列5　25字×10　南滿洲鐵道株式會社　（15.7・8.400冊 …）

No.

ニューギニア	六〇〇	三七五	三三五	七	三五
ニュージーランド	二六五,〇二八	二一,七九二	五二,五四六	六九〇	一九七三三
其他諸島	六〇〇	—	—	—	—
サモア	三三八	一五一	一四九	二八	一三
一九三九年総計	一,一二八,六三七	八四〇,二五九	二八六,七九七	九八一	一〇〇八一八
一九三八年総計	一,〇五五,五二一	七八六,八八三	二六三,五四二	一四八六	一〇二,三七一
一九三七年総計	九七二,〇五九	七〇五,四五三	—	—	九九九七七
アフリカ洲					
アルゼリヤ	六八七〇〇	五九,〇〇〇	九,七〇〇		四,四〇〇
アンゴラ	三,二五〇	一,二五〇	二,〇〇〇		二三五

ヲ—0022 B列5 28字×10 南満洲鉄道株式會社 （15.7.8.400部 …）

No.

バストランド	九〇〇	七〇〇	二〇〇	—
ペチュアナランド	六〇〇	四三五	一六五	—
白領コンゴ	六、六五三	一、一七三	三、四八〇	一、六一五
英領東アフリカ	二五、三九九	一六、五一二	八、八八七	二、一八七
英領ソマリーランド	二五三	四一	二一二	—
英領西アフリカ	一五、七六九	六、〇五四	九、七一五	七九五
カナリ諸島	五、九七五	三、七二五	二、二五〇	—
エジプト	三四、八二五	二九、五二五	五、三〇〇	二、八七五
佛領エカトリアルアフリカ	一、二六五	五二七	七三八	二三五
佛領西アフリカ	一五、八〇三	六、一六一	九、六四二	一、三六五

No.

伊領東アフリカ	三三五	—	—	一五
佛領ソマリーランド	二、五〇〇	—	—	—
リベリヤ	一三五	七五	六〇	—
マデイラ	一、一七五	七八〇	三九五	二〇
マダガスカル	七四四四	五、三一四	二、一三〇	二、八〇二
モーリチユス	二、六四二	二、一二一	五二一	—
モロツコ	六一、四六八	四六、三六三	一五、一〇五	五、六四二
ニアサランド	一、四六二	八七二	五九〇	五〇三
葡領東アフリカ	六、三五一	三、四五七	二、八九四	七七一
ローデシア	二二、五〇〇	一七、五〇〇	五、〇〇〇	一、八〇〇

ヨ—0022　B列5　28字×10　南満洲鐵道株式會社　（15. 7. 8. 400部 旅川商）

No.

セチエルス	一六一	一三五	二六	九一
南西アフリカ	四、三〇〇	三、〇〇〇	一、三〇〇	一〇〇
スダン	四、五〇〇	二、二五〇	二、二五〇	一
スワジランド	五六〇	四三五	一二五	一
タンジール	七八四	六三一	一五三	三〇
トリポリタニア	一、五〇五	一、二三〇	二七五	一七〇
チュニヤ	一九、四七八	一六、〇六〇	三、四一八	一、七七〇
南阿聯邦	三三九、〇八四	二九四、四八一	四四、六〇三	二七、五〇〇
一九三九年総計	六五五、七七五	五二一、六九六	一三一、三三四	五四、八二〇
一九三八年総計	六一九、八六七	四九四、五三七	一二二、五〇五	五四、七二八

ヨー0022　B列5　28字×10　南満洲鐵道株式會社　(15.7.8.400冊)

No. 1

一九三七年総計

五六二、八九二

四五一、二五九

一一一、三一八

五七、三四四

ヨ—0022　B列5　28字×10　南満洲鐵道株式會社　(15. 7. 3.400冊 [illegible])

No.　タイプライター原稿用紙

「朝鮮北支の自動車運輸」

M 94
13

自動車事業の免許及統制

南満洲鐵道株式會社

ヨ―0024　B列5　32×15　●分割打字ヲ要スル原稿ハ五、六頁乃至一〇頁ニテ區切ルコト　(15. 5. 5,000冊 大和製)

自動車事業の免許及統制

第一節　國営自動車及民営自動車

(一)　指令及監督系統

満洲國は自動車運輸事業の經営を國営と民営の二種に分ち、國有鉄道の附帯事業として満鉄鉄道総局の經営するものを國営とし他を民営として居る。而して自動車運輸事業の性質に鑑み、行政区域等に依らず、同一運輸系統に属するものは成るべく同一經営主體に統一せしめることゝし、一路線一営業の主義を持つて居る。

國営路線は関東軍の指令に依り、民営路線は満洲國交通部の免許に依り、その事業の監督に就いても右と同一である。したがつて満洲國の主要自動車事業関係指令は交通部大臣より発せられて居る。

自動車事業開設に関しては主として地方事情に依り自ら緩急あり、其の順位に関しては道路築造の順序に據るは勿論なるも、まづ特殊路線に於ける自動車業は交通機関としても眞使命たる國利民福を目的とし、一般営利を主眼とせざることを原則とする。特殊路線は其の性質上、鉄道

No.　タイプライター原稿用紙

運送に関係するか、又は国家の特に指定する路線なるかの二点に在るを以て特に路線の営業は次の二種の範囲に在る

(A) 鉄道を経営する会社又は其の傍系会社

(B) 特に政府の命により組織せしめたる前項以外の会社

即ち鉄道と競走する特殊路線の自動車営業は影響を蒙る鉄道会社又は其の傍系会社をして経営せしむるを原則とする。然し自動車営業の開設に依り、影響を蒙る鉄道会社が自動車の営業を欲せざるか、又は政府が此の特殊会社をして経営せしむるを便とする場合には、該鉄道と関係なき特殊会社をして、其の路線に於ける自動車営業をなさしむることが出来る。又鉄道に関係なき特殊路線に於ける自動車営業も便宜上(B)項に拠る特殊会社を組織せずに鉄道経営会社又は系統に属する特殊会社をして経営せしむ事が出来る。

然るに此等特殊路線は其の性質上大部分は鉄道に関係を有するものであつて、満洲国有鉄道が満鉄に委任経営せらるる今日、之等特殊自動車事業は満鉄の事業経営に重大なる影響を与ふる故に、之等特殊路線に拠る自

No.　タイプライター原稿用紙

動車営業は現在並将来共に鉄道の経営方策と合致せしむる為満鉄又は其の系統に属する特殊会社をして経営せしむるを適策として居る。

尚前述せる説明にもどり、国内で経営する自動車事業の指令及監督系統を示せば附表の如くなる。尚自動車事業以外に就て燃料供給・国道の建設及自動車の供給系統に就ても次表に示す如く判然として居る。

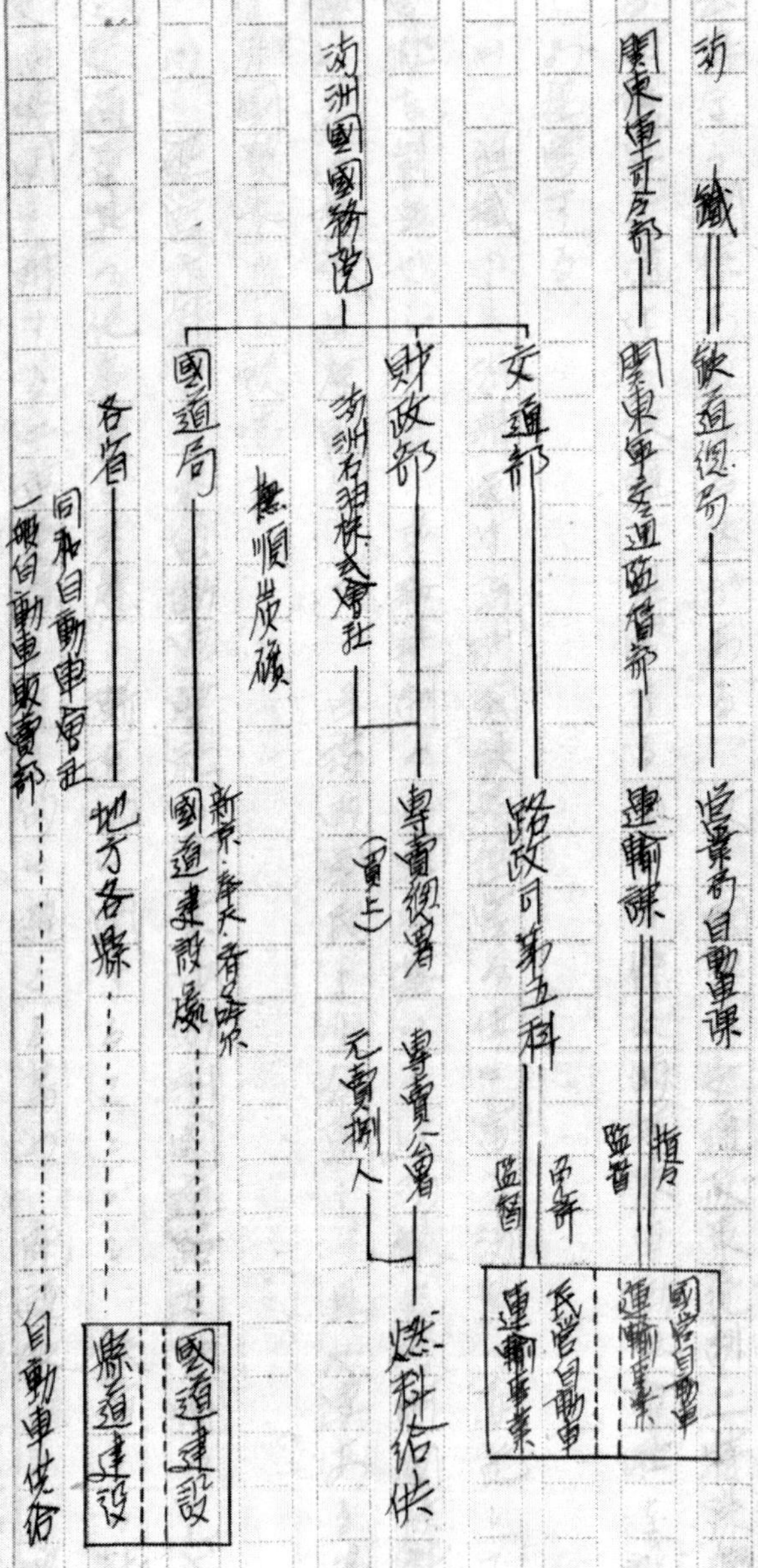

ヨ－0024　B列5　32×15　●分割打字ヲ要スル原稿ハ五、六頁乃至一〇頁ニテ区切ルコト

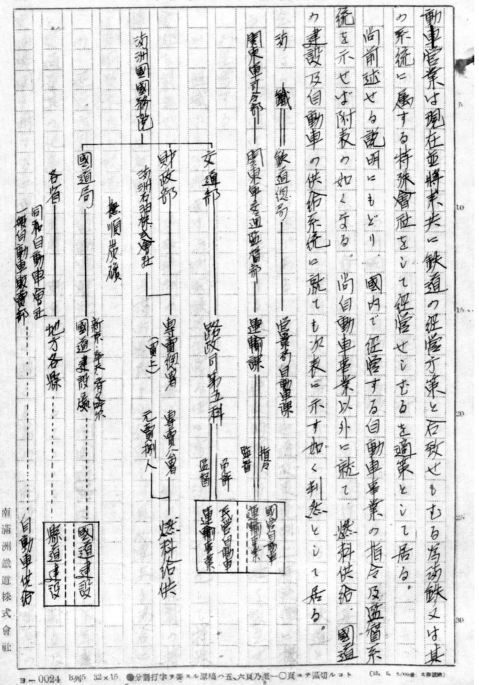

(二)特殊會社

前項(13)に示せる特殊會社の創設及經營方針は次の如くである。

(一)設立の理由——滿洲國特殊自動車路線は鉄道に代るべく路線又は國防、警備、政治、產業開發、郵便物遞送等の國策遂行上必要に基くものにて、中にも鉄道競争線及鉄道に代る路線が其の主要を占め、鉄道と密接なる關係あるは當然である。故に國家の交通政策統制上特殊線に據る自動車交通は鉄道を經營する若又は傍系的特殊自動車會社を設立せしめ經營する。

(二)組織——滿洲國は滿洲國鉄道經營の任に當る滿鉄に委託して特殊會社を創立せしむる。業務統制の必要に基いては滿鉄及滿洲國政府の持株以外の株式は原則として日滿兩國民より公募し、且必要ある場合には外國資本をも認むる

(三)經營方針——本自動車會社の營業は滿洲國道路及鉄道の完成年度次と交通量其の他事情を考慮し漸進的に開することとし、鉄道との對立及交通機關に對する二重投資を可及的に避くる爲め、既設鉄道平行路線の

No.　　タイプライター原稿用紙

営業は第二義的のものとする。而して本會社の営業種目は旅客輸送及之に附帯する業務を主とし貨物輸送の現状に鑑み、當分其の設備を最小限度に止まるがよい。現在の地方事情より考察し、先づ差當り新京、奉天、哈爾賓、斉々哈爾等を中心とするものより営業を開始し該主要都市に事務所を置き必要の地に出張所又は営業所を設く。

(ハ)事業独占並営業路線——特殊自動車會社の営業路線は特殊路線並に特に會社の必要と認める路線とし、該路線上に於ける自動車交通事業は、交通統制の見地と斯業の圓満なる発達を図る目的を以て一般営業者に免許せざることとし特殊會社の独占事業とする

(ニ)事業の助成策——特殊自動車會社は國家的必要の見地より設立されたる故、満洲國政府は自動車交通事業保護政策に基き以下の方法に依り會社の利益を保護助成する必要がある。(A)競争的営業の否認。(B)税捐公課金及道路維持負担金等の減免。(C)営業用地の無償貸与。

第二節　免許及許可機関

南満洲鐵道株式會社

ヨ—0024　B列5　32×15　●分割打字ヲ要スル原稿ハ五、六頁乃至一〇頁ニテ区切ルコト　(15, 5, 8,000冊　文書課納)

No.　タイプライター原稿用紙

(一) 事業統制の現状

関東州及満鉄附属地に於ける自動車交通事業の統制は関東庁の管理に属し統制方針は大体日本内地のそれと其の軌を一にして居るも土地柄多少独自の政策が加味されて居る。関係法令は現在の処自動車取締規則と道路取締規則がある。

満洲国に於ける自動車交通事業の統制も亦大体日本内地の現行に倣ひつゝある。即ち従来斯業の統制は民政部の管轄に属したが、将来道路網完成の暁には免許に際しても一貫せる交通政策に準拠すべしとしその統制上大同二年一月（昭和八年）官制の改定となり、一定路線を運行するものゝ営業免許はこれを交通部に於て処理することゝなつた。前者に比し重要性の劣るタクシー業の如きは民政部に於て猶ほ交通警察業務は民政部に於てこれが統制を図る機構となつてゐる。

(二) 免許者及路線

自動車業と云つても路線を有するもの又は区間を有するものと然らざ

南滿洲鐵道株式會社

ヨー0024　B列5　33×15　●分離打字ヲ要スル原稿ハ五、六頁乃至一〇頁ニテ區切ルコト　(15. 5. 5,000冊)

るものとあり、これ等の免許関係は次ぎの如くである。

(一) 省長官の免許するもの。

一定路線又は区間に拠らざるもの。

同一市町村内に於ける一定路線又は区間に拠るもの。

但し奉天、新京、吉林、哈爾賓各市に於けるものを除く。

(二) 交通部総長の免許するもの。

一定路線又は区間に拠るもの。

同一市町村内のものにして軌道、鉄道其の他一定路線に拠る交通機関との競争線と認むるもの。

奉天、新京、哈爾賓各市に於ける一定路線に拠るもの。

免許者及路線限定の理由を簡単に説明すれば大体次の如きである。

自動車営業路線は国家に及ぼす影響の軽重に依り之を区別し、免許取扱者の主体を省長官又は交通部総長と定む。免許取扱上の手續を簡略にし簡便に許可を与へんとすれば軽微なるものは、地方長官即ち県知事又は警察署長に決せしむるを便利とするも、統制上思はしからず、日本内

No.　タイプライター原稿用紙

地に在りては縣知事に之が許否を決せしむ。然れ共、滿洲國の國狀は日本内地と其の趣を異にし省を單位として一貫せる交通政策をとるを有利とするを以て省長官之を免許す

而して重要性を帶ぶる路線は國家の交通政策に關聯すること大にして且つ奉天、新京、吉林、哈尒賓の各都市は省廳所在地として、主要都市たるべきもの故に、都市計畫上の必要より中央政府に於て統制するを適當と認む。之等の自動車營業は鐵道と密接する關係を有するを以て交通部總長が之れを免許す。

第三節　交通部に於ける免許方針

交通部には路政司に自動車科を設け、自動車の交通統制に當らしめその事務を管掌せしめて居る。

1. 自動車營業の免許に關する事項。
2. 無軌道運輸機関の調査に關する事項。
3. 自動車輸送と鐵道輸送との利害得失調査に關する事項。

南滿洲鐵道株式會社

ヨ—0024　B列5　32×15　●分編打字ヲ要スル原稿ハ五、六頁乃至一〇頁ニテ區切ルコト　(15. 5. 5,000冊　新聞讀物)

4. 特殊自動車會社の管理に関する事項。
5. 自動車と鉄道との連絡輸送に関する事項。
6. 自動車営業の助成に関する事項。
以上の事務を掌理する為左の三係を置く。
一、庶務係
二、調査係
三、管理係
(一)庶務係は官印の管印に関する事項・文書の接受発送・編纂及保存に関する事項。図書の保管に関する事項。他系の主管に属せざる事項。(二)調査係は自動車営業免許に関する事項。無軌道運輸機関の調査に関する事項。自動車輸送と鉄道輸送との利害得失調査に関する事項。自動車と鉄道との連絡輸送に関する事項。(三)管理係は自動車営業の助成に関する事項、特殊自動車會社管理に関する事項を掌る。
交通部に於ては大同二年十月二十四日(昭和八年)「自動車運輸事業免許方針並法令草案送附ノ件」そこで各警察廳へ一件書類を交付し、免

No.　タイプライター原稿用紙

許取締の大綱を指示したがその全文は次の如くである。

●自動車運輸事業免許方針並法令草案送付ノ件

交通部路政司公函第二一八號（交路第五二第二〇〇號）

大同二年十月二十四日

交通部路政司長

本年度自動車運輸事業ノ國營（満鉄鉄路總局ニ經營ヲ委託ス）路線及免許ニ關スル内規茲ニ相定メラレ候ニ付テハ民營トシテ自動車運輸事業ノ免許申請アリタル場合ハ右ニ據リ受理可否ヲ決定シ國營路線ニ該當セサル路線營業ニ對シテハ調書及其ノ許否ニ關スル意見書（別紙丁）ヲ附シ本部宛進達相成度尚將來ニ於ケル自動車運輸事業ノ監理ニ關スル各種法令ハ目下法制局ニ於テ審議中ニシテ不日教令又ハ部令ヲ以テ夫々公布セラルル筈ニ有之候又現在各出願者ヨリノ申請書ハ其ノ記載事項区々ニ渉リ居リ候ニ付右申請書ハ添附ノ書式ニ準據セシメラレ度尚之カ處理手

南滿洲鐵道株式會社

ヨー0024　B列5　32×15　●分割打字ヲ要スル原稿ハ五、六頁乃至一〇頁ニテ區切ルコト　（15. 5. 8,000冊）

No.　タイプライター原稿用紙

續等ハ差ヒ当リ右法令（草案）ニ依リ御取扱相成度依命此段及通知候

添付書類

甲．大同二年度自動車運輸事業國營豫定路線表

乙．自動車運輸事業免許ニ関スル内規

丙．自動車運輸事業申請書式

丁．自動車運輸事業申請者各事項調査書

戊(1)　自動車交通事業法（草案）

戊(2)　自動車運輸事業施行規則

戊(3)　自動車運輸事業以外ノ特殊自動車運送事業ニ関スル件（草案）

戊(4)　特殊自動車運送事業規則（草案）

戊(5)　自動車規程（草案）

●自動車運輸事業免許申請書

今般會社法ニ依リ株式會社ヲ組織シ××省××間ヲ幹線トシ其ノ他××

×路線ニ於テ「旅客」「物品」運送ヲ目的トスル自動車運輸事業ヲ經營致

南滿洲鐵道株式會社

ヨ－0024　B列5　32×15　●分割打字ヲ要スル原稿ハ五、六頁乃至一〇頁ニテ区切ルコト

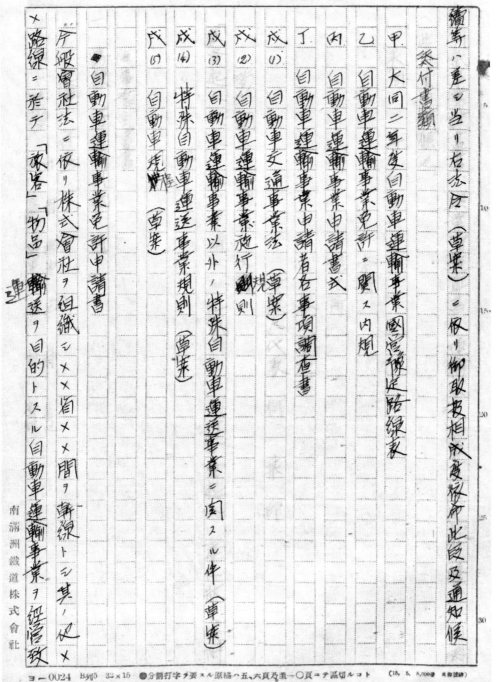

度別収支事業計畫書、興業費概算書、運輸収支概算書及定款ノ謄本ヲ相添

ヘ此段及申請候也。

大同　年　月　日

本籍

現住所

○○株式會社

發起人代表　何　某　印

滿洲國交通部總長××殿

「註　發起人代表ヲ以テ申請スル記載例ナルニ付各發起人ノ委任狀ヲ添附

スルコトヲ要ス

事業計畫書

一、路線（路線図別紙ノ通リ）

イ、起點　終點

自　省　縣旗　区　村　番地

第一路線　至　省　縣旗　区　村　番地

No.　タイプライター原稿用紙

第二路線　自　省　縣（市）　区　村　番地
　　　　　至　省　縣（市）　区　村　番地

ロ．延長粁程

第一路線　〇粁〇分

第二路線　〇粁〇分

ハ．主ナル経過地、停留所ヲ設置セントスル地ニハ地名ノ右側ニ傍線

（　）ヲ附スルコト

第一路線　〇〇、〇〇、〇〇

第二路線　〇〇、〇〇、〇〇

ニ．専用自動車道開設ノ有無

三．車輛

イ．輛数

常用車　旅客用　輛　貨物用　輛　豫備車　旅客用　貨物用

旅客定員別　立席〇人　座席〇人　計〇人　〇輛

貨物積載定量　〇瓲積　〇輛

第一路線　旅客常用車　〇輛　豫備車　〇輛

南滿洲鐵道株式會社

ヨー0024　B列5　32×15　●分割打字ヲ要スル原稿ハ五、六頁乃至一〇頁ニテ區切ルコト

No.　タイプライター原稿用紙

第二路線ハ旅客常用車〇輛　豫備車〇輛

ロ、車輛ノ寸法及重量

最大寸法
旅客車　長　高　幅
貨物車　長　高　幅

車輛重量
旅客車　〇〇瓩　〇〇輛
貨物車　〇〇瓩　〇〇輛

ハ、車臺

車名、型式及年式ヲ記載シ且同一ノ車名、型式及年式ニ二以上ノ設計アルトキハ其ノ區別ヲ明示スルコト

特別設計ノモノヲ使用スルトキハ其ノ概要ヲ記載スルコト

ニ、車體

製造者ノ定ムル標準型ヲ使用スルトキハ其ノ形式ヲ記載シ其ノ他ノモノヲ使用スルトキハ左ノ事項ヲ明示スルコト

旅客自動車ニ在リテハ座席ノ配列、幅員、凭レ前方ノ余地、通路ノ幅員、長及後車軸後方ノ車体張出（以上ノ各事項ヲ平面圖ニ依リ明示スルコト）並ニ箱型、幌型等ノ別客室ノ高サ及車体重量貨物自動車ニ在リテハ有蓋、無蓋等ノ別及車体重量

南滿洲鐵道株式會社

ヨ－0024　B列5　32×15　●分割打字ヲ要スル原稿ハ五、六頁乃至一〇頁ニテ區切ルコト　(15. 5. 8,000番　…)

No.　タイプライター原稿用紙

註「申請ノ際「ハ」及「ニ」ニ掲ゲル事項ヲ記載スルコト能ハザルトキハ之ガ記載ヲ省略シ免許迄ニ之ヲ追申シ得ザルトキハ其ノ事項ニ付別ニ認可ヲ申請スベシ

三、運轉系統（系統複雑ナルトキハ系統図ヲ添附スルコト）

各系統ニ於ケル粁程、配置車輛数各営業所及停留所ノ發着時刻（別紙様式ニ依ルコト）

運行回数（旅客自動車ニ在リテハ特別ノ事情アル場合ノ外一日一往復以上ノ定期運行タルコトヲ要ス）若ハ最小運轉時分又ハ運轉間隔ノ大要ヲ記載スルコト

四、運賃、料金及計算方法

イ、運賃

均一制ニアリテハ均一運賃、区間制ニ在リテハ各区間ノ運賃及粁程、粁制ニ在リテハ對粁運賃及各停留所間ノ粁程（別紙様式ニ依ルコト）等ヲ記載スルコト、手荷物ノ無賃扱制限重量及其ノ超過重量ニ對スル運賃率等ヲ記載スルコト物品ノ種類数量ノ多寡及輸送粁程ノ

南滿洲鐵道株式會社

ヨー0024　B列5　24×15

No.　タイプライター原稿用紙

長短等ニ依リ運賃率ニ区別アルトキハ其ノ別等ヲ記載スルコト

ハ、計算方法

旅客運送ニ於ケル料賃及無賃扱ニ對スル年齢ノ制限其ノ他運賃割引ヲ為ストキハ其ノ事項及割引率等ヲ記載スルコト

手荷物ノ受渡重量ヲ制限セントスルトキハ其ノ制限重量ノ其ノ他運賃ノ計算方法等ヲ記載スルコト

物品運送ニ於ケル運賃計算重量ノ制度其ノ他運賃料金ノ計算方法等ヲ記載スルコト（若シ取扱規則等ノ如キモノアルトキハ之ヲ添附スルコト）

五、旅客自動車ニ依リ郵便物、新聞紙其ノ他少量ノ物品ノ運送ヲ為ストキハ其ノ旨

六、物品ノ集配ヲ為ストキハ其ノ方法及区域ノ大要

七、一年ヲ通シ継續シテ運輸ヲ為スモノニ非ザルトキハ運輸ヲ為ス期間

八、車庫ノ設置地（構造ノ大要ヲ示ス図面ヲ添附スルコト）

九、道路ノ状態一般ノ道路（種類ヲ明示スルコト）

南満洲鐵道株式會社

ヨー0024　32×15　分割打字ヲ要スル原稿ハ五、六頁乃至一〇頁ニテ區切ルコト

No.　タイプライター原稿用紙

自動車道及一般通行ノ用ニ供スル通路ノ別並ニ其ノ種別毎ノ粁程及有效幅員等ヲ記載スルコト

六　主タル営業所事務所ノ設置地

(例)　旅客運賃及粁程表

粁程							旅客運賃
48.0	36.1	26.8	18.4	12.7	5.2	甲	
42.8	30.9	21.6	13.2	7.5	乙	0.24	
35.3	23.4	14.1	5.7	丙	0.32	0.52	
29.6	17.7	8.4	丁	0.24	0.56	0.76	
21.2	9.3	戊	0.36	0.60	0.88	1.08	
11.9	己	0.40	0.76	0.96	1.24	1.48	
庚	0.48	0.83	1.20	1.44	1.72	1.92	

「註」
一、本記載例ハ一粁ノ賃率ヲ四銭ト假定シタリ
二、各区間ノ粁程ハ分ヲ存シタル儘記載シ運賃計算ノ場合ニ於テ「分」ハ之ヲ一粁ニ切上ゲ賃率ヲ乗ズルモノトス。従ッテ各区間運賃ヲ通計シタルモノハ必ズシモ一致セザルモノトス。

南満洲鐵道株式會社

ヨ－0024　b列5　32×15　●ヲ割打字ヲ要スル原稿ハ五、六頁及五一〇頁ニテ區切ルコト　(15. 5. 8,000冊)

No.　　タイプライター原稿用紙

(134)　第　路線(又は何何―何何線間)自動車運転時刻表

第一便	第三便	第五便	第七便	第九便	区間粁程	営業所及停留所名	累計粁程	第二便	第四便	第六便	第八便	第十便
					0	甲	48.0					
					5.2	乙	42.8					
					7.5	丙	35.3					
					5.7	丁	29.6					
					8.4	戊	21.2					
					9.3	己	11.9					
					11.9	庚	0					

南満洲鐵道株式會社

ヨ―0024　B列5　32×15　●分割打字ヲ要スル原稿ハ五、六頁乃至一〇頁ニテ區切ルコト　(15. 5. 5,000冊)

No.　　タイプライター原稿用紙

註 第一號ノ路線圖ハ縮尺二十万分ノ一以上ノ平面圖トシ左ノ事項ヲ記載シ縮尺及方位ヲ示スヘシ

一、路線

二、停留所ノ位置及名称

三、沿線ニ於ケル名所旧蹟等

前項ノ圖面ニハ路線中主ナル坂路ノ勾配及河川ニ於ケル橋梁・溝橋・渡船ノ状況及其ノ数並ニ増水ニ於ケル渡渉ノ可否ヲ附記スヘシ

乙

興業費豫算書

總資本　國幣　萬　圓也

内拂込國幣　萬　圓也

南滿洲鐵道株式會社

ヨ－0024　B列5　32×15　●分綴打字ヲ要スル原稿ハ五、六頁乃至一〇頁ニテ區切ルコト　(15, 5, 8,000冊)

No.　タイプライター原稿用紙

内譯

一、車輛費　圓　客車○輛　各○圓宛　○年式

貨車○輛　各○圓宛　○年式

一、設備費　圓　車務所及車庫・土地ノ坪數及各坪當費用

一、什器費　圓

一、雜費　圓

一、豫備費　圓

計　圓也

出資方法

◎一ヶ年運輸營業收支豫算書

一、旅客運賃　圓

乘客一回○人

一日○回往復

一回一人延運賃○圓○錢

南滿洲鐵道株式會社

ヨ—0024　B列5　32×15　●タイプ打字ヲ要スル原稿ハ五、六頁乃至一〇頁ニテ區切ルコト　(15. 5. 5,000冊)

No.　タイプライター原稿用紙

一粁當リ　○銭
一ヶ月平均乗客人員　○人
一ヶ月平均走行粁　○粁
一ヶ年ノ營業日数　○日
一、貨物運賃　圓
一車走行粁片道　○粁
一日ノ輛ノ回運轉
一回一輛ノ積載量　○瓩
一回一輛ノ運賃　○圓○銭
一粁當リ　○銭
一ヶ月平均積載量　○瓩
一ヶ月平均運賃　○圓○銭
一ヶ年ノ營業日数　○日
一、雜收入　圓
郵便物其ノ他

南滿洲鐵道株式會社

ヨー0024　B列5　32×15　●分割打字ヲ要スル原稿ハ五、六頁乃至一〇頁ニテ區切ルコト　(15, 5, 5,000冊 大和說納)

No.　タイプライター原稿用紙

計　　圓也

支出ノ部

一、燃料費

一日平均走行粁　〇粁

客車　〇輛　〇粁

貨車　〇輛　〇粁

一ガロン當リ　〇粁走行ス

一粁當リ　〇錢

一ヶ年平均消費量　〇ガロン

「一ガロン　〇圓〇錢トス」

一、モビール其ノ他潤滑油費　　圓

燃料費ノ約〇割程度

一、車輛費　　圓

一、タイヤー費　〇ヶ月　〇本　〇圓〇錢

チューブ費　〇ヶ月　〇本　〇圓〇錢

南満洲鐵道株式會社

ヨ－0024　B列5　32×15　●分割打字ヲ要スル原稿ハ五、六頁乃至一〇頁ニテ區切ルコト　(15, 5, 8,000册)

「走行粁数〇粁トス」

一、車輛償却費　　圓

〇ヶ年償却

「最長三ヶ年　初年度ニ分ノ一次年度及三年度各四分ノ一トス」

客車〇輛〇圓

貨車〇輛〇圓

一、道路補修費　圓

一粁當リ〇圓〇錢

一、事務所費　圓

事務所費一ヶ月　圓

一、諸税公課金　圓

車輛税〇輛一輛一ヶ年　圓

營業税　一ヶ年　圓

其ノ他地方附加税　一ヶ年　圓

一、事故賠償費　圓

No.　タイプライター原稿用紙

一、建物償却費　　圓

一、消耗品費　　圓

一、創立費消却　　圓

一、従業員人件費　　圓

運転手　〇人　月額　〇圓宛

車掌　〇人　同　同

事務所主任　〇人　同　同

事務員　〇人　同　同

給仕　〇人　同　同

駐車場番人　〇人　同　同

苦力　〇人　同　同

一、従業員賞与　　圓

一人〇圓ノ割合

一、重役報酬　　圓

一人〇圓ノ割合

南満洲鉄道株式会社

ヨー0024　B列5　32×15　●分割打字ヲ要スル原稿ハ五、六頁乃至一〇頁ニテ区切ルコト　(15, 5, 5,000冊)

No.　タイプライター原稿用紙

一、其ノ他　圓

計　圓也

收支決算

收入　圓　銭

支出　圓　銭

差引利益金　圓　銭

右利益金處分方法

一、法定積立金　圓也

一、株主配當金　圓也

一、役員賞与金　圓也

一、後期繰越金　圓也

●調査書

一、申請者ノ資産經歷及信用程度

二、運賃ノ適否

南滿洲鐵道株式會社

ヨー0024　B列5　32×15　●分類打字ヲ要スル原稿ハ五、六頁乃至一〇頁ニテ區切ルコト　(15. 5. 5,000冊)

No.　タイプライター原稿用紙

三、事業ノ成否及効用
四、道路ノ適否（運行不能期間附記ノコト）
五、他ノ交通機関トノ関係
六、他ノ自動車運輸事業、鉄道、軌道ノ競願ノ有無、其ノ名称、区間、
申請者及申請書ノ受付年月日等
七、其ノ他必要事項
八、縣長免許ニ関スル意見

南滿洲鐵道株式會社

ヨ－0024　B列5　32×15　●分割打字ヲ要スル原稿ハ五、六頁乃至一〇頁ニテ區切ルコト

No.　タイプライター原稿用紙

一、自動車交通事業の統制

満洲に於ける諸企業中最も逸早く統制保護の先鞭を着けたのは自動車交通事業であった。而斯業の統制では本自動車運輸事業が自由企業として相当に発展して来たのは勿論事変後で、殊に各地に於ける重要鉄道の建設に伴って著しく其の流動範囲が拡大して来たのである。之れ即ち鉄道の存する処に必ず之を補助して培養する従たる交通機関の存在を必要とするが為にして地方の都邑農村から中心の鉄路に通ずるには簡便迅速なる自動車交通機関に拠るを以て最も理想とするが故である。換言すれば直に鉄道の使命と機能を完全たらしむるものは培養機関としての自動車運輸交通網の充実完成である。一方軍需の諸政策に就ても極めて有為なる輸送機関となったのである。

斯かる状勢の下に事変後に於ける各地自動車運輸交通網は定期路線　路線延長　料金運輸車輛

南滿洲鐵道株式會社

ヨ－0024　B切5　32×15　●分割打字ヲ要スル原稿ヘ五、六頁乃至一〇頁ニテ區切ルコト　(15. 5. 5,000冊 大和印刷)

No.　タイプライター原稿用紙

之を経営する日満業者　餘を棄するに至れり、斯業の完実は愈々切実となり且其将来性についても国家として重大なる施政上の課題となつたのである、果せるかな満洲国は康徳元年[illegible]月遂に日満企業者に対し統制命令を発したのである、本命令の発動の根源は勿論日満両政府当局の議定に基くものにして治外法権を有する日本人業者と雖も絶体に服従せざる可からざる性質のものであつた、命令の要旨は企業者を以て一丸となし、満洲国法人たる合併会社を特設し而して国内に於ける凡ての自動車交通運輸事業を単独経営せしむると云ふ方針である、然も其の合併條件たるや次に述ぶるが如く、極めて寛裕なるものであつて非常時の満洲国らしい施政方針と謂はざるを得ない、

南満洲鐡道株式會社

ヨ－0024　B切5　32×15　●分割打字ヲ要スル原稿ハ五、六頁乃至一〇頁ニテ區切ルコト　(15. 5. 6,000冊　局印刷所)

No.　タイプライター原稿用紙

統制理由の第一義は自動車運輸事業の法理上の単一化にある、蓋し在来の業者が満人側は単に縣公署等の仮許可の下に営業し来つたものにして新に発布された運輸事業法に據る正規の営業者ではなかつたのである、又一方日本人側としては這般の過渡期に於て出先日本領事館の単独営業認可に據つて他国の領土内に於て変則的な営業をなして来たもの故、既に秩序整然として國家としての体形が充実共に整つた満洲国の交通界に斯る外人営業者の存在は絶体に一國の統治権を相容れないのであつて、殊に治外法権撤廃を目前にした今日に於ては益々其の清算を必要とする次第である、今回生れた満洲国法に據る單一法人会社に対して凡この路線事業権を集約下附することは之に対する監督、保護上頗る便利なるのみならず新興国家が新事業法を発布確立する上に於て又止むを得ざる事であつて之を過渡期を整理する為の一方法と見るのが妥当であらう、之を以て満洲国方

南満洲鐵道株式會社

ヨー0024　B切5　32×15　●分割打字ヲ要スル原稿ハ五、六頁乃至一〇頁ニテ區切ルコト　(13. 8. 3,000冊 共和謄寫)

No.　タイプライター原稿用紙

直ちに満洲国家経済主義を掃くものと断ずるのは寧ろ早計であつて、満洲国と雖も将来其ノ必要圏外に於ては相当に民衆の自由企業の範囲を認むるものである

加之義は道路政策の完璧と相俟つて、普遍的に自動車運輸交通網を充実せしむる為と解する事が出来る、即ち事変大小業者が叢生し乱脈なる営業競争が行はれた、之が原因は単に営利のみに全力を傾倒する結果、最も有利である特定線の運輸にのみ群集するからであつて之がために他の地方路線は益々閑に付せられるのである、斯くては真に鉄道の培養線並に産業開発としての自動車交通網の普遍的発達は期待し得ざるのみならず、業者が一線に集中すれば生存競争原理たる、強食弱肉の弊害を免れない、そこで統制会社をして一省内を独占経営せしむれば、此の点は断じて憂なく、利益の有無に拘らず、当局の指定せる地方路線の開発に力を注くのである

南満洲鐵道株式會社

ヨ－0024　B切5　32×15　●分割打字ヲ要スル原稿ハ五、六頁乃至一〇頁ニテ區切ルコト　(15. 8. 8,000冊　共和謄錄)

No.　タイプライター原稿用紙

四囲情勢が現に満洲国の国是である以上当然の帰結であり且つ施政の第一要諦たる道路行政の完璧を期するには斯かる自由企業者を放棄すれば何等道路橋梁の修理等を考慮せさるが故に荒廃の侭となり寒心に堪へさる状態となるを以て統制会社をして独り経営せしめる専用道路の開設其他保線の実を十二分に挙げせしめんが為である

其他に統制の重大なる理由としては国防上運送機関としての自動車事業の充実を計る為めである。即ち交通部の事業特許条件の第十二条に軍事其他国家に必要ある場合は自動車其他の設備を直ちに公用に供する義務を負ふと規定してある。殊に国境接壌地区に於ては非常警備の目的物を完全輸送たらしむることは一に軍政の要諦と謂はなければならぬ

南満洲鉄道株式会社

ヨ－0024　B切5　32×15　●分割打タ乞ヲ更スル原稿ハ五、六頁乃至一〇頁ニテ区切ルコト

No.　タイプライター原稿用紙

満洲国では既往の営業路線を所有する業者にあっては完全なる権利を所有せずとの意味から国営と民営とに拘らず路線権の買収は排斥して居るが然し之は表面上の理由であって実際問題として事変後雨後の筍の如く散出した業者の路線権を一々認めず評価するとせば到底統制は為し得ないのであって、新会社は忍びにして被買収者の運命を免れ得ないのである

之等の條件の下に於ける合併は甚だ悲痛の極にして車輌の実際価値の評価と云ふものは如何にも達し得ない此の点が各営業者の苦痛とする所である

車輌の評価は我々の経済に破綻を生せざる範囲内に於て業者の利益のために其営業態個々の実状を察し実際価値以外に政治的評価が必要である

南満洲鐵道株式會社

ヨ－0024　B切5　32×15　●分割打字ヲ要スル原稿ハ五、六頁乃至一〇頁ニテ切離ルコト　(15. 5. 8,000冊)

No.

満洲特殊自動車交通事業方策

要旨

輓近自動車交通事業の目覚しき発達は道路の改修と相俟て短距離に於て鉄道を凌駕し、長距離に於ても亦其の領域を侵さむとするの情勢を示すに至つた、従来鉄道偏重主義に依り陸上運送の要諦は只鉄道に在りとせし見解は洋の内外を問はず、最近の例を以てせば既に朝鮮に於けるが如く、到る処に壊滅の悲運に遭遇し、種々其の對策に苦心すると雖も斯業の大勢は滔々として停止する處なく、為に各国とも従来の鉄道中心主義を放棄せざるを得ない趨勢となつた

七年

ヨ－0022　B列5　28字×10　南満洲鐵道株式會社

No.

今や満洲国は道路網六萬粁建設計画を目標に着々として其の実現を見むとするとき自動車の将来は益々重要性を有するは瞭なる處にして、鉄道の蒙る影響の甚大なるは茲に贅言の要なしと信ずる、而して道路網六萬粁完成の暁に於ては自動車の運輸営業を為すものと想像せらる、その及鉄道に併行する路線を選定すれば約三萬六千五百粁に達す、此内、既設又は豫定鉄道併行線及国防、産業、治安等国家的重要幹線を選定すれば約二萬四千粁に及び之を特殊路線と称す、此の特殊路線は陸運の根幹となる鉄道と最も緊密なる関係に在る為め鉄道と経営するものとして傍系会社を創立

No.

せしめ経営主体とし、鉄道と自動車との無益な競争を防止し、互に其特性を発揮せしめ両者の運用を円滑にし完全なる統制を図ると共に特殊路線以外の即ち重要性の比較的乏しき路線は之を広く一般民営とする、而して従来幾多の実例に示すが如き経営者の乱立と無謀なる競争を避け斯業の完全なる発達を促進すると共に満洲陸運統制確立に合致する様定められたるものである

ヲ－0022　B列5　28字×10　南滿洲鐵道株式會社

No.

満鉄経協調査会　自動車交通事業に関する立案

昭和七年六月　満経済調査会第三部に於て、自動車営業の管理経営方針、自動車統制機関設置案、自動車関係法規制定に関する調査立案に着手す

仝年四月二十四日　第三部に於て特殊自動車調査並特殊自動車交通会社設立案に着手

仝年六月　自動車営業の管理経営方針案を完成し（係か審議のため副総裁室に）二十四日同立案を委員会に附議し一部修正のこと、分科会出席者、石川副委員長、山崎、根橋、田所、久保、武部、中島、奥村、園田、佐藤、今泉、上野、貴志山、

仝年七月二十二日　自動車営業統制機関設置案を完成し、同二十五日

自動車営業の管理経営方針案改訂案を再審議の上可決し同日関東庁に提議す、自動車営業統制機関設置案を委員会に附議、同日修正の上可決となる、二十五日同上案を関東庁に提議す

出席者　石川、山崎、田所、根橋、武部、奥村、宮崎、園田、佐藤、貴志、今泉、上野

ヨ—0022　B列5　28字×10　南満洲鉄道株式会社　(10.6.5,000冊)

No.

仝年八月　城子疃、安東間自動車営業の認可に関する案を完成し参考案として関東軍に回附す、~~奉天に於ける交通機関其の改革案完成~~

仝年九月　奉天に於ける交通機関其の改革案を完成二十四日参考案として関東軍に回附ス

仝年十月二十八日満鉄会議に於て自動車交通事業の経営方針決定

仝年十一月　特殊自動車網の計画案完成

仝年十一月、自動車取締令、同運送営業法、自動車運転手免許規則案を完成す

仝年十二月　二日 自動車取締令、同運送営業法、同運転手免許規則、自動車網計画 ~~右諸~~ 案を委員会に附議され、即日可決 出席者 石川、田所、久保、山崎、相楢、武部、岡田、芳賀、佐藤、宗像、上野

昭和八年一月　満洲国交通部路政司に自動車交通統制機関設置さる
一月二十四日特殊自動車交通会社設立案を経済委員会に附議、一部修正可決

仝年　二月二十日　自動車取締令、同運送営業法、自動車運転手免許規則案 特殊会社設立 を関東軍に提議す

No.

全年七月　自動車営業の免許に関する対策完成す、八日上記案を

参考として関東軍に回附す

昭和九年十二月　新京特別市々内バス統制要綱に関する意見書完成

全年　九月　関東軍特務部は第三部宛満洲自動車会社定款の立案方

を依頼し来る

全年十月　第三部ハ単に参考案として特務部に発送

昭和七年九月九日　奉天市公所参事入江正太郎　委員長十河理事宛　満洲に於ける自動車交

通事業統制に関する研究資料を提出す

No.

大同元年三月九日公布

国務院各部官制

第七章　交通部

第四十二條　交通總長ハ鉄道郵便電信電話航空水運及其ノ他一般交通ニ関スル事項ヲ掌理ス

第四十七條　交通部ニ左ノ四司ヲ置ク

総務司

鉄道司

郵務司

水運司

No.

第四十九條　鐵道司ハ左ノ事項ヲ管掌ス

一、鐵道及其ノ附帯業務ノ管理ニ關スル事項

二　陸運ノ監督ニ關スル事項

No.

大同元年五月十四日公布

交通部分科規程　第二章　鉄道総務司

第八條　鉄道総務司ニ左ノ各科ヲ置ク

一、庶務科

二　人事科

三　文書科

四　統計科

五　会計科

六　調査科

七　経理科

No.

八、路工科

第十條　第一科第二科第三科第四科及第五科ハ別ニ定ムル区域内ニ於ケル左ノ事項ヲ掌ル

一、鉄道営業ニ関スル事項

二、附帯事業ニ関スル事項

三、聯絡運輸ニ関スル事項

四、列車及車輌ニ関スル事項

No.

自動車運輸ニ関スル事項ハ此ノ官制ニハ判然ト記載サレテ居ナイガ其ノ統制計画ハ掌握ガ鉄道司ニ於テ取扱ハレテイタ

交通部分科規程ニ於テモ自動車ノ統制（官制）カ記載サレテイナイ　其ノ疑点ヲ解説スレバ

2 一、建国草創ノ際デアリ自動車運輸事業ガ将来国営トナル見透シカ独立ガ一般ニ認メラレ

[illegible]

1 一、大同元年時代迄ハ自動車運輸事業ハ殆ド民間（小資本家ノ）事業デアリ且ツ其ノ経営ハ（都市タクシー等ヲ目的トスル）事業モ極メテ微々タルモノデアツタ故ニ自動車運輸事業トシテノ独立ガ一般ニ認メラレテイナカツタ

右ノ事情デ当時自動車運輸事業ニ対スル統制ヤ国営官制ハ未完成デアツタコトガ判ル

ヨ―0022　B列5　22字×10　南満洲鐵道株式會社　（13. 9. 5.000冊 [illegible]）

No.

茲ニ参議府ノ諮詢ヲ経テ国務院各部官制中改正ノ件ヲ制定シ之ヲ
公布セシム

執政　溥儀　印

大同二年五月二十一日

国務総理　鄭孝胥

交通部総長　丁鑑修

教令第四十三号

国務院各部官制中改正ノ件

大同元年教令第五十号国務院各部官制中左ノ通改正ス

第四十六條ヲ左ノ通改ム、

ヨ—0022　B列5　25字×10　南満洲鐵道株式會社

No.

交通部総長ハ鉄道自動車運輸水路港湾船舶航空郵政電政及
其他一般交通ニ関スル事項ヲ掌理ス
第四十七條ヲ左ノ通改ム
交通部ニ左ノ三司ヲ置ク
総務司
路政司
郵務司
第四十八條中「第四号」ヲ削リ「第五号」ヲ「第四号」ニ改ム
第四十九條ヲ左ノ通改ム
路政司ハ左ノ事項ヲ掌ル

ヨ—0022　B列5　25字×10　南満洲鐵道株式會社　(13.9.5.000冊 […])

No.

一、鉄道ニ関スル事項
二、自動車運輸ニ関スル事項
三、水路港湾船舶ニ関スル事項
四、航空ニ関スル事項
第五十條中「郵便」ヲ「郵政」ニ「電信及電話」ヲ電政ニ改ム
第五十一條ヲ削除ス
本令ハ公布ノ日ヨリ之ヲ施行ス

今般左記要領ニ依リ自動車兵ヲ募集ス

康徳五年十一月三十日

簗瀬部隊長　簗瀬幸三郎

左記

一、募兵人員

〇〇〇名（日満人何レニテモ可）

二、採用條件

1、年齢　入隊前日ニ於テ満十七才ヨリ満二十三才迄ノ年齢者

2、学力　尋常小学校卒業程度以上ノ者、満人ハ日語ヲ解スルヲ要ス

3、体格　身体強壮身長五尺以上

No.

精神病並ニ傳染病及其ノ系統ナキモノ
4、精神　国家観念旺盛ニシテ意志鞏固ナルモノ
5、其ノ他　妻帯セザルモノ、阿片類ヲ吸煙セザルモノ

三、待遇特典

1、給料　入隊当時十六円六十銭（但シ衣食費等ヲ含ム）自動車術修得後（入隊後一箇年経過後）別ニ技術加俸ヲ給ス

2、進級　成績優秀ナル者ハ上等兵、軍士（下士官）ニ進級セシメ更ニ進ミテ軍官、軍需候補生ノ採用試験ヲ受クルコトヲ得

3、特典　当部隊ニテ教育完了ノ者ハ満洲国及関東州ニ於テ行フ運転手試験ノ全部若ハ一部ヲ免除シ運転手免許証ヲ

No.

交付セラル

四、教育及期間

1、教育　各種自動車及自動二輪車ノ操縦及修繕術ヲ教育ス

2、教育期間　入隊期間一年六箇月除隊後三ケ年隊附員トシテ必要ノ際ニ召集ニ応ズル義務ア此ノ時ハ相当ノ給料ヲ給ス

五、応募方法

1、応募者提出書類　(一)応募志願書　(二)自筆履歴書
(三)最近名刺型脱帽写真一枚　(四)戸籍謄本一通（日系ノミ）

No.

（五）志願者現住所ノ村長又ハ警察署長ノ身元証明書（但シ日系ハ市町村長ノ身元証明書トス）

2. 願書提出場所　奉天东大営　築城部隊

3. 願書提出期限　康徳五年十二月十五日迄

4. 願書受付場所　奉天东大営　築城部隊

六　身体検査及学科試験

1. 場所　奉天东大営　築城部隊

2. 日時　身体検査　康徳五年十二月十七日

学科試験　康徳五年十二月十八日

3. 学科試験科目　算術・日本語（満人）国文（満人ハ満洲国文　日人ハ日本国文）

第-0022　B列5　28字×10　南満洲鐵道株式會社　(13.9.10,000 [illegible])

No.

作文（日本語）
各学科試験ハ尋常小学校卒業程度トス
4、成績発表　銓衡ハ年十二月廿五日頃直接本人宛通知ス
七、入隊
試験合格者ハ康徳六年一月十日午前十一時築港部ニ入隊セシム
八、附記
1、願書及履歴書用紙、村長及警察署長身元証明書用紙ハ築港部隊ニ於テ交付ス遠隔ノ者ハ郵便切手四銭封入ノ上請求スヘシ

〒-0022　B列5　28字×10　南滿洲鐵道株式會社　(13. 9. 10,000)

No.

五、徴募ニ関シ不審ノ点アラバ築港部隊副官處「電話（四）三八七四番」ニ問合スベシ

No.

三江省令第十二号

茲ニ康徳五年五月十七日民政部交通部令第二十二号第二十一号交通取締規則附則第三項所載ニ依ル同規則第三条第四条第六条乃至第十条ノ規定ノ適用地域ヲ左ノ通指定ス

康徳四年十二月二十五日

三江省長　于琛澂

交通取締規則ニ依ル適用地域指定ニ関スル件

一、佳木斯市

二、富錦、依蘭、勃利、通河、湯原各県城

附則

本令ハ公布ノ日ヨリ之ヲ施行ス

4.12.2.
錦州省令
1 錦県城
2 北鎮県城
北鎮県溝帮子
黒山県城
〃 大虎山
〃 新立屯

南満洲鐵道株式會社

No. 42

長途自動車郵便物運送規則

民國十八年十二月廿六日

交通部 公布

第一條 長途自動車ハ郵政條例第十六條ノ規定ニ依リ郵便局ヨリ交附スル郵便物及ビ小包ハ總テ本規則ニ依リ運送ヲ代理スルヲ要ス

第二條 郵政條例第三十二條ノ規定ハ長途自動車營業者及其使用人ニモ均シク之ヲ適用ス

第三條 長途自動車營業者ハ郵便局ヨリ交附スル郵便物及小包ノ受納ヲ拒絕スルコトヲ得ス

ヨ―0022 B列5 23字×10 南滿洲鐵道株式會社

No. 43

第四條　長途自動車營業者及其使用人ハ均シク郵便局ヨリ交附スル郵便物以外私用書信ヲ携帯スルコトヲ得ス、但シ該自動車ニ關スル業務上ノ往来文件等ハ此限リアラズ

前項往来文件ノ封書ハ郵便局ニ於テ随時之ヲ檢査スルコトヲ得

第五條　書信、葉書及普通證書ノ兩種新聞紙等輕キ郵便物ハ均シク運賃ヲ免除シ其他ノ印刷物貿易契約證等重キ郵便物ハ郵便局ヨリ重量一公斤百里毎ニ酬費銀一元ヲ支給ス邊鄙地区ニアリテハ其地方ノ情勢ヲ酌量シテ増加スルコトヲ得ト雖モ其酬費ハ上記定額ノ一倍以上ヲ超過スルコトヲ得ズ、輕

No. 11

車両種ノ郵便物ヲ運送スル時ハ郵便局ハ之ヲ分類シテ装封スヘシ、分類計算ノ方法ハ郵便物ノ重量ハ百分ノ二十ヲ以テ軽類郵便物ト為ス

小包ノ運送賃銀ハ長途自動車営業者ト協議シテ之ヲ定ム但シ郵便物運送賃銀ノ一倍ヲ超過スルコトヲ得ス

第六條　長途自動車ハ郵便條例二十三條規定ニヨリテ運送スルモノニシテ若シ郵便物及小包ヲ遺失毀損スルカ或ハ該條例ノ規定ニ依リ郵便局ニ対シ託送人ハ賠償ノ責任ヲ負フ時ハ

自動車営業人ハ郵便局ニ対シ同様ノ責任ヲ負フ、其普通郵便物ニシテ若シ遺失毀損或ハ遅延シタル時其ノ原因カ天災事

ヨ―0022　B列5　28字×10　南満洲鐵道株式會社

変カ不可抗力タル時ハ其賠償責任ハ各該郵便局ヨリ事情ヲ酌量シ之ヲ定ム、営業人カ若シ不服アルトキハ郵政總局ニ其審査ヲ申請スルコトヲ得

第七條　自動車路線ノ擴張或ハ変更及発車時刻ニ若シ変更スル時ハ事前ニ各関係ヲ有スル郵便局ニ通知スヘシ

第八條　自動車カ其運行中ニ機械或ハ道路ノ破損ニ因リ運行ヲ中断シ或ハ遅延スル時ハ其車内郵便物及小包ハ速時別ノ車ニ積換テ運送スヘシ若シ換車無キ時ハ最モ速力ノ早キ方法ヲ以テ最寄郵便局ニ送リ局長之ヲ検收ス

第九條　長途自動車營業者ハ郵便局ヨリ運送スル郵便袋ヲ受取

No. 46

リタル時ハ保管ニ注意シ開封差押ヘ及検査ヲナスコトヲ得ズ、若シ遇々法令上確タル検査ノ職権ヲ有スル公務員ノ請求ニ依リ差押ヘ或ハ検査ヲナス時ハ最寄郵便局ニ送届ケ該局長ニ依リテ規則ニ照シテ処理ス

第十条　郵便局ニ郵便物及小包ヲ運送スル時若シ護送人ノ派遣ヲ必要ト認ムル時ハ其派遣スル護送人ノ往路ノ乗車賃ヲ免除スルコトヲ得

第十一条　郵便物及小包ノ収受ト交付手続ハ各長途自動車営業者ト該地ノ郵便局長ト当地ノ情勢ニヨリ之ヲ変定ス

第十二条　本規則公布以前、各長途自動車営業者ニシテ若已ニ

No. 17

郵便局ト期限ヲ定メテ郵便物ノ運送契約ヲナスモノハ継續
有効ト認ム但シ該契約カ期限満了シタル時ハ本規則ニ依リ
之ヲ改定ス
第十三條　本規則ニシテ若シ盡サザル事項アル場合ハ適宜交通
部ヨリ随時之ヲ修正セシム
第十四條　本規則ハ公布ノ日ヨリ施行ス。